창조와 생명

배경식 지음

한국장로교출판사

창조와 생명

창조와 생명

초판인쇄 · 2002년 3월 10일 / 2002년 3월 15일 · 초판발행
지은이 · 배경식
펴낸이 · 박노원
펴낸곳 · **한국장로교출판사**
주소 · 110-470 / 서울 종로구 연지동 135
한국 교회100주년기념관(별관)
전화 · (02)741-4381~2 / 팩스 · (02)741-7886
등록 · No. 1-84(1951. 8. 3.)
www.pckbook.com / E-mail:center@pckbook.com
ISBN 89-398-0026-5 / Printed in Korea

값 10,000원

머리말

대학의 강단에 선지 10년이라는 세월이 지나가고 있다.
「창조 신앙」에 대해 강의한 내용들을 묶어 저서로 내기 위해
오랜 시간 동안 머뭇거리다가 이제야 겨우 이 책을 내게 되었다.
한일을 바로 세우기 위해 오늘도 애를 써보지만 한계를 느낀다.

시간과 영원이 무엇인가로부터 시작되는 '창조와 생명'에 대한 문제는 기독교 신앙 안에서 그 답을 발견할 수 있다. 어거스틴은 시간과 영원에 대해 "알 것 같으면서도 모르는 것이다."라고 말했는데, 이것은 시간이 인간의 영역에서 해결되는 문제가 아니라 하나님의 영원 속에서 의미를 갖는다는 신앙적인 고백이다. 인간에 관한 물음도 마찬가지다.

피조물인 인간은 창조주 하나님 안에서 참된 평안과 안식을 발견하게 된다. 한 가지 분명한 것은, 창조로부터 시간이 시작되었다면 새로운 창조로 이어지는 종말에 시간은 영원성을 갖게 되리라는 것이다. 이 말은 영원자 하나님 안에 참된 시간이 존재한다는 말과도 같다. 이것은 인간들이 모두 추구하는 바이며, 우리의 재림신앙에서 실현되는 것이기도 하다.

신학의 미해결 과제 가운데 조심스럽게 제안되는 것은 창조와 종말에 대한 동양적인 이해다. 물론 지금까지 서양의 기술문명과 과학이 세계를 이끌고 있으며 학문 역시 이에 부응하여 모든 면에서 우위를

독점하고 있으나, 지구촌으로 변모하고 있는 지금의 상황에서는 상호 보충적인 역할을 해야 할 것 같다. 동시에 서구적인 것에 대한 배타적인 태도 역시 문제다. 서구의 대표적인 지식인들은 동양을 알고 나서 지금까지 자신들의 사물에 대한 일방적인 해석과 이해의 폭을 넓히려고 하는 것을 보게 된다. 이 책에서는 서양적인 신학의 틀을 대표적으로 살펴보았다.

신학은 고정된 추상 명사가 아니다. 그것은 구체적인 동사다. 그래서 우리는 신학을 할 때 성경과 신앙에 대한 시대적인 해석을 계속해야만 한다. 이것이 오늘 우리에게 요청되는 신학이다. 이러한 작업은 신학을 위한 주변 학문의 폭을 넓힐 때에만 가능하리라 보인다.

이 책에서는 '창조와 생명'의 문제를 구체적으로 다루기 위해 최근의 신학작업에서 중요한 시간과 영원, 무에서의 창조, 인간복제의 문제와 유기체신학, 게놈지도, 계시 등을 다루어 보았다.

내용 전체적인 면에서나 논리전개에 있어서 빈약한 이 책이 나오기까지 따뜻한 격려와 배려를 해주신 한국장로교출판사장 박노원 목사님과 이영호 총장님, 경건신학연구소 한인수 목사님, 나를 가르쳐주신 김덕수, 강성희 은사님, 한일의 교단에 설 수 있도록 기회를 제공해주신 강택현, 김덕래 목사님, 총회연금재단 김종채 목사 그리고 10여년 간 내가 속해 있는 봉상교회 당회원들과 교인들, 아내, 인렬이, 인아, 신렬이에게 감사함으로 이 책을 드린다.

2002년 3월

배 경 식

창조와 생명

머리말 ∗ 5

1장	창조의 역사성	∗ 9
2장	신학의 제 문제들	∗ 12
3장	창조와 신앙	∗ 27
4장	창조의 이론들과 하나님의 자기축소	∗ 32
5장	하나님의 형상과 창조된 인간	∗ 71
6장	시간과 영원	∗ 80
7장	어거스틴과 헤겔의 역사관	∗ 98
8장	창조에서의 인간의 위임명령	∗ 122
9장	과정신학과 새로운 신이해	∗ 133
10장	창조와 인간의 역할	∗ 179
11장	창조 안에서 인간의 역사성	∗ 182
12장	창조와 생명의 복제	∗ 198
13장	몰트만의 성령에 대한 새로운 이해와 비판	∗ 225

14장	철학이란 무엇인가?	* 236
15장	하나님의 존재 증명	* 252
16장	기독교와 신비	* 261
17장	엑하르트와 신비신학	* 272
18장	세상 끝과 예수의 오심	* 276
19장	신학의 형성과 방법론	* 287
20장	인간복제와 게놈지도 연구	* 319
21장	계시에 관하여	* 338

1장 창조의 역사성

창조(creatio)는 "하나님께서 자신의 영광을 나타내 보이시기 위하여 우주와 그 안에 있는 생명을 만드신 하나님의 자유스러운 의지의 행위"[1]라고 말할 수 있다. 이 행위를 성부의 사역으로 이해하는 경향이 있으나, 성경은 창조의 행위가 삼위일체의 사역임을 분명히 하고 있다(창 1:2, 욥 26:13, 33:4, 시 33:6, 104:30, 사 40:12, 13, 요 1:3, 고전 8:6, 골 1:15-17). 창조는 먼저 하나님의 자의적인 결단과 행위가 보여지는 것이기 때문에 비밀스러운 것이며, 이것을 보여 주는 창조의 행위는 신적 계시의 근본임을 알게 된다.

창조를 역사와 연관지어 생각하는 것은 '계속되는 창조'(creatio continua)의 역사성 때문이다.[2] 창조가 일회적인 사건으로 한정된다면

---

1) 루이스 뺄콥, 「기독교신학개론」, 신복윤 역(서울 : 성광문화사, 1986), 89쪽 참조.
2) 인간존재는 근본적으로 과거나 현재에서 이해되어서는 안 되며 장래를 향하여 자유한 열려진 존재다. 인간의 존재 근원은 시간성과 역사성에 있다는 하이덱거의 생각을 받아들여 불트만은 신앙을 자기자신의 존재함(Seinkonnen)에 대한 근원적인 결단이라고 한다. 참조. 아메이야 에이이찌 외, 「교의학」(서울 : 도서출

창조주 하나님은 인간을 포함한 그의 피조물과 무관한 분이실 것이다. 우리가 믿는 하나님은 인격적인 삼위일체의 하나님이시다. 하나님은 그가 만드신 피조물과 직접적인 연관을 가지신 아바 아버지로서 영원 불변하시며, 전지 전능하시고, 권능과 지혜를 가지신 분이다.[3]

창조의 기원이라는 물음을 해결하기 위해 지금까지 인간은 과학과 철학의 힘을 빌어 많은 가설들을 내놓았으나, 창조의 문제는 우주의 신비로 남아 있을 뿐이다. 창조에 대한 명쾌한 답은 성경에서 찾을 수 있으며, 하나님을 창조주로 믿는 신앙에 의해서 설명된다(히 11:3).

판 마라나다, 1990), 78쪽 이하.
3) 레온하르드 후터, 「정통주의 신학개요」, 한인수 역(서울 : 도서출판 경건, 1999), 26쪽 이하. 정통주의 신학에서는 하나님을 삼위일체의 하나님으로 고백한다. 하나님을 인격적으로 믿는다고 할 때는 삼위일체의 하나님이라는 고백이 절대적으로 필요하다. 인격이란 고유하게 자체로서 존재하는 생동적이며 불가분리적이며 이성적인 그 무엇을 말한다. 동일한 본능과 동일한 권능을 가지고 동일하게 영원한 세 인격을 가지신 하나님이 한 분이심을 우리는 믿는다.
"성령이 아버지와 아들로부터 나온다."(qui ex patre filioque procedit)는 교리는 터툴리아누스와 아우구스티누스 등에 의해 주장된 바 있다. 교황 레오 3세는 809년 아헨연회(Aachener Synode)에서 filioque(그리고 아들에게서)를 올바른 교리라고 선언함으로써 이것은 서방교회의 공인된 신앙형식이 되었다. 개신교에서는 아우구스부르그 신앙고백(1530년)에서 이 교리를 수용하였다. 그러나 동방에서는 그것을 전적으로 거부하였다. 동방신학에는 지성과 이해력을 빌리지 않고 신비적인 방법으로 하나님을 이해하려는 희랍 기독교의 경건성이 들어 있다. 예배를 통한 말씀과 예전 그리고 성령의 은사는 영혼을 신적 존재에 참여하게 하는(Θεοποιησις) 길이라는 것이다. 동방신학은 성화의 신비주의(Heiligungsmystik)라고 말할 수 있다.
서방 정통신학에서 이해하는 성령은 오늘날에도 성부로부터 성자를 통해 불가시적으로 믿는 자들의 마음속에 부어진다. 이는 말씀과 성례를 통해 저들을 거룩하게 하기 위함이다.

성경에서 우리는 물질과 영적인 세계가 어떻게 존재하게 되었는지를 알고, 하나님의 창조 안에서 세계의 존재 기원을 발견하게 된다.

'창조와 생명'이라는 대 주제를 다루면서 전제하고 싶은 것은, 폭넓은 성경의 해석과 우리의 온전한 신앙을 위해 이 책의 전개를 전통적이며 기독교적인 이론에 근거를 두면서 발전시킬 부분이 있다는 점이다. 이러한 문제를 제기하면서 전제할 것은 신학의 출발점이다. 신학을 어떻게 해야 할까? 이러한 물음에 대한 답이 없이는 우리의 논리를 제대로 체계화시킬 수가 없다.

시간이 지날수록 느껴지는 지적인 갈급함을 채울 수 있는 길은 '함께 더불어'라는 생각이다. 나는 너에게서 배우고 너는 나에게서 배울 때 우리의 것이 되는 것처럼, 동양은 서양에서 배우고 서양은 동양에서 배우는 겸손함만이 우리의 학문을 학문 되게 하는 것임은 당연한 일이다. 이러한 때에 혹시라도 기독교인으로서 마음속에 선입견이 남아 있는 것은 않을까라는 조바심을 갖게 된다.

신학(Theology)이 신과 인간, 그리고 세계를 포함하는 신-인-세계학(The-anthropo-kosmology)이라고 할 때, 필자는 인간의 삶에서 보여지는 모든 것을 신학화해야 한다(Theologisieren, Doing theology)는 마음으로 이 글을 쓰고 싶다. 이것은 초대교회가 정경의 작업을 할 때 '삶의 정황'(Sitz im Leben)을 중시했던 것과도 같다.

2장 신학의 제 문제들

1. 신학이란?

신학(Theology, Theologia)이란 말은 어원적으로 보면 Theos(θεός)와 logia(λόγια)의 합성어로서 하나님에 관한 논술, 이야기(God- talk)를 말한다. 이 말을 처음 사용한 사람은 플라톤이었으며, 이후 희랍 철학자들이 사용한 신학이라는 개념은 신들에 관한 서사시 내지는 설화들과 이에 대한 철학적 해석을 뜻하였다.[4]

어거스틴은 신학을 "신성에 관한 이론 내지 연설"(de divinitate ratio sive sermo)이라고 정의하여, 신론 특히 삼위일체에 관한 것을 의미한다고 보았다. 중세기에 이르러 신학은 교의학의 모든 분야로 확대되어 창조론, 신론, 인간론, 그리스도론, 교회론 등을 모두 다루었다. 토마스 아퀴나스의 「신학대전」(Summa theologiae)은 기독교에

---

[4] 김균진, 「기독교 조직신학 I」(서울 : 연세대학교출판부, 1993), 10쪽 이하 참조. 이 책에는 신학의 개념과 역사적인 발전과정이 상세하게 다루어져 있다.

관한 진리의 전반을 다루고 있다. 13세기 이후 대학에 법학이나 의학 등 다른 학과가 설립되면서, 신학은 여러 가지 학과 중 하나의 학과로 존속하게 되었고 기독교의 진리 전체를 포괄하는 넓은 의미로 사용되기 시작하였다.

루터는 신학을 "하나님의 영을 통하여 그의 말씀으로 얻어진 그리스도에 관한 인식"이라고 하였다. 개신교 정통신학자의 하나인 요한 게하르트(1582-1637년)는 신학을 "하나님의 말씀으로부터 나오며 인간이 참된 신앙과 경건한 생활 가운데서 영원한 생명으로 지음을 받는 이론"(doctrina ex vervo Dei extracta, qua homines in fide vera et vita pia erudiuntur ad vitam aeternam)이라고 정의하였다. 신학이란 하나님에 관한 학문으로부터 출발했으나 기독교 진리 전반에 대한 학문으로 발전되어 교의학, 곧 오늘날의 조직신학이 된 것이다.

신학은 하나님에 관한 학문이다. 그런데 이 하나님은 인간과 그의 세계와의 관계 속에 있다. 인간 및 그 세계와 관계없는 하나님에 대해 성서는 아무런 관심이 없다. 그러므로 신학은 인간 및 그의 세계와 관계 속에 있는 하나님에 관하여 연구할 수밖에 없다. 신학이 하나님과 인간을 그 주제로 하면 신-인학(Theanthropologie)이 되며, 하나님과 인간 그리고 세계를 그 주제로 하면 신-인-세계학(The-anthropo-kosmologie)이 된다.

그런데 인간과 그의 세계는 고정된 것이 아니라 언제나 다시금 변한다. 또한 신학은 인간의 제한된 언어와 논리와 사고방식을 사용한다. 그리고 세계의 역사적, 문화적, 종교적, 정치적 상황들은 모두 다르다. 이와 같이 인간과 세계의 다양성과 신학을 연구하는 인간의 제한성 때문에 다양한 신학의 형성은 불가피하다.

"신학의 주제를 신과 인간, 그리고 세계로 삼는 것은 타당한가?"라는 질문은 하나님의 창조사역에 비추어 볼 때도 가능하며, 하나님의 구원은 인간의 영혼에만 국한되는 것이 아니라 자연도 포함되어야 한다는 결론에 이르게 된다. 신학은 이 세대를 향한 하나님의 뜻을 연구하는 학문이라 해도 과언이 아니다.

2. 신학의 근거와 규범

신학의 근거와 규범은 하나님의 말씀인 성경이다. 인간의 이성이나 경험, 자기의식 그리고 개인적 체험이 신학의 근거와 규범이 될 수는 없다. 신앙의 모든 활동은 성경으로부터 출발해야 하며 그 타당성도 성경에 비추어 검토되어야 한다. 그것이 참으로 기독교적인지 아닌지는 성경을 기본으로 제정된 '신앙의 규준'(regula fidei)에 의해 해석되어야 한다. 신앙의 규준은 성경과 사도적 전승, 그리고 교회의 고백이라고 말할 수 있다.

루터는 "십자가에 달린 그리스도 안에 참된 신학과 하나님 인식이 있다."(In Christo crucifixo est vera theologia et cognitio Dei)고 했다. 하나님의 자기계시인 예수 그리스도가 기독교 신학의 궁극적인 근거요 규범이다. 신학은 예수 그리스도의 계시로 인하여 형성되고 성립된다. 십자가에 달리시고 고난당하신 하나님, 이 고난을 통하여 인간이 당해야 할 모든 죄의 형벌을 대신 담당하시며 인간과 세계 속에서 하나님의 나라를 세우시는 하나님은 그의 영을 통해 새로운 세계를 이룩하고자 하신다. 이러한 삼위일체의 하나님이 신학의 근거와 규범이다. 교회와 신학은 이 근거와 규범을 따라야 한다.

3. 신앙과 이성, 계시

기독교 신앙은 예수 그리스도 안에서 일어난 하나님의 구원사건에 관한 개인적인 응답에 의해서 생겨난다. 이 하나님은 창조주이시고, 그리스도 안에서 속죄주이시며, 성령을 통해 구속주이심을 고백하게 된다. 이것을 '알기 위해서 믿고 믿기 위해서 아는 것'이 기독교 신앙의 역사다. 신앙(fiducia)과 앎(notitia)의 문제를 대표적으로 다루어 보면 다음과 같다.

1) 신앙 우위설

캔터베리의 대주교 안젤름(Anselm, 1033-1109년)은 신앙의 우위성을 인정하였다. 그의 신앙은 '이해를 구하는 믿음'이다. "나는 알기 위해 믿는다."(credo, ut intelligam)라는 그의 말은 매우 유명하다. 안젤름은 먼저 신앙으로 신앙의 교리들을 받아들이고 이성으로 그것들을 변호하려 하였다. 그는 하나님은 진리이시기 때문에 모든 교의와 하나님의 존재까지도 논리적으로 증명할 수 있다고 생각하였다. 그래서 그는 신 존재에 대한 존재론적 증명을 내세운다. "하나님은 인간이 더 큰 것을 생각할 수 없는 그러한 존재"라는 것이다. 완전한 논리적 연역으로 볼 때 하나님은 존재하지 않으면 안 된다. 만일 하나님이 계시지 않는다면, 우리는 존재하는 더 큰 것을 생각할 수 없을 것이다. 따라서 하나님은 우리가 갖고 있는 그분에 대한 개념의 필연적인 논리의 연역으로 존재하신다는 것이다. 아우구스티누스도 이 이론을 받아들이는데, 이는 인격적인 결단과 신뢰에서 얻어진 것이라기보다는 교회의 권위에 복종함으로써 생겨나는 아래로부터의 신앙이다.

초대교회는 희랍 철학과 기독교 신앙을 조화시키려고 하는 '포괄적인 신앙'(inklusive fides)을 가지고 있었다. 그러나 교회가 확산되고 조직화됨에 따라 신앙의 개념이 신뢰보다는 지식(notitia)과 동의(assensus)로 바뀌어 갔다. 이를 '배타적인 신앙'(exclusive fides)이라고 하며, 그 대표적인 사람이 터툴리안이다. 그의 신앙 명제 "나는 불합리하기에 믿는다."(Credo, quia absurdum)라는 말은 이를 뒷받침해 준다.

2) 상호 보충설

토마스 아퀴나스(Thomas Aquinas, 1225-1274년)는 이성과 신앙, 철학과 종교의 통합을 통해 중세 스콜라 철학을 완성하였다. 그는 신앙과 이성이 각자 자기 영역을 지키는 한 양자가 설 수 있는 자리가 있다고 보았다. 즉, 인간의 이성은 자연적인 차원에 속하며, 기독교 신앙을 가능케 하는 계시는 보다 높은 초자연적(the supernatural) 차원으로부터 온다고 보았다. 계시는 인간의 이성을 보충하고 완전케 한다는 것이다.

또한 토마스 아퀴나스는 신학은 학문이라고 전제한 뒤, 산술, 기하학은 이성의 통찰을 통해 가능하며 신학은 상위학문으로서 하나님과 성현에게서 온 지식에서 출발한다고 보았다. 즉, 음악에서는 산술학자가 알려 주는 원칙을 믿는 것처럼, 신학에서는 하나님이 계시한 원칙을 믿어야 한다고 하였다.

중세의 신앙은 이처럼 교회가 가르치는 신앙내용에 대한 지식과 지적 승인으로 이해되어 신앙과 이성을 조화된 것으로 보았다. 정통주의 시대에는 신앙의 세 가지 요소인 앎(notitia)과 동의(assensus), 신뢰(fiducia)를 모두 중시하였으나 신앙의 지식인 앎에 좀더 비중을 두었다. 또 신앙은 무엇을 믿는지 알고 믿어야 한다는 주장 때문에 인격적인 신앙행위가 경시되기도 하였다.

3) 종교개혁자들의 견해

종교개혁자들은 인격적인 신뢰의 신앙을 새롭게 주장하여, 이들에게 신뢰와 신앙은 동의어로 쓰였다. 루터의 대요리문답, 아우구스부르크의 신앙고백에 나오는 산 신앙(fide viva)은 이를 말해 준다. 믿음과 행위가 구원을 준다는 카톨릭 신학을, 산 믿음은 좋은 행위를 가져온다는 것으로 변화시켰다. 이것을 수학적인 도식으로 표현하면 다음과 같다.

카톨릭 : 구원 = 믿음(belief) + 행위

개신교 : 구원 = 산 믿음(living faith)

믿음에는 지적인 의미를 갖는 belief와 행위에 가까운 faith가 있다. 두 가지 모두 지적인 것을 전제로 한다. 산 믿음이란 행위를 포함하는 믿음이다. 이는 마치 율법과 복음의 관계와도 같다. 율법 속에는 복음이 포함되어 있으며, 복음 속에는 율법이 들어 있다. 복음은 새로운 율법이라고 해도 과언이 아니다. 산상수훈에서 예수님이 즐겨 사용하신 "……하였다는 것을 너희는 들었으나, 나는 너희에게 이르노니……."(Ἠκούσατε ὅτι ἐρρέθη τοῖς ἀρχαίοις, ἐγὼ δὲ λέγω ὑμῖν)에서 이것을 확인할 수 있다(참조 : 마 5 : 21-22, 27-28, 33-34, 38-39, 43-44). 이런 면에서 보면 카톨릭 신앙은 제사장적이요, 개신교 신앙은 예언자적이다.

카톨릭과 프로테스탄트의 차이는 시각적인 것과 청각적인 것, 통일적인 것과 다원적인 것, 구심적인 것과 원심적인 것, 미사주의와 설교주의, 사제주의와 예언자의 종교 등으로서 역사적 변천에 따라 기독교의 이중구조를 갖게 하였다.[5] 경건운동은 이러한 정통주의의 객관적인 신앙을 극복하면서 나타난 경건한 삶을 강조하는 신앙 개혁운동이었다. 그것은 '교회 안의 작은 교회'(Ecclesiola in ecclesia) 운동을 전개하면서 많은 사람들에게 신앙적인 영향력을 주었다.[6]

계몽주의 시대인 18세기 이후 기독교 사상가들은 역사성과 과학적 객관성의 이름으로 기독교의 교리와 제도, 그리고 전통을 비판하였다. 이는 교회와 성경의 권위에 대한 도전이며 인간 이성의 밝은 빛에 비추어 모든 문제를 해결하고 사회의 불합리한 요소를 제거하려는 사상운동이었다. 계몽주의자들은 이성에 의해 비판적으로 검증되지 않는 것은 믿지 않았다. 이것은 인간 이해에 대한 새로운 태도인 휴머니즘(humanism)이 만들어 낸 결과다.

휴머니즘은 인간이 각자 자신의 능력에 따라 자유롭게 자연과 모든 지식을 이용하여 자신의 생을 인간의 이성으로 지배해 간다는 것을 말한다. 고전에 대한 언어학적 연구와 비판의 자유 및 학문의 연구는 전통적 교회의 교리와 의식에 커다란 도전이 되기도 하였다. 이 운동의 근본정신은 인간의 사후에나 얻을 수 있다는 하늘나라를 지상에

---

5) 김성식, 「루터」(서울 : 삼오문화사, 1986), 40쪽.
6) 배경식, 「경건과 신앙」(서울 : 장로교출판사, 1988), 36쪽 : 경건주의는 카톨릭과 개신교의 교권쟁탈 전쟁이던 30년 전쟁 이후에 나타난 개신교 내에서의 신앙개혁운동이다. 경건주의자들은 딤후 3 : 5을 근간으로 하여 "교리보다는 생명(Leben gegen Lehre)을, 직제보다는 영(Geist gegen Amt)을 그리고 믿는 체하는 것 보다는 능력(kraft gegen Schein)"을 원했기 때문에 주관주의적인 신앙으로 볼 수 있다.

건설하자는 데 있다. 이 시대는 분명 이성의 시대로서 부자연스럽고 불합리한 것들을 부정하려고 했다. 우리는 지금도 이러한 사상적 영향하에 살아가고 있다.

슐라이어마허는 "기독교는 교리나 규범, 인간적인 행동이 아니라 성령에 의해서 마음속에 각성된 내적인 절대의존의 감정에 의거한다."고 강조함으로써 관념적인 신학을 주장한다. 이것은 경건주의가 낳은 주관주의적인 신앙이다. 헤겔(Hegel)을 대표로 하는 신-프로테스탄티즘(New-Protestantism)에서는 신앙과 정신적 사고를 동일한 것으로 보았다. 그래서 철학과 신학은 신을 찾는 같은 학문이며, 이성과 신앙은 동일한 정신적 사유로 간주되었다. 오늘날 유럽의 사변주의적 신학은 여기에서 유래되었다.

이러한 철학-신학적인 사고에 반기를 든 사람은 실존주의 철학자 키에르케고르(Kierkegaard)이다. 그는 신앙과 사고는 보충적인 것이 아니라 적대적인 것임을 지적하면서 신학과 철학의 종합을 반대하였다.

한편, 세계 제1차 대전 이후 칼 바르트(Karl Barth)를 중심으로 시작된 변증법적 신학은 '계시된 하나님의 말씀'에 그 출발점을 두는 배타적인 신학을 주장하고 있다. 여기에 입장을 같이하는 신학자들은 브룬너(E. Brunner), 고가르텐(F. Gogarten), 불트만(R. Bultmann) 등이다.

이상에서 보는 바와 같이 신학은 시대적인 삶의 정황이라는 신앙을 체계화시키면서 나온 학문적 작업이다. 신앙은 객관적이면서도 주관적이고, 우리의 앎이면서도 하나님께 대한 절대적인 신뢰가 요청된다. 신앙은 우리가 믿는 근본적인 구원의 내용이면서도 행위여야 함은 삶과 신앙을 분리할 수가 없기 때문이다. 이런 면에서 하나님의 구원에 대한 사랑과 감사에서 나오는 경외심을 전제로 하여 우리의 이성과 사고와 전 인격이 수반될 때 온전한 신앙이 될 수 있다. 신앙과 이성, 그리고 계시는 신학적인 작업을 하는 한 긴밀한 연관성에서 상호 보완적이다. 계시의 신앙에서 시작되는 신학적 작업에 이성이라는 인간의 합리성이 신학적 내용을 체계화시킬 수 있는 것이다. 그럼에도 불구하고 이것이 올바른 것인가라는 물음은 성경의 내용에 비추어 보면서 끊임없이 물어야 한다.

4. 신학의 과제

하나님에 관한 학문으로 자리매김을 한 신학은 2000년이라는 긴 역사를 가지고 영지주의를 대표로 하는 이단적인 사상들과 싸우면서 발전해 왔다. 이를 정립하기 위해 수많은 교회의 회의가 열렸으며, 그 대표적인 것들은 세계 최초의 종교회의인 니케아 회의(325년)로부터 시작하여 콘스탄티노플 회의(381년), 에베소 회의(431년), 칼케돈 회의(451년) 등이 있다. 이러한 회의들을 통해 교회는 삼위일체와 기독론의 문제들을 해결하였다.

1) 니케아 공회의 (325년)

아리우스주의에 대해 정통신앙을 방어하기 위한 논쟁의 쟁점이 된 니케아 회의는 325년 콘스탄티누스 대제가 소집하였다. 이 회의에서는 삼위일체 논쟁 중의 하나인, 그리스도의 동일본질성인 호모우시오스(homoousios)에 대해 논의되었다. 또한 이 회의는 사도행전 15장의 예루살렘 회의 이후 최초의 에큐메니칼 회의(The First Ecumenical Council)라고 할 수 있다. 이 신조는 비교적 짧으며 "그리고 성령을 믿습니다."(And we believe in the Holy Spirit)라는 말로 끝을 맺고 있다.

아리우스(Arius)는 예수님은 다른 피조물처럼 태초에 무로부터 창조되었다고 보았다. 즉, 성자는 시작이 있으며 실제 하나님이 아니고 명목상 이름을 갖는 하나님이라고 하였다. 하늘의 로고스가 인간 예수의 영혼 대신에 자리잡고 있으므로 하나님일 수 있다는 것이다. 아리우스는 여기서 예수의 완전한 인성을 거부하게 되었다. 그리고 예수님을 신도 인간도 아닌 다른 제3의 무엇(tertium quod)으로 만들어 버렸다. 여호와의 신성만을 인정하는 유대교는 예수님의 양자설(adoptionism)로 가며, 예수의 신성을 인정하지 못하는 헬라전통은 형이상학적 신관 때문에 아들의 성육신을 인정하지 못해서 가현설로 기울게 되었다. "아리우스는 영원한 신성은 성부만 있다고 해서 기독교의 신론에 손상을 주었고, 성부, 성자, 성령의 이름으로 세례를 주는 성자에게 기도드리는 것을 거부했으며, 그리스도를 통한 구원론을 무너뜨렸다."

제2차 니케아 회의는 787년에 모였으며, 이 회의에서는 그리스도뿐 아니라 마리아, 천사, 성인 등의 화상숭배가 회복되었다. 동로마 제국의 데오도시우스 황제에 의해 소집된 콘스탄티노플 회의(381년)는 성령의 동질성을 승인하고 니케아 신조를 수정하였다.

2) 콘스탄티노플 회의(381년)

데오도시우스 1세가 소집한 이 회의는 동방교회에서 문제가 되고 있던 아리우스 이단설에 결정적인 결말을 가져왔다. 지금까지 이들은 성자 하나님이 성부 하나님보다 지위가 낮으며 다른 실체라고 주장했다. 그러나 이 회의를 통해 삼위일체 안에서 성자는 성부와 그 본성이 동일하다는 니케아 공의회를 재확인하였다. 또한 성령이 곧 하나님임을 고백하였다. "성령은 성부로부터 오시며 성부, 성자와 함께 경배와 영광을 받으시는 분이다. 예언자들을 통해 말씀하셨던 생명의 주이시다. 생명의 창시자로서 성부와 그리고 아들에게서(filioque) 나왔음을 믿사오며."라고 하였다. 이 논쟁으로 인해 서방교회는 성령을 아들과 말씀에 긴밀하게 연결시키게 되었고, 동방교회는 성령을 창조와 역사에 두게 되었다.

이 공의회에서는 동방교회를 위한 네 가지의 법이 제정되었다. 아리우스주의를 추종하는 이단자들인 사벨리우스와 반 아리우스 등은 파문당했다. 주교가 다른 교구의 주교를 간섭하지 못하고, 콘스탄티노플 주교는 로마의 주교 다음의 위치를 가진다고 정했으며, 또한 콘스탄티노플 교구의 제반 규율문제를 다루었다.

3) 에베소 회의(431년)

데오도시우스 2세에 의해 소집된 에베소 회의는 알렉산드리아의 대주교 키릴루스와 콘스탄티노플의 네스토리우스를 비롯한 안디옥 학파 사이의 논쟁이다. 네스토리우스는 그리스도의 인성을 강조하는 입장에서 마리아를 '하나님의 어머니'라고 하는 것을 거부하였다. 교황은 키릴루스의 편을 들어서, 네스토리우스는 콘스탄티노플의 총주교직을 박탈당하고 파문을 당하고 말았다. 이 회의는 니케아 회의의 결과를 재확인했다. 키릴루스는 예수의 신성을 강조해서 마리아를 하나님의 어머니라고 표현했다. 이들의 주장을 요약해 보면 다음과 같다.

(1) 네스토리우스

① 그리스도의 신-인격에 있어서 신성과 인성은 구별되어야 한다고 보아, 윤리적으로 결합된 그리스도의 이성설을 주장하였다. ② 그리스도는 신이 아니고 로고스가 임한 것이다. ③ 마리아가 낳은 분은 로고스를 모신 '하나님을 싣고 다니는 분'(Theophorus)이시다.

(2) 키릴루스

① 마리아는 신의 어머니이다. ② 그리스도의 신성을 강조하였다. ③ 그리스도 안에서 인성과 신성이 연합하여 하나의 본체를 구성함으로 신격에 속한 초자연적 기적과 기사들을 인격에 돌릴 수도 있다. 인간의 자연적인 약점들도 신격에 돌릴 수 있음이 문제인데, 그리스도는 '참 하나님이자 참 인간'(vere Deus vere homo)이라는 점에서 이 문제를 해결할 수 있다.

4) 칼케돈 회의(451년)

마르키아누스에 의해 소집된 칼케돈 회의에서는 신-인 양성론이 확정되었다. 이로써 니케아-콘스탄티노플 신조에 의거한 삼위일체적 신앙이 확증되었다. 그러나 시리아, 이집트 등지에서는 이에 관한 분쟁이 계속되었다. 이 회의에서는 네스토리우스와 아폴리나리우스 그리고 아리우스주의를 이단으로 규정했으며, 니케아-콘스탄티노플 신조의 삼위일체적 신앙이 정식으로 확증되어 낭독되었다. "그리스도는 신성에 있어서 아버지와 동일본질이시고, 인성에 있어서 우리와 동일본질이지만 죄를 제외하고는 우리와 똑같으시다. 이분은 동일하신 하나님이시요 신적인 로고스이시다."

니케아-콘스탄티노플 신조는 서방교회의 사도신경만큼 무게를 갖는 동방교회의 신조로서 삼위일체와 교회론을 말하고 있다. 니케아 신조는 사도신경보다 더 형이상학적 개념들인 본질과 빛 등을 말하고 있으나 역시 성경이 제시하는 하나님을 말하고 있으며, 사도신경과 더불어 지중해 연안의 세계교회적이고 에큐메니컬한 신관을 말해 주고 있다.

니케아 신조에 나타나는 "하나의 거룩한, 보편적, 사도적 교회"는 교회에 관한 정의의 근간을 이룬다. 오늘날 기독교는 삼위일체의 하나님을 믿고 있다. 중세의 신학뿐 아니라 루터와 칼빈의 종교개혁 신학, 그리고 바르트와 몰트만을 대표로 하는 현대의 개혁신학에 이르기까지 삼위일체 하나님 신앙은 중요한 교리 중의 하나이다. 창조주 성부 하나님은 성자와 성령을 통하여 그의 백성을 구원하시고 통치하실 뿐만 아니라 인류 역사와 사회 속에서 그의 통치를 확장시켜 나가신다. 이에 대해 종교개혁 시대의 좌경화된 신학과 오늘의 해방신학 등은 삼위일체 하나님을 거부하는 신관을 가지고 있다고 보인다.[7]

이러한 회의들을 통해 교회는 삼위일체의 문제와 기독론의 문제들을 해결하였다. 이러한 일들을 우리는 모두 신학적 과제들이라고 보는데, 과연 신학의 과제는 무엇인가?

(1) 개인의 신앙적 확립 : 신앙은 어떤 내용에 대한 신앙을 말하므로 그 속에는 여러 가지 내용을 포함하고 있다. 기독교 신앙은 하나님,

---

7) 참조. 이형기 편저, 「세계 개혁교회의 신앙고백서」(서울 : 대한예수교장로회총회 출판국, 1991), 26쪽 이하.

창조, 인간의 타락과 죄, 예수 그리스도, 교회, 성서, 구원, 성례전, 종말 등의 내용에 관한 것이다. 이것을 세분화하면 신론, 인론, 기독론, 구원론, 창조론, 교회론, 종말론 등으로 표현할 수 있다. 그리고 이러한 신앙적 내용이 예수 그리스도의 계시와 일치하는가를 학문적으로 질문하고 비판하는 것이 신학이다.

(2) 교회의 학문 : 신학이 개인의 신앙을 위한 학문이라면, 교회를 위한 '교회의 학문'인 것은 부정할 수 없는 사실이다. 신학은 전제한 바와 같이 역사적으로 볼 때도 교회의 테두리 안에서 교회의 신앙을 바로 정립하기 위해 형성되었다. 신학은 교회의 신앙과 선포와 실천적 삶이 과연 교회의 주인 되시는 그리스도의 계시와 일치하는가를 계속 질문해야 한다.

(3) 성경적 진리 : 신학은 성경이 말하는 진리의 순수성을 지키며 그 진리를 우리의 삶 속에 적용하도록 해야 할 과제를 가진다. 즉, 성경의 내용이 다른 사상의 영향을 받아 왜곡되는 것을 막으며, 우리 시대에 살아 있는 하나님의 말씀으로 체험되도록 하는 것이다. 다시 말해서, 신학은 시대적인 문제와 고통에 대해 성서적으로 해석하고 길을 제시하는 예언적인 기능을 가져야 한다.

(4) 진리의 변증 : 신학은 시대의 사조와 정신을 면밀하게 파악하여 기독교적인 진리를 제시해야 한다. 즉, 다른 종교의 인간관, 세계관, 역사관 그리고 무신론적인 사상의 연구가 이론과 실천적인 면에서 필요하다. 그리고 진리의 변증은 초대교회의 교부들로부터 연구되어야 한다.

(5) 학문의 학문 : 학문이라면 개념의 정립이나 논리적인 면에서 성서에 근거한 객관성과 일관성을 갖는 합리적인 것이어야 한다. 성경

에 근거하지 않는 주관주의나 공상적인 이론은 철저히 배제되어야 한다. 이것을 효과적으로 이루어 내기 위해서는 신학의 주변학문을 폭넓게 연구해야 한다. 즉, 이것은 인간과 역사, 문화와 자연, 그 밖에도 과학과 정보통신 등 신학 이외의 학문을 섭렵하여 신학화하는 작업을 말한다.

신학은 학문의 여왕이다(Theologia regina scientiae est). 학문 중의 학문이 신학이다. 올바른 신학을 하기 위해서는 우선 고전어가 필수적이다. 라틴어로부터 시작하여 희랍어, 히브리어를 알아야 한다. 학문적 연구를 하는 사람이라면 예수님이 사용하신 아람어도 익혀야 한다. 그러나 신학이 참된 신학이 되기 위해서는 루터의 말처럼 무엇보다도 고난과 기도와 명상이 절대적으로 필요하다.

3장 창조와 신앙

בְּרֵאשִׁית בָּרָא אֱלֹהִים אֵת הַשָּׁמַיִם וְאֵת הָאָרֶץ(창 1 : 1)
In principio creavit Deus caelum et terram.

창조는 신앙인가, 아니면 신화의 영향을 받은 다른 것인가? 이 물음은 오늘도 남아 있는 문제다. 창세기 1~11장까지는 상징적 혹은 신화적이며, 12~50장까지는 역사적이라고 하는 해석도 있다. 이에 대한 대표적인 학자로는 칼 바르트와 게하르트 폰 라드를 들 수 있다. 이들은 창조를 역사적인 이야기로 본다.

바르트는 창세기 1~2장을 신화적인 영향을 받은 역사적 문서로 해석하였다. 그는 바벨론의 창조신화인 에누마 엘리쉬(Enuma Elisch)라는 서사시는 신년축제와 관련이 있는 것으로 보았다. 이 서사시에서 신의 어머니 티아맛을 무찌른 마르둑 신은 티아맛을 양분하여 하늘과 땅으로 만들고 신들 중의 하나를 제물로 바쳐 그 피로써 인간을 창조한다. 그러나 창조설화는 신화가 아니라 현실적인 창조의 역사라고 강조하였다.

폰 라드는 사제문서(P문서)에 사용된 '창조하다'를 의미하는 히브리어 동사 '바라'(בָּרָא)는 신적인 창조에만 사용하는 것으로서 무에서의 창조라는 사상을 내포하고 있다고 말한다. 이 동사는 헬라어 크티제인(κτίζειν)과 같은 뜻이다. 그런데 성경은 하나님께서 이미 있는 재료를 사용하여 새로운 무엇을 만드는 제2차적인 창조를 하실 때도 이말을 사용했다(창 1 : 21, 27, 5 : 1, 사 45 : 7, 12, 54 : 16, 암 4 : 13, 고전 11 : 9, 계 10 : 6). 그는 하나님이 창조주로서 세계와 인간과 전적으로 다른 분이심을 주장한다.

우리가 세계를 하나님의 창조라고 말할 수 있는 것은 세계 자체를 보면서가 아니라, 이스라엘의 역사에서 나타난 하나님의 계시행동에 대한 신앙에 의해서이다. 폰 라드는 "구약성서적 창조신앙의 신학적 문제"(Das theologische Problem des alttestamentlichen Schoprungsglaubens)에서 이스라엘 백성의 신앙은 과거에 행한 야웨 하나님의 구원의 행동에 대한 응답이었다고 한다. 창조신앙은 후대에 발전되었다는 말이다. 즉, 하나님은 특정한 역사적 상황에서 그의 민족을 해방하고 구원하는 능력으로 행동하셨다. 이러한 구원의 행동이 이스라엘의 신앙에서 하나님, 인간, 세계, 역사를 이해하는 결정적인 요소라는 것이다.

창조 이해의 출발점은 그의 백성을 출애굽시킨 하나님의 해방하시는 능력에 있다. 하나님의 역사적인 구원과 능력을 경험하면서 이스라엘은 창조적인 능력으로서의 하나님을 확인하였다.

성경에서 "만들다"를 의미하는 단어들은 아사(עָשָׂה, machen, herstellen, arbeiten, erzielen)와 포이에인(ποίειν) 그리고 야차르(יָצַר, bilden, formen, gestallten), 프랏소(πλάσσω) 등이다. 이 단어들은 이미 있는 재료들을 사용하여 만드는 제2차적 창조와 섭리를

의미한다.[8)]

그러면 창조가 갖는 신앙적인 의미는 무엇인가?

(1) 창조는 하나님의 자유로운 행위(a free act of God)와 선한 의지의 결단이다. 하나님은 이 세계에 대해 자유로운 존재이시다. 그분은 자신의 내적인 자유를 통해 세계를 창조하셨다. 이 자유는 피조물에 대한 사랑과 구원으로 나타났다.

(2) 창조는 삼위일체 하나님의 행위다(창 1 : 1, 사 40 : 12, 44 : 24, 45 : 12). 만물은 성부로부터 성자로 말미암아 성령에 의해 창조되었다(out of the father, through the son, by the Holy Spirit). 존재(being)는 성부로부터, 상상이나 이념(thought or idea)은 성자로부터, 생명(life)은 성령으로부터 온다.

(3) 창조는 하나님의 시간적인 행동(temporal act of God)이다. 창세기 1 : 1의 "태초에 하나님이 천지를 창조하시니라"(In the beginning God created the heavens and the earth)는 말은 시간과 공간의 제한을 받는 사물의 시작을 말한다. 창조 전에는 시간도 물질도 없었다. 하나님은 시간을 초월하여 계시는 분이나, 창조는 하나님의 시간적 사역이다. 어거스틴은 세계가 '시간과 함께'(cum tempore) 창조되었다고 한다. 또한 창세기 1 : 1은 세계가 시작을 갖게 되었음을 말한다(참조. 마 19 : 4, 8, 막 10 : 6, 요 1 : 1-2, 히 1 : 10, 시 90 : 2, 102 : 25).

오리겐이나 중세 스콜라 신학자들인 스코토스, 에리게나, 로테 등은 하나님의 활동성과 일하심(요 5 : 17)을 예로 들면서 영원적 창조론

---

8) 참조. 라보도, 김달생(공저), 「바른 신학」(서울 : 대한예수교장로회신학교, 1980), 118쪽 이하.

(eternal creation)을 말한다. 세계는 피조물으로서 하나님 자신과 같이 영원하다는 것이다. 그러나 피조물이 영원하다면 많은 문제점이 발생한다. 결국 시간과 영원을 동일시하는 것이 되기도 한다.

그렇다면 하나님은 창조 이전에 무엇을 하셨는가? 어거스틴은 "천지를 창조하시기 전에 하나님은 아무것도 하지 않으셨다."고 말한다. 만약 무엇인가를 하셨다면 피조물을 만들고 계셨다는 것 이외에 무엇을 다르게 생각할 수 있을까?[9]

(4) 창조는 무로부터의 창조이다. 무로부터의 창조는 기독교의 독특한 교리로서 하나님의 초월성과 능력을 말해 준다. 이것에 대한 확실한 표현은 외경 마카비2서 7 : 28에 언급되어 있다. 세계는 하나님 자신이나 하나님의 일부가 아니다. 범신론자들처럼 우주는 절대적인 필연도 아니다(엡 1 : 11, 계 4 : 11). 이것은 하나님의 말씀 안에서 보여지는 그분의 절대주권을 믿는 신앙으로 받아들일 수 있는 교리다(시 33 : 6, 9, 148 : 5, 히 11 : 3, 롬 4 : 17, 행 17 : 28, 느 9 : 6, 골 1 : 16, 롬 11 : 36, 고전 8 : 6, 시 90 : 2).

무에서의 창조는 세계가 하나님께 의존적임을 나타낸다. 피조물과 하나님의 긴밀한 연관성을 보여 준다. 이는 피조물에서 보여지는 하나님의 내재성을 의미하는 말이다. 하나님은 세계의 각 부분에 임재하시고 영으로 역사하시는 내재적인 신이시다. 이것을 기독교적인 용

---

9) 어거스틴, 참회록, 최정선 역(서울 : 성지문화사, 1991), 279쪽 : 어거스틴은 이러한 질문에 대해서 "알 수 없다"라고 말하는 것이 더 정확하다고 한다. 그러나 하나님의 깊은 것을 캐내려는 사람들을 위해 지옥을 준비하고 계셨을 것이라는 무책임한 대답은 피하라고 한다.

어로는 충만이라고 한다(시 139 : 7-10, 엡 1 : 23, 렘 23 : 24).

(5) 창조의 목적은 "하나님의 영광을 드러내는 것"이라고 칼빈은 말한다. 카톨릭에서는 "인간의 행복을 위해서"라고 하였다. 고대 희랍과 로마의 철학자들, 종교개혁 시대의 인문주의자들 그리고 18세기의 합리주의자들인 칸트와 슐라이어마허, 리출 등도 이에 속한다. 하나님은 자기 충족자이시기 때문에 자신을 창조의 목적으로 삼지 않으시고 피조물의 행복 속에서 그 목적을 발견하시리라는 것이다. 그러나 세계에는 예기치 않은 많은 고난과 불행이 있기 때문에 이렇게 말할 수는 없다.

루터교에서는 "하나님이 인간을 사랑의 대상으로 삼기 위해 창조하셨다."라고 한다. 이 주장은 하나님과 인간의 의존적인 사랑을 전제하는 것이기 때문에 만족할 만한 설명이 아니다. 하나님은 사랑을 먼저 베푸시는 분이다.

창조는 구원과 관련지어 이해할 수 있다. 태초의 창조는 역사의 지평을 열어 주며 종말에 새로운 창조로 완성되는 것이어야 할 것이다. "보시기에 좋았다."는 것은 이미 형성된 것(factum)이라기보다는 되어야 할 것(fieri)으로 이해된다. 창조는 그리스도 안에서 일어난 구원의 완성을 지향하는 시간의 과정이다. 창조의 최종목적은 하나님의 고유한 초월성의 현현(顯現) 속에 있다. 하나님의 현현 속에 피조물의 안녕과 평화가 있는 것이다. 이는 하나님의 영광을 나타내기 위함이다(사 43 : 7, 60 : 21, 겔 36 : 21-22, 눅 2 : 14, 엡 1 : 5-6, 계 4 : 11, 골 1 : 16, 고전 15 : 28, 롬 9 : 17).

4장 창조의 이론들과 하나님의 자기축소

개신교 신학에서 창조(creatio)란 "하나님의 선하심과 사랑을 피조물들에게 보여 주시기 위한 삼위일체 하나님의 자유롭고 선하신 외적 결단의 행동"[10]이라고 요약하여 말할 수 있다. 이러한 행위를 통해 하나님은 자신의 자유롭고 선하신 의지를 세상에 보여 주셨으며, 만물의 아버지와 창조주 그리고 보존자로 계시되셨다. 창조를 계시 중의 계시로 표현함은 적합한 것이다.

창조 시에는 아무런 다른 창조의 재료가 없었다는 것이 개신교 신학의 입장이며 신앙적 고백이기도 하다. "태초에 하나님이 천지를 창조하시니라."(창 1:1)는 말씀은 이것을 뒷받침해 주며, 기독교인들이 예배 시에 고백하는 사도신경도 창조주 하나님을 우선적으로 고백한다. 창조신앙은 이런 면에서 기독교인들의 신앙을 여는 대문이며 교회를 위한 신학전개의 첫 장에 속한다.

---

[10] 레온하르트 후터, 「정통주의 신학개요」, 기독교 고전 원전번역 4, 한인수 역(서울 : 도서출판 경건, 1999), 49쪽 이하.

하나님께서는 창조를 하실 때 어떠한 재료를 사용하셨을까? 성경은 말씀으로 세상을 창조하셨다고 한다. "하나님이 말씀으로 세상을 창조하신다는 것은 창조가 하나님의 명령이며, 분부이며, 이 명령은 자유로운 것"[11]임을 의미한다. 하나님은 말씀하심을 통해 세계와 구분되는 동시에 연속성과 상호관계가 있다. 말씀은 일반적인 이야기가 아니라 명령이나 통치를 의미하는 구체적인 말씀을 말한다.[12] 창조를 하나님의 자유스러운 의지와 연관시켜 볼 때, 창조의 하나님은 가공하지 않은 자연적이고 무질서한 질료를 창조하신 후에 그것으로 6일 동안 천지만물과 다른 피조물들을 만드셨다. 성경에 나오는 이스라엘의 일곱 촛대는 창조와 안식의 신앙을 보여 주는 상징물이다.

1. 창조의 이론들

창조(ברא, 創造)라는 말은 "무에서(ex nihilo) 어떤 것을 만들어 낸다는 의미가 강하게 들어 있는 신적인 용어"인데, 자연적이고 무질서한 것을 창조주가 정리한다는 곳에 사용되기도 한다. 이 말은 이미 주어

---

11) 디트리히 본회퍼, 「창조, 타락, 유혹」, 현대신서 71, 문희석 역(서울 : 대한기독교서회, 1992), 27쪽 이하. 하나님은 절대적으로 피안에 속한 분이시다. 왜냐하면 그분은 이 세계에서는 말씀에서만 존재하시는 분이기 때문이다. 오직 창조의 말씀에서만 우리는 창조자를 알며, 말씀을 통하여 우리는 한가운데서 태초를 소유하고 있는 것이다. 말씀이란 선포된 말씀을 의미하며 상징이나 의미나 이념을 의미하는 것이 아니라 지정된 사물 자체를 의미한다.
12) Claus Westermann, *Genesis*, 1 Bd.(Neukirchen : Neukirchener Verlag, 1976), p. 153.

진 재료에 대해서는 결코 사용되지 않는다.[13]

창조는 "하나님께서 자신의 영광을 나타내 보이시기 위하여 우주와 그 안에 있는 만물을 만드신 하나님의 자유스러운 행위"[14]이다. 이 행위를 성부의 사역으로만 이해하는 경향이 있으나, 성경은 창조의 행위가 삼위일체의 사역임을 분명히 하고 있다(창 1:2, 욥 26:13, 33:4, 시 33:6, 104:30, 사 40:12, 13, 요 1:3, 고전 8:6, 골 1:15-17). 창조는 먼저 하나님의 자의적인 결단과 행위가 보여지는 것이기 때문에 비밀스러운 것이며, 이것을 보여 주는 창조의 행위는 신적 계시의 근본임을 알게 된다.

오늘의 신학이 창조를 역사와 연관지어 생각하는 것은 '계속되는 창조'(creatio continua)의 연속성 때문이다. 창조가 일회적인 사건으로만 한정된다면 창조주 하나님은 인간을 포함한 그의 피조물과 무관한 분이실 것이다. 우리가 믿는 하나님은 인격적인 삼위일체의 하나님이시다. 하나님은 그가 만드신 피조물과 직접적인 연관을 가지신 아바 아버지로서 영원불변하시며 전지전능하시고 권능과 지혜를 가지신 분이다.[15]

---

13) Otto Weber, *Grundlagen der Dogmatik, Erster Band*(Neukirchen : Neukirchener Verlag, 1987), p. 552.
14) 루이스 뻘콥, 「기독교 신학개론」, 신복윤 역(서울 : 성광문화사, 1986), 89쪽 참조.
15) 레온하르드 후터, 「정통주의 신학개요」, 한인수 역(서울 : 도서출판 경건, 1999), 26쪽 이하. 정통주의 신학에서는 하나님을 삼위일체의 하나님으로 고백한다. 하나님을 인격적으로 믿는다고 할 때는 삼위일체의 하나님이라는 고백이 절대적으로 필요하다. 인격이란 고유하게 자체로서 존재하는 생동적이며 불가분리

창조의 기원이라는 물음을 해결하기 위하여 지금까지 인간은 과학과 철학의 힘을 빌어 많은 가설들을 만들어 냈으나, 창조의 문제는 우주의 신비로 남아 있을 뿐이다. 창조에 관한 명쾌한 답은 성경에서 찾을 수 있고 하나님을 창조주로 믿는 신앙에 의해 설명된다(히 11 : 3). 성경에서 우리는 물질과 영적인 세계가 어떻게 존재하게 되었는지를 알게 되며, 하나님의 창조신앙을 통해 세계의 존재 기원을 발견하게 된다.[16]

적이며 이성적인 그 무엇을 말한다. 동일한 본능과 동일한 권능을 가지고 동일하게 영원하신 세 인격을 가지신 하나님이 한 분이심을 우리는 믿는다.

"성령이 아버지와 아들로부터 나온다."(qui ex patre filioque procedit)는 교리는 터툴리아누스와 아우구스티누스 등에 의해 주장된 바 있다. 교황 레오 3세는 809년 아헨연회(Aachener Synode)에서 filioque(그리고 아들에게서)를 올바른 교리라고 선언함으로써 이것은 서방교회의 공인된 신앙형식이 되었다. 개신교에서는 아우구스부르그 신앙고백(1530년)에서 이 교리를 수용하였다. 그러나 동방에서는 그것을 전적으로 거부하였다. 동방신학에는 지성과 이해력을 빌리지 않고 신비적인 방법으로 하나님을 이해하려는 희랍 기독교의 경건성이 들어 있다. 예배를 통한 말씀과 예전, 그리고 성령의 은사는 영혼을 신적 존재에 참여하게 하는(θεοποίησις) 길이라는 것이다. 동방신학은 성화의 신비주의(Heiligungsmystik)라고 말할 수 있다.

서방 정통신학에서 이해하는 성령은 오늘날에도 성부로부터 성자를 통해 불가시적으로 믿는 자들의 마음속에 부어진다. 이는 말씀과 성례를 통해 저들을 거룩하게 하기 위함이다.

16) 창조신앙에 관한 신학과 과학의 근본적인 대결은 천동설과 지동설의 문제였다. 프톨레미(Ptolemy, 100-170년)가 내세운 천동설은 코페르니쿠스(N. Copernicus, 1474-1534년)의 지동설에 의해 공격을 당했으며, 지동설을 지지한 갈릴레이(G. Galilei, 1564-1642년)는 교회의 종교재판을 받게 되었다. 루터는 '여호수아가 태양을 머무르게 한 사건'을 예로 들어, 칼빈은 시 93 : 1을 근거로하여 지동설을 반박하였나. 멜랑히톤과 웨슬리도 지동설을 이단시하였다고

성경이 기록될 당시 고대 근동지방의 사상을 지배하던 창조에 관한 대표적인 이론들로는 형성설과 유출설이 있다. 이들을 먼저 살펴보고 현대과학을 대별하는 진화론을 비판하면서, 기독교가 주장하는 무에서의 창조가 갖는 타당성을 하나님의 자기축소와 연관지어 본 논거를 전개하려 한다. 여기에서 거론되는 하나님의 자기축소 이론은 먼저 유대교와 기독교 신학의 대화에서 얻어진 신학적인 소산이며, 몰트만이 이를 대변하고 있음을 전제한다. 세계의 창조에 관한 대표적인 이론들로는 다음과 같이 세 가지의 가능한 대답을 들 수 있다.

1) 형성설(Formation theory)

형성설은 세계는 형이상학적인 질료로부터 만들어졌다는 이론이다. 이 이론의 대표자는 플라톤으로서 세계 기원에 대한 '이원론적인 이론'(The dualistic theory)이다. 이 이론에 의하면 인간을 포함한 자연만물의 이 세계는 이데아의 세계와 현상의 세계로 나누어져 있으며, 진정한 실제의 세계는 오직 관념의 세계라고 한다. 또한 변전무상(變轉無常)한 세계는 근본적으로 존재하지 않으며 오직 이데아의 세계에 참여할 때만 실재적 성격을 갖는다고 한다. 여기서 두 세계 간의 형이상학적 구별은 윤리적이다. 이데아의 세계가 선의 세계이며 선의 세계의 정점은 신 곧 하나님으로 보았다.

고대에는 이 이론이 신화적인 형태로 중동지방에 널리 퍼져 있었다. 바벨론의 창조신화(creation myth)에 나오는 질서의 신 마르둑(Marduk)이 혼돈의 신 티아맛(Tiamat)를 쳐 복종시킴으로써 이 세계

한다. 참조. 이신건, 「조직신학 입문」(서울 : 한국신학연구소, 1992), 55쪽 각주.

가 만들어졌다는 것이다. 희랍에서는 이러한 세계 기원에 대한 이원론적 견해를 받아들여 그것에 철학적 해석을 가했다.

플라톤(Platon, 기원전 427-347년)의 대화편 "티매우스"라는 책에 나오는 세계 기원에 대한 신화에서도 이와 비슷한 이야기를 볼 수 있다. 태초에 데미우르고스라는 신이 있었는데, 그 신이 본래 있었던 어떤 질료인 아페이론을 영원부터 존재한 이데아(모형)에 의해 형성한 것이 세계라는 것이다. 여기에서 질료란 공간이나 무엇인가를 받을 수 있는 그릇을 의미하기도 한다. 이는 마치 목수가 청사진에 의해 재료를 가지고 집을 짓는 것과 같다. 형성설의 창조에서는 세 가지의 요소가 필요하다. 즉, 모형과 질료, 그리고 데미우르고스이다. 이데아를 독립된 실체로 보았는지 신의 이데아로 보았는지는 정확히 알 수 없으나, 신의 이데아로 보는 것이 일반적인 견해다. 원래 천상적인 의미를 갖는 신의 이데아가 실현되는 것이 창조의 행위이며, 창조의 행위가 실현되는 곳은 지상이라는 말이다.

플라톤은 현상의 세계를 가상의 세계로 돌리지 않기 위하여 아낙시만드로스의 아페이론을 그의 우주론에 도입하였다. 아페이론은 이데아의 유모 혹은 수용자로서 물질과 혼돈의 원리다. 이데아는 아페이론 속에 불변의 질서와 아름다움을 부여한다. 우주의 제작자 데미우르고스가 이데아를 원형으로 삼아 아페이론이라는 질료를 가지고 세계를 창조함으로써 일어난다는 것이다. 이리하여 물질적인 세계는 이데아를 분유(分有)하고 모방하고 있는 불완전한 모사물이 되며, 이데아는 개별물들 속에 임재(parousia)하고 있다.

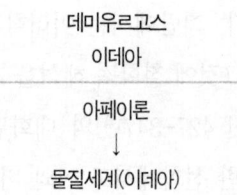

이것은 철저하게 이원론(The dualistic theory)적 사고에서 나온 것이다. 이데아를 품고 있는 신이 먼저 전제되며, 다른 한편으로는 세계 형성의 재료인 질료가 있어야 한다. 여기에서 질료라는 물질은 무엇인가? 그것은 비존재로서 창조의 활동에 의해 무엇이 될 수 있는 가능체다. 이 물질은 신과 함께 영원부터 존재한 존재론적 원리로서 신의 세계형성에 도움이 되는 조건이기도 하지만 방해물이 될 수도 있다. 목수가 재목으로 집을 지을 수 있으나 재목의 제한을 받게 되면 재목으로 집을 지어야지 자기 마음대로 다른 흙벽돌 집이나 철골로 된 집을 지을 수 없는 것과 같다.

플라톤이 주장하는 신은 창조활동에 있어서 제한을 받는 신이다. 데미우르고스 신은 관대하고 선하며 좋고 완전하게 세계를 형성하였다. 그는 전지전능의 신은 아니지만, 상대적으로 완전한 신이다. 이 이론에서 보여지는 것은 신과 이데아를 품고 있는 물질이 모두 영원적이라는 것이다. 그러므로 만유 내재신론(panentheim)적 세계관이다. 여기에서 신은 창조주가 아니고 단순히 우주의 조성자에 지나지 않는다. 그러나 우주의 조성자는 기독교가 말하는 창조주가 아니다.

성경에서는 하나님의 창조를 집의 건축(시 127 : 1)이나 토기의 조성자(렘 18, 롬 9 : 21)로 비유하여 설명하기도 한다. 이를 통해 나타내고자 하는 것은 창조주 하나님의 의도와 목적성이다. 그런데 이 비유들은 무엇인가 주어진 물질이 전제되기 때문에 창조주의 전지전능과 섭리, 자의적인 창조의 결단능력을 약화시키고 동시에 인격적인 연대가 이루어지지 않는 약점이 있다. 창조가 마치 공장에서 물건을 만들어 내는 듯한 행위로 전락하고 만다. 또한 기독교가 주장하는 창조의 역사성이 들어설 자리가 없다.

현상의 세계가 이데아의 세계에 참여하는 한에서 그 존재의 실재가 인정되는 것은 윤리적인 면을 강조하는 장점이 있으나 너무 사변적이다. 이데아의 세계에 참여하는 현상의 세계를 관념의 세계로 설정해 놓고 논리전개를 하는 것은 선으로 모든 존재 자체를 해석하려는 무리한 해석이다.

플라톤은 우주를 지배하는 최상의 원리를 선으로 규정하면서 이것이 모든 이데아들을 총괄한다는 윤리적 이상주의를 체계화시켰다. 그에 의하면 이데아를 인식하는 주관은 순수한 정신(nous)이며, 이데아의 진상을 아는 것은 진리의 추구라 한다. 인간의 영혼 속에 들어 있는 이성과 기개와 욕망 중에서 이성을 순수한 이데아의 부분으로 전제하고, 이성이 다른 영혼 부분을 통제할 때 인간은 행복을 얻는다고 가정하고 있다. 진리를 추구하는 이성과 명예를 희구하는 기개, 그리고 쾌락을 추구하는 욕망이 각자 지혜와 용기 그리고 절제의 덕을 이루어 내는 곳에 참다운 행복이 있으며, 이러한 인간관을 국가에 적용할 때 이상국가론이 성립된다. 용기를 덕으로 하는 전사계급이 절제를 덕으로 하는 생산계급과 함께 이성적인 철인통치자에 순응할 때 국가사회의 정의가 실현된다고 한다.[17]

---

17) 철학교재편찬위원회, 「철학개론」(익산 : 원광대학교출판국, 1989), 162쪽 이하.

그러나 현상의 세계에는 선과 악이 동시에 존재한다. 현상의 세계에는 인간이 인간으로서 존재하는 한 진정한 선이 없으며 사악한 악도 사실은 없다. 선과 악이 교차되는 세계가 현상의 세계다. 선에 참여하는 세계를 관념의 세계로 설정하여 존재의 의미를 부여한 것에는 윤리적, 종교적인 면이 강하게 보인다. 다른 면에서 보면 현상의 세계를 이데아의 세계로 격상시키는 결과가 된다. 그렇다면 원래 존재하며 실재하는 이데아의 세계는 관념의 세계에서 가상적으로 보여지며 현상의 세계는 다시 관념의 세계에서 선에 참여할 때만 존재한다고 할 때, 결국 이데아의 세계는 관념의 세계에서만 보여지며 현상의 세계는 부정되는 결과가 되는 한계가 있다.

이러한 플라톤의 이원론과 고대의 신화론적 우주관에 대해 어거스틴은 세계창조 이전에 하나님과 대등한 어떤 존재론적 원리나 실체는 없다고 보았다. 그는 하나님의 형성적 활동(formative activity)과 창조적 활동(creative activity)을 구별하여 후자가 하나님의 창조라고 한다. 하나님은 이미 있는 재료를 모형에 의해 형성하는 조각가나 목수와 같은 분이 아니라, 질료까지 만드신 제1원인(prima causa)이 되신다는 것이다. 그러므로 하나님만이 만물의 근원이요, 만물은 절대적으로 하나님에게 의존되어 있다고 본다.

2) 유출설(The Emanation Theory)

유출설은 우주의 체계와 질서를 최상위의 계층에 있는 일자로부터 정신, 혼, 육체로 구분하여, 하위의 계층을 이루는 세계는 최상위의 계층인 일자로부터 흘러나왔다고 보는 설이다. 이것은 신플라톤주의의 일원론적인 이론으로 3세기 애굽에서 태어난 플로티누스가 이 이론의 대표자이다. 유출설은 하나님과 세계는 본질적으로 하나라는 사고에서 출발한다. 세계는 신적 존재로부터 점차 과정을 거치면서 필연적으로 유출되었다는 일종의 범신론(pantheism)인 것이다.

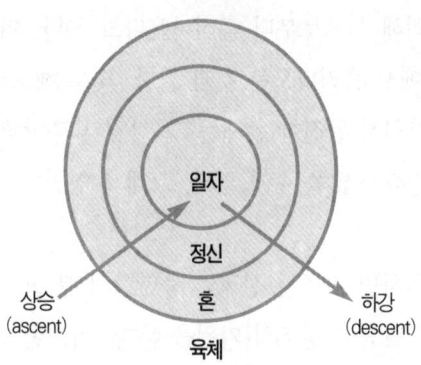

이 이론에서는 우주가 계층적으로 되어 있고 그 우주 내에는 두 가지의 기본적인 운동이 있다고 본다. 하나는 존재의 하강(descent)이요, 또 하나는 존재의 상승(ascent)이다. 하강운동은 일자(一者)로부터 나오는 운동이요, 상승은 육이 상승하여 근원이 되는 일자와 합일의 경지에 이르는 영적 생활 즉 신비주의 운동이다. 전자는 존재의 유출로서 존재의 다양성으로 향하는 육적 운동이요, 후자는 존재를 하나로 연합되게 하는 영적 운동이다. 그러므로 일자는 모든 존재의 초월적인 근원이 되면서 동시에 모든 것이 그에게 귀환하는 목적이 된다.

일자는 신적인 존재로서 모든 존재의 근원일 뿐만 아니라 모든 것을 초월해 있는 절대 단일자다. 그에게는 존재의 범주를 적용할 수 없다. 왜냐하면 그는 모든 존재에 선행하고 있기 때문이다. 그에게는 어떤 속성을 부가해서 생각할 수도 없다. 속성이란 제한된 사물 존재에서 유래된 것이기 때문이다. 일자는 모든 것을 초월해서 '있음'(is)이다. 그는 행동을 동반하는 창조는 하지 않는다. 이것을 '부동의 동자'(The unmoved mover)라고 한다. 곧 자신은 움직이지 않으나 다른 것을 움직이게 하는 존재다. 그는 존재의 기원을 창조의 행위에 두지 않고 필연성에 의해 신으로부터 흘러나온다고 본다. 이것은 빛이 태양에서, 물이 샘에서 흘러나오는 것과 같다. 빛은 해로부터 필연적으로 흘러나온다. 영원히 완전한 존재는 그 자체가 충만하여 넘치기 때문에 무엇을 산출하지 않을 수가 없다. 그래서 영원히 유출하는 존재가 일자다.

이 유비에 의하면 창조는 신적인 충만함의 분출(overflowing)이다. 신의 풍성함과 넘침에 창조의 기원을 둔다. 이러한 유출의 창조행위는 신의 자의적인 창조라고 볼 수 없으며 숙명론적인 면이 강하게 부각되어 있다. 신의 넘침에 의해 실체가 우연성을 갖는 것이 창조의 행위라는 것이다.

유출을 통해 일자는 만물의 근원이 되며 만물은 어느 면에서 신을 현현한다. 빛이 태양과 같지 않은 것처럼 유출된 어떤 존재도 신과 같지는 않다. 유출된 존재들은 존재계층(hierarchy of beings)을 가진다. 태양에 가까운 빛이 더 밝고, 태양에서 먼 것이 어두워지는 것과 같다.

제일 먼저 일자에게서 유출된 것은 정신(nous)이다. 이 정신은 인식의 주체와 객체가 된다. 정신은 주체와 객체라는 양면성을 가지기 때문에 단일성과 통일성이 결여되어 있다. 그러므로 일자에 비해 열등하다. 이 정신에서 혼(세계 혼과 인간의 혼)이 유출되어 나온다. 혼은 정신의 영상이요, 정신은 일자의 영상이다. 유출 과정의 제일 하부에 있는 계층은 물질이라 한다. 이는 빛이 마지막으로 미치는 한계에 어두움이 있는 것과 같다.

존재의 기원은 창조가 아니라 과연 필연적인 유출인가? 유출된 존재들은 정도는 다르지만 모두 신적인 요소를 지니고 있을까? 우주는 영원한 것이 아니며 시작도 없고 끝도 없는가? 여기서는 하나님의 자기결정 능력이나 인간의 자유와 도덕적인 책임을 볼 수 없으며, 세계에서 일어나는 모든 책임이 신에게 있음을 보여 준다. 상승과 하강작용을 통해 상위존재와 하위존재는 연결점을 가지며, 모두 신적 존재라는 범신론적인 사상이 강하게 포함되어 있다. 따라서 만물이 곧 신이라는 결론에 이르게 된다.

3) 생명의 본질과 진화론

생명의 세계는 지금까지 일반적으로 무기체적인 물질의 상층부에 유기체가 존재한다고 믿어 왔다. 이러한 사고에 근거하여 생명의 본질에 관하여 두 가지의 학설이 대립되어 발전해 왔다. 생기론(vitalism)과 기계론(mechanism)이 그것들인데, 여기서는 진화론과 비교하여 논하려 한다.

(1) 생기론(Vitalism) : 활력론이라 불리는 이 학설은 생명의 본질을 생활력(vital force)이라는 힘이나 생활소(Lebensstoff)라는 특수한 물질에 의해서라고 보는 것이다. 생기론의 역사는 세 단계로 구분된다.

생기론의 시조는 아리스토텔레스(기원전 384-322년)이다. 그는 발생을 "무엇으로부터 어떤 힘에 의해 발생하는 것"으로 보았다. 즉, 물질에서 생명이 생명력(Entelechie)에 의해 발생한다고 주장하였다. 생명의 본질이 생명력이라는 일종의 특수한 힘에 있고, 생물은 이 생명력을 가지고 있기 때문에 무생물과 근본적으로 다르다는 것이다. 고대 말경 스토아 학파들은 아리스토텔레스가 말한 이 생명력을 영혼(Pneuma)이라고 불렀다. 그러나 이들은 영혼을 식물, 동물, 인간에 이르기까지 만물을 관류(貫流)하는 일종의 세계영혼으로 보았다. 이 점에서 스토아 학파는 영혼을 생명의 원리로 보았다. 그러나 이들은 영혼을 불과 공간의 혼합물로 여겼기 때문에 생명을 물질로 환원시킨 것과 같다.

(2) 기계론(Mechanism) : 이것은 실제적 세계는 무수한 물질입자로 구성되어 있고 이 입자들은 서로 끄는 인력과 미는 척력에 의해 운동한다고 보는 세계관을 말한다. 세계의 모든 현상이 기계역학적인 운동법칙에 의해 움직인다는 것이다. 이것은 고대의 데모크리토스와 에피쿠로스(기원전 341-270년)가 주장했으며 근세 자연과학의 토대 위에서 18세기까지 각 방면의 지배적인 사상이 되었다.

데모크리토스는 생명이나 인간의 생활도 원자의 형태와 운동의 현상으로 보았으며, 에피쿠로스는 모든 생물과 무생물의 구별을 영혼의 유무로 보았다. 그리고 이 영혼은 물질적인 원자의 합성체로 보았고, 이 운동도 필연적이며 기계적이어서 인간의 의지에 자유의 여지가 없다고 단정하였다.

근대 기계론적 생명관의 선구자는 데까르트(Descartes)이다. 그는 물체와 정신을 독립적인 두 개의 실체로 보았으며, 인간 이하의 모든 생물에게는 정신이 없기 때문에 생물은 일종의 자동기계에 불과하다는 자동기계설(theory of automation)을 주장하였다. 그 이후 라 메트리에(La Metrie)는 1784년에 인간기계론을 발표하여 생물 전체를 하나의 기계론으로 보는 기계론적 생명관이 성립되었다.

(3) 신 생기론 : 생기론은 기계론에 의해 약화되었으나, 근세에 와서 생명소라는 특수한 물질을 생명의 본질로 보는 신 생기론이 대두되었다. 즉, 1905년 이후 생물과 무생물의 절대적 상이점을 가정하고 새로운 생명의 원리를 탐구하는 신 생기론(Neovitalism)이 생겨났다. 그 대표자는 드리쉬(H. Driesch, 1867-1941년)이다. 그가 주장하는 신 생기론은 세 가지다.

① 조화균등 세력계 : 생체를 구성하는 세포는 어떤 위치에 있든지 균등한 세력을 가지며 그 위치에 적당한 부분을 만들어 낸다. 또한 각 세포의 집단이 일정한 구조를 갖는 것을 보면 세포간에 조화가 있다고 보인다. 이렇게 각 세포가 균등한 세력을 가지고 조화를 보유하는 것을 조화균등 세력계라고 부른다.

② 복잡균등 세력계 : 균등한 세력을 가진 각 세포는 가지나 잎, 뿌리와 같은 복잡한 구조를 가진 부분을 산출하는 능력을 가지고 있다. 이를 복잡균등 세력계라 한다.

③ 생물의 행동 : 생물의 행동은 내부의 통일된 자극군과 통일된 작용군과의 연관이며 외부의 반응의 기초 위에서 진행된다.

위의 것들은 기계론으로서는 설명할 수 없다. 예를 들어 생체의 어떤 부분을 잘라낸 후 다시 동일한 부분을 산출하는 것은 기계론으로서는 불가능하다. 이러한 유기체의 새 원리를 생명력이라고 하였다.

(4) 진화론(The Theory of Evolution)

생기론과 기계론의 대립은 결국 생명이 물리화학적으로 설명된다거나 그렇지 않다는 것을 논하는 논쟁에 불과하였다. 이들은 생명이 장구한 역사적 산물임을 간과하고 말았다.

고대 그리스의 자연철학자들 중에는 사물의 생성을 논한 사람들이 많았다. 엠페도클레스는 지(地), 수(水), 풍(風), 화(火) 4원소의 결합과 분리로 만물의 생멸(生滅)을 설명하려 하였다. 아낙사고라스는 사람이 물고기 모양의 조상에서 유래했다고 하였다. 아리스토텔레스는 '자연의 단계'(scala naturae)를 설명하여 진화사상을 낳게 하는 토대가 되었다.

체계적인 진화론을 제시한 사람은 라마르크이다. 그는 1809년 자신의 저서 「동물철학」에서 "무기물에서 자연발생한 미소한 원시적 생물이 그 구조에 따라 저절로 발달하여 복잡하게 된다는 점진적 발달설과 습성에 의해 획득된 형질이 유전함으로써 발달한다는 설"을 함께 발표하였다. 전자는 동물의 부류들이 단계적으로 배열됨을 설명한 것이고, 후자는 종의 다양성을 설명한 것이다. 또한 동물은 내부감각으로 생기는 욕구에 의해 진화된다고도 하였다.

한편, 진화론을 확립한 사람은 찰스 다윈이다. 그는 1859년 「종의 기원」(On the Origin of Species by Means of Natural Selection)이라는 책에서 자연선택설을 근간으로 하는, 새로운 종이 생기는 구조를 설명하였다. 즉, 적자생존의 법칙에 의해 새로운 종이 생긴다는 것이다. 변이에 대해서는 라마르크의 습성에 의한 획득형질의 유전은 받아들였으나 점진적인 발달은 거부하였다.

진화론은 우주만물이 우연적으로 자연발생하여 오랜 시간에 걸쳐 진화되어 온 것이라는 무신론적 사고에서 나온 이론이며, 창조론은 초월적인 창조주가 목적을 가지고 세상을 의도적으로 창조하셨다는 유신론적 신앙이다.[18] 이처럼 진화론과 창조론은 근본 출발부터가 다

---

18) 마이클 덴턴, 「진화론과 과학, 다윈은 과연 옳았는가?」, 임번삼 외 역(서울 : 한

르다.

진화론은 그것이 주창된 이후 한동안 사회사상에 큰 영향을 주었다. 스펜서가 주장한 사회다윈주의는 생존경쟁설에 따라 인종차별이나 약육강식을 합리화하여 강대국의 식민정책을 합리화하는 데 이용되었다. 그러나 19세기 말에 가까워 오면서 진화론에 입각한 계통탐구의 어려움이 인식되면서 진화론에 대한 관심은 점차로 감소되고 있다.

창조주 하나님에 관한 우리의 신앙과 현대과학의 관계는 몇 가지 전제할 원칙이 있다.[19] 우선 과학과 신앙이 사용하는 언어가 다르다는 것이다. 전자는 경험적인 증거를 가지며 인과관계를 중시하고 확률적인 이론을 중요시하지만, 후자는 풍성한 상징과 표상 그리고 시적 표현들을 통해 신앙적인 그림을 만들어 내는 언어들을 사용한다. 이를 그림언어(picture language)라 한다.

그렇다면 과연 과학이 만물의 기원에 관한 문제를 관찰하여 반복할 수 있을까? 창조는 과학적인 실험의 한계 때문에 입증될 수 없으며, 진화는 속도가 너무 느려서 측정할 수가 없다. 진화론은 이런 면에서 실험과학의 영역에 속하지 않는다[20]는 결론을 얻게 된다.

과학과 신학의 언어는 전적으로 다르거나 배타적인 것은 아니다. 지난 몇 세기 동안 교회는 성경을 모든 학문의 척도(canon)로 간주해

국창조과학회, 1985), 15쪽 참조.
19) 다니엘 L. 밀리오리, 「기독교 조직신학 개론-이해를 추구하는 신앙」, 장경철 역 (서울 : 한국장로교출판사 : 1994), 147쪽 이하.
20) 헨리 앰 모리스, 「진화냐 창조냐」, 조진경 역(서울 : 도서출판 선구지, 1981), 15쪽 이하.

오기도 하였다. 교회가 세속을 지배하던 시대에는 이러한 사고가 지배적이었으나, 오히려 이러한 성서해석은 중세 암흑기를 가져오는 멍에와 굴레가 되었음을 우리는 부정할 수 없다. 이러한 성경 중심적인 행위와 판단은 세상의 학문까지 지배하고 개인의 양심과 신앙을 무시하는 결과를 가져오게 되었다. 그 대표적인 것으로 갈릴레오가 주장하던 과학적 판단인 지동설을 교회가 성경의 주장을 내세워 거부하도록 강요한 것을 들 수 있다.[21] 갈릴레오의 경우에는 과학과 신학이 적대감의 상징으로 보인다.

진화론이 대두된 이후 19세기와 20세기 초까지 교회는 과학과 신학의 대화를 첨예한 대립의 양상으로 끌고 간 것이 사실이다. 여기서 우리가 얻은 중요한 결론은 '과학적 실험 만능주의'(experimental almightism)와 신학의 '독단적인 제국주의'(dogmatic imperialism)는 극복되어야 한다는 점이다.

우리가 전제할 것은 과학과 신앙은 서로에게 영향을 미치며 서로를 풍성하게 해줄 수 있다는 믿음이다. 과학자들은 점차 과학적 탐구의 영역 안에 창의적인 상상과 신비의 세계가 있음을 인정하고 있으며, 신학 역시 과학적인 결과를 체계화된 신앙으로 해석해야 할 부분이 있음을 인정하고 있다. 예를 들면 과학적으로 "우주는 하나의 연관된

---

21) 갈릴레오는 1633년 "두 가지의 세상원리에 대한 대화"(Dialogue on the Two Chief Systems of the World)에서 지구가 태양 주위를 돈다는 크페르니쿠스의 설을 지지했다. 교회는 과학영역을 침해하고 창세기를 과학책으로 해석하기 시작하였다. 갈릴레오는 로마 종교재판에 소환되어 자기 주장을 철회하도록 위협을 당했다. 그는 지동설을 철회하고 꿇은 무릎을 펴면서 "그러나 지구는 지금도 돌고 있다."는 말을 남겼다고 한다.

전체"(a coherent whole)라고 전제되고 있는데, 현대 과학을 가능케 하는 이러한 가정들은 기독교 창조론과 전적으로 일치하는(congruent) 것으로 판명되고 있다.

오늘의 신학이 세계와 우주에 관한 새로운 이해를 추구한다면, 현대의 과학은 세계와 우주에 관한 신비를 들추어내면서 창조주 하나님에 관한 신앙을 확실히 하고 있다고 해도 과언이 아니다. 흔히들 말하는 것처럼 "진정한 과학자는 확실한 창조신앙을 가지고 있는 자이다."라는 말이 기정 사실화되어 가고 있는 것이다.

과학은 자신의 연구 안에서 수없이 전개되는 신비의 차원에 대해 개방성을 가져야 하며, 신앙과 신학은 미래의 완성을 지향하는 창조론의 입장에 서서 자연의 신학(a theology of nature)을 연구해야 한다. 이미 언급한 바 있는 '과학적 실험 만능주의'와 신학의 '독단적인 제국주의'가 극복되면서 생태학적 위기를 극복하려는 만남의 장이 마련될 때, 과학적 사고와 신앙적 확신은 상호 연관성을 가지며 창조된 세계의 복합성과 아름다움을 재창출하는 창조론으로 형성될 것으로 여겨진다.

기독교와 과학 간의 갈등은 오랜 역사를 가지며, 특히 창조설과 진화설은 아직도 사회 일각에서 날카롭게 대립되고 있다. 이 두 진영 사이의 관계는 판넨베르크에 의하면 보충적이다. "창조설과 진화설은 '지속된 창조'(creatio continua)라는 개념을 통해 화해가 가능하다고 본다. 성경에서 말하는 창조는 결코 그 옛날 몇 일만에 끝나고 만 일회적인 행위가 아니다. 또 과학자들이 말하는 진화는 아무 목적 없이 그저 기계적으로 진행되는 필연적인 과정이 아니다. 오히려 과학자들은 전혀 새로운 것이 갑작스럽게 출현하는 이른바 '창발적 진화'

(emergent evolution)를 주장한다. 마찬가지로 신학자들은 하나님이 지속적으로 새 것, 즉 기대치 못한 것을 새롭게 창조하시는 분이라고 강조한다. 바로 이러한 창발적-지속적 창조 개념을 통해 두 진영은 공감대를 확인할 수 있다."[22] 이것을 그림으로 표시하면 다음과 같다.

판넨베르크의 창조는 계속되는 창조 속에서의 창발적 진화를 상호 보충적으로 이해하고 있다. 위 그림은 사각 띠로 표현된 창조와 종말의 선상에 창발적 진화가 계속되는 창조의 사역 안에서 이루어진다는 것을 나타내고 있다. 이를 통해 진화는 별개의 사건이 아니라 창조 안에서 이루어지는 제2의 창조의 사역임을 말해 준다. 그림에서 복합 빗선으로 표기된 것은 사물의 생성과 소멸을 입체적으로 나타낸 것이다. 창발적 진화는 사물의 생성과 소멸은 서로 영향을 주면서 이루어진다.

4) 무로부터의 창조 (creatio ex nihilo)

---

[22] 참조. 조선일보 11월 5일자 문화면 판넨베르크 교수 초빙 인터뷰 내용. 한국학술원, 대우 재단 그리고 조선일보가 공동으로 판넨베르크를 초빙하여 11월 7-10일까지 2001년 석학 연속강좌를 개최하였다.

개신교 신학에서는 이 교리를 주제로 하여 논의된 것이 별로 없다. 그러나 카톨릭 신학에서는 제4차 라테란 공의회(1215년) 이후 공언된 교리로 연구되어 왔다. 개신교 근대신학자들 가운데 이것을 신학의 주제로 가져온 사람은 칼 바르트, 에밀 브룬너, 트릴하스 그리고 오토 베버 등이다.

개신교 신학에서 무로부터의 창조문제를 소홀하게 다룬 것은 이 이론에 대한 성서적 근거가 미약하고 사변적인 성격을 갖고 있기 때문이다. 무로부터의 창조를 말할 수 있는 로마서 4 : 17은 태초의 창조보다는 새로운 창조를 말하고 있으며, 히브리서 11 : 3의 무는 순수부정의 무라기보다는 결여적인 무다. 마카비하 7 : 28의 ouk ex onton도 무형의 질료인 무를 말해 준다. 창세기 1 : 2의 혼돈(chaos)을 질료의 개념에 결부시켜 언급한 것은 필로와 헤르마스 목자, 그리고 속사도 교부들이다.

그렇다면 무로부터의 창조는 무엇을 의미하는가?

(1) 무로부터의 창조는 창조주의 시작을 말해 준다. 이 창조는 시간과 세계의 절대시작(태초)을 의미한다. 하나님은 시간 안에서 세계를 창조하신 것이 아니라 시간과 함께 창조하셨다. 창조 이전에는 시간이 없었고 시간을 창조하신 하나님은 시간의 지배를 받지 않는 초월적인 영원자이시다. 따라서 세계를 영원하다거나 무한하다고 보는 이론을 반대한다. 무로부터의 창조는 시간의 절대적인 시작인 태초를 말하며, 이 시간은 목적을 향해 진행된다. 시간은 시작이 있고 과정이 있으며 완성의 시기가 있다. 이로써 무로부터의 창조는 시간의 윤회사상, 즉 회귀를 반대한다. 시간의 창조는 하나님이 영원히 거할 수 있는 공간적인 장을 마련하시는 구체적인 준비과정이라고 할 수

있다.

(2) 무로부터의 창조는 하나님의 절대주권을 나타낸다. 이 창조는 세상과 하나님이 철저하게 구별됨을 의미한다. 여기에서 말하는 무(無)는 μὴ ὄν이 아니라 οὐκ ὄν이다. 즉, 절대적으로 없음을 말한다. 창조 시에 삼위일체 하나님 외에는 아무도 없었음을 의미한다. 세계는 하나님으로부터 흘러나온 신적인 존재가 아니다. 하나님 이외의 어떤 질료로부터 만들어진 것도 아니다. 세계는 하나님처럼 영원한 것도 아니며, 시간이 영원히 반복되는 것도 아니다. 다시 말해서, 창조된 세계는 시작과 끝이 있는 유한한 존재임을 말해 준다.[23]

여기서 사용된 전치사 'ex'는 그것이 생겨난 질료를 의미하지 않고 질료로부터 배제되는 것을 의미한다. 신적인 존재를 갖는 어떤 존재나 다른 무엇이 창조 이전에는 존재하지 않았음을 나타내는 말이다. 피조물이 있기 전에는 하나님 자신만의 본질이 있었을 뿐이다.

만물이 피조되기 전에 만물의 존재 가능성이 있었는가? 안젤름(Anselm)은 이러한 질문에 대하여 다음과 같이 대답한다. "만물이 존재할 고유한 가능성은 없으나, 세상을 만드실 능력이 하나님께 있으므로 만물은 이러한 가능성에 근거하여 존재할 뿐이다." 이런 의미에서 천지만물은 절대무로부터의 창조다. 절대무는 하나님이 창조의 가능성을 여는 무(無)다.

무로부터의 창조를 더 잘 이해하기 위해 어거스틴의 이론을 유대교의 하나님의 축소이론과 결부시켜 설명해 보기로 하자.

---

23) 김균진, 「기독교 조직신학 I」(서울 : 연세대학교출판부, 1993), 334쪽 이하.

2. 무로부터의 창조(creatio ex nihilo)와 하나님의 자기축소

어거스틴은 하나님께서 세계를 무로부터 창조하셨다고 말한다. 이것은 하나님의 자발적인 사랑의 행위다. 무로부터의 창조는 피조물에 신의 속성을 부가하는 범신론(pantheism)을 철저히 반대한다. "무에서의 창조는 곧 당신에게서 온 것입니다. 당신으로부터 나와 만들어진 것도 아니며 이미 전에 있던 어떤 것으로부터 나온 것도 아닙니다"(creatio ex nihilo enim a te, non de te facta sunt, non de aliquae antea fuerit).

창조는 선재의 어떤 질료로부터 형성된 것이 아니며 하나님 자체에서 유출된 것이 아니기에 남는 것은 '무로부터의 창조'(creatio ex nihilo)라는 결론에 이른다. 무로부터의 창조개념은 하나님과 세계, 그리고 시간과 영원의 관계를 기독교적인 신앙에서 이해하려 할 때 가장 합당한 이론이라고 여겨진다. 그러면 무로부터의 창조가 의미하는 것은 무엇인가?

무로부터의 창조를 잘 이해하기 위해 먼저 '하나님의 자기축소'(Selbstverschränkung Gottes)에 관한 유대교의 신비신학 이론을 도입해 보기로 한다.

세계의 창조는 우선 하나님께서 자신을 창조자로 결정하시는 데서 시작한다. 자신 안에서 자신을 열고 자신을 나누어 주며 자신을 결정함으로써 창조가 시작된다는 것이다. 기독교 신학은 지금까지 하나님의 창조사역을 '밖을 향한 하나님의 활동'(operatio Dei ad externa)이라고만 생각했는데, 하나님의 창조순서를 보면 먼저 하나님의 내재적 삼위일체의 관계 속에서 일어나는 '안을 향한 하나님의 행위'(actio Dei ad interna)를 고려해야 한다는 것이다.

창조는 하나님의 내적, 외적인 행위에서 완성된다. 자신의 밖에 있는 세계를 창조하기 위해 하나님은 자기 속에 있는 공간을 미리 마련하신다는 것이다. 하나님께서 자기 속으로 들어가심으로써 창조적인 일을 할 수 있는 원초적이며 신비적인 공간(mystisches Urraum)인 '절대무'가 생긴다. 이것은 유대교 학자인 이삭 루리아(Isaak Luria)의 집중과 위축을 의미하는 짐줌(zimzum) 이론으로 설명할 수 있다. 최근의 유대교 학자로는 게하르트 숄렘(Gerhart Scholem)도 이를 지지한다.

하나님이 자기 자신으로부터 자기 자신 안으로 집중시키며 들어가시는 곳에서 절대무라는 창조의 행위가 시작된다는 것이다. 여기서 신적인 본질을 가지면서도 신적인 존재가 아닌 것을 생성하신다. 이 곳의 창조자는 부동의 동자가 아니라 자신의 존재의 공간을 허용하는, 하나님의 자기활동의 창조를 허용하시는 분이다.

하나님께서 자기 자신을 위축시키시며 자신에게 전향하는 신적인 자기제한 속에서 절대무가 형성된다. 절대무는 하나님의 자기결단 속에서 먼저 이루어지며 그 이후에 '창조적인 있게 함'(Schopferische Seinlassen)이 뒤따른다고 볼 수 있다. 전자는 남성적인 창조요, 후자는 '하나님의 자기확장'(Selbstexpansion Gottes)으로 보이는 여성적인 창조다. 창조의 행위가 있기 전에 하나님의 신이 수면에 운행하신다(창 1 : 2)는 것은 하나님의 창조를 위한 자기축소의 한 과정으로 이해할 수 있다. 생명의 근원인 빛으로부터 시작되는 창조의 전 과정은 하나님의 아름다운 모성적 창조다.

이러한 하나님의 자기제한과 축소는 성육신이 갖는 '자기비하의 신학'(kenosis theology)에도 적용할 수 있으며 "하나님이 모든 것 안에서 모든 것이 된다."(Gott sei alles in allem)는 바울의 고린도전서 15 : 28을 더 쉽게 설명할 수 있다. 이것을 그림으로 표현하면 다음과 같다.

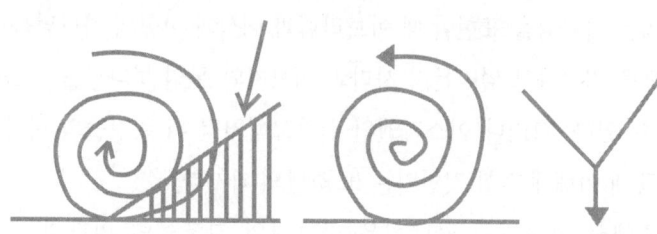

1) 하나님의 자기축소
   내적 창조
   남성적
   자유로운 자기결단과 의지
   창조의 준비

2) 하나님의 자기확장
   외적 창조
   여성적
   자기분여와 나눔
   창조의 행위

3) 하나님의 자기비하
   하나님이 인간 되심
   κενώσις의 신학
   빌 2 : 5-8

첫 번째 그림은 하나님의 자기수축 과정이다. 하나님의 내적인 창조를 위한 자기수축을 통해 빈 공간이 생겨난다. 하나님은 그 곳에 절대무라는 창조의 공간을 만드신다. 절대무는 창조의 가능성을 가진 공간이며 질료다. 자기 수축과정을 갖는 내적인 창조를 자의로운 결단과 의지에 의한 남성적인 창조라고 한다.

두 번째 그림은 하나님의 자기확장 과정이다. 자기확장을 통해서 하나님은 가능성을 가진 질료로부터 형태를 가진 구체적인 창조를 하신다. 이것은 외적인 창조이며 자기분여와 나눔의 창조이므로 여성적인 창조라고 볼 수 있다.

남성적인 창조와 여성적인 창조에 대해서는 논란의 여지가 있다. 이는 하나님의 성에 관한 문제인데, 여성신학자들이 주장하는 하나님의 중성성은 과거의 교회가 하나님을 남성으로, 성령을 여성으로 이해하면서 아들 예수를 포함하여 그리던 인위적인 삼위일체 도식에 대한 거부적인 태도다.

우리는 하나님을 표현할 때 아브라함과 이삭과 야곱의 하나님을 의도적으로 거부하고 얼마든지 사라와 리브가와 롯의 하나님을 만들어 부를 수 있다. 그러나 이스라엘의 신앙고백처럼 된 족장들의 하나님을 어떻게 이해해야 할 것인지는 또 하나의 과제다.

창조에서 하나님의 양면성은 하나님의 창조물인 인간의 대비(Analogia)에서 가능하다. 하나의 생명이 창조될 때 분명한 것은 하나님이 만드신 남성과 여성의 상호작용에 의해 새로운 생명으로 탄생된다는 것이다. 하나님도 역시 이러한 방법을 보여 주시고 사용하지 않으셨을까 하는 것이 상호수축과 확장의 창조다.

새로운 생명이 탄생하는 인간의 창조를 살펴보면 인간 상호간의 자의적인 결단과 의지가 있은 후에 여성의 몸에서 자기분여와 나눔의 일로 생명이 탄생한다. 그래서 우리가 사용하는 언어 가운데 어버이(parents)라는 복수명사가 별도로 존재하는 것이다. 우리가 즐겨 부르는 '어버이 은혜'라는 노래를 보면 "아버지 날 낳으시고 어머니 날 기르신다."는 표현이 들어 있다. 실제로는 어머니가 날 낳으시고 날 기르시는데 이렇게 표현한 것은 아버지의 창조역사에 대한 자의적인 결단을 강조한 구체적인 표현이라고 여겨진다.

하나님께서 창조를 하실 때 말씀으로 모든 것을 창조하셨다고 했는데, 여기서 우리가 사용하는 언어로서의 말만을 생각하는 것은 소극적인 성경해석이다. 말은 사고의 결정체다. 말을 통해 인간의 의지가 남에게 보여지고 전달되며 구체적인 행동이 뒤따르게 된다. 그렇지 않으면 그 말은 허공에 뜬 거짓이 되며 허구적인 말이 된다. 하나님의 창조는 말씀에 의한 창조다. 말씀은 자기결단과 나눔과 자기분여를 통해 이루어진다. 이것을 구체화시키는 것이 무에서의 창조에서 구체적으로 보여지는 '하나님의 자기축소와 확장의 창조' 라고 볼 수 있다. 그리고 이 일은 하나님에게는 무시간적으로 동시에 일어나는 사건이다.

세 번째 그림은 하나님의 자기비하를 보여 주는 그림이다. 예수 그리스도 안에서 보여지는 하나님의 자기비하(빌 2 : 5-10)는 시간과 공간의 제한을 받는 것에서 구체적으로 나타난다. 무한하신 하나님이 유한하신 분으로, 초월적인 하나님이 현실적인 인간이 되신 것이다.

창조는 하나님의 자기수축과 확장을 통해 이루어진다. 남성적이며 자의적인 자기결단이 있은 후에 여성적인 나눔과 자기분여가 있다. 하나님의 자기수축을 남성적인 창조라고 하면, 자기확장은 여성적인 창조다. 예수께서 주기도문을 통해 하나님을 '아바' 라고 소개할 때, 아바가 의미하는 부성적이면서 동시에 모성적인 모습을 더 확실하게 해주는 이론이기도 하다.

무로부터의 창조와 하나님의 자기축소, 확장의 이론은 보다 적극적인 신학적 의미를 갖는다.

(1) 하나님만이 진정한 의미에서 실재하시는 존재라는 것이다. 피조물은 하나님의 자기축소에 의해 생긴 절대무로부터 창조되었기 때문에 결코 하나님처럼 자존적인 존재가 될 수 없다. 최고의 실체이신 하나님은 피조물로 하여금 존재할 수 있는 힘을 무를 통해 주어 존재케 하셨다. 그러므로 피조물의 존재는 창조자의 존재와는 전혀 다르다.

피조물의 존재는 독립적인 존재가 아니라 유래된 존재, 창조자에 의존되어 있는 존재다. 그를 떠나서는 존재의 근거와 의미를 그 자체에서 찾아볼 수가 없다. 이 창조는 바르트가 말한 것처럼 세계가 '저절로 태어난 것'(a nullo)을 의미하지 않는다. "이미 존재하는 다른 것이 아닌 것으로부터의 창조(creatio ex nullo alio praeexistence)이다. 하나님이 원하셔서 비존재(non ens)가 존재(ens)로 된 것이다."

(2) 피조물은 절대의존적이며 동시에 우연성(contingency)을 갖는다.

피조물은 절대무로부터 하나님의 자기확장을 통해 창조되었기 때문에 무(nihil)에 참여하고 있고 본래의 무로 돌아가려는 경향을 갖고 있다. 반면에 존재의 근원이신 하나님에 의해 창조함을 받았기에 참실체이신 하나님의 존재에 참여함으로 존재를 유지한다. 하나님의 보전해 주시는 능력에 의해서만 무의 위협에도 불구하고 그의 존재를 지탱하게 되는 것이다. 무에서의 창조는 피조물 편에서 보면 창조자에 대한 절대의존을 의미하며, 창조자 편에서 보면 피조물을 창조하고 존속케 하며 유지시키는 능력을 의미한다.

(3) 무로부터의 창조의 다른 의미는 무로 돌아가려는 상호의존성(mutability)을 갖는다는 것이다.

이러한 존재는 하나의 존재 형태에서 다른 존재 형태로 변하기도 하고 없어지기도 한다(est non est). 이 가변성이 시간의 존재론적 근거가 된다. 무에 참여하지 않고 만물을 창조하신 하나님은 완전한 존재, 불변한 영원자 그리고 항상 동일하신 분이다. 무에서의 창조는 피조물 편에서 보면 가변성, 시간성을 의미하며, 창조자 편에서 보면 완전성, 영원성, 동일성을 의미한다.

(4) 무로부터의 창조는 하나님의 자유의지와 선하심을 나타낸다.

하나님은 영원, 불변, 자존, 충만, 자족하신 분이다. 세계의 창조는 이 하나님이 자유의지와 그의 선하심에 근거하여 행하신 일이다. 선하신 하나님이 하신 모든 일은 좋은 것이다(esse qua esse bonum est). 어거스틴은 "모든 존재는 그것이 존재하는 한 선하다."(Ergo quaequmque sunt, bona est)고 했다. 그는 피조물 세계의 선함을 창조자의 선하심에서 찾는다. 우리가 현실의 세계에서 선을 찾으려면 선신과 악신의 존재를 인정하는 이원론에 빠지게 된다.

본회퍼 역시 창조를 자유라는 범위에서 이해한다. "창조주와 피조물 사이에는 단지 무가 있을 뿐이다. 자유는 무 안에서 무로부터 시행된다." 이러한 자유를 절대자유라 할 수 있다. 하나님의 창조 역사를 '하나님의 원하심'(Wille Gottes)으로 표현하는 것도 절대자유에 근거한 것이다. 볼프강 트리하스도 세계창조를 하나님의 자유로 보고, "창조에 선행하는 것은 하나님 자신 외에 아무것도 생각할 수 없기 때문"이라고 한다. 이처럼 피조물이 신적 자유의지로부터 선하게 창조되었다는 것은 성서적인 진술이다. 그리고 그것은 성서적인 근거를 갖는 신학적 논제이기도 하다.

세상에 악이 존재한다는 것은 하나님이 세상을 좋게 창조했다는 것과 어긋나지 않는다. 악은 하나님이나 어떤 존재론적 원인에서 나온 것이 아니다. 피조물은 무로부터 창조되었기 때문에 피조물의 선은 최고선에서 유래된 선 또는 변할 수 있는 선이다. 그들이 선한 것은 자체가 선한 것이 아니라 하나님의 선에 참여할 때만 선하다. 이처럼 피조물의 선은 제한되어 있는 선이다. 그러므로 제한된 선으로 창조된 이 세계에는 악이 존재할 수 있는 가능성이 있다. 악이란 악한 실체에서 온 것이 아니라 선의 결핍(privatio boni)을 말한다. 악은 존재와 선의 근원이신 하나님을 떠난 '상대적인 무'로 들어가는 존재와 선의 결핍이다. 그러므로 순수악이란 순수한 '무'이다. 악이란 특수한 역사적 사건으로 인하여 생긴 것으로, 역사적 사건을 통해 극복될 수 있다. 이렇게 그는 창조와 회복(구원) 사이에 악(타락)이라는 사실로 다리를 놓았다.

창조에는 목적이 있다. 창조는 우연과 필연이 아니라 하나님의 자유의지와 좋으심에서 이루어진 것이기 때문에 목적이 있다. 세계는 하나님의 선하신 뜻이 섭리하고 인도해 나간다. 창조의 시간은 유한한 것으로서 종말적인 목표를 향해 나아가는 역사적 시간이다. 이 시간은 역사적 과정을 통해 영원에서 완성된다. 무로부터 창조된 세계는 하나님의 능력에 의해 존속되고 그의 뜻에 의해 인도되어 종말에 하나님의 창조의 목적에 도달한다.

어거스틴은 무로부터의 창조라는 개념을 가지고 하나님과 세계, 영원과 시간, 악의 문제, 역사의 의미를 이해하도록 존재론적 기초(ontological grounding)를 놓아주었다. 하나님의 자기축소와 확장 이론은 창조와 세계에 대한 이원론적 사고를 극복하게 해주며 절대무를 통한 하나님의 창조와 절대무로부터의 창조의 세계를 구체적으로 이해하게 한다.

이미 앞에서 언급한 바와 같이 절대무는 창조주 하나님께서 자기수축을 통해 마련하신 창조의 공간이다. 이 공간은 하나님의 자기결단과 자유의지, 그리고 선하신 뜻에 의해 피조물을 위해 주어진 것이다. 하나님은 자기확장을 통해 이 공간에 마련된 질료들을 사용하여 구체적인 창조를 하셨다. 이것을 분여와 나눔의 창조라고 한다. 이런 면에서 전자는 남성적인 창조, 후자는 여성적인 창조라고 명명할 수 있다.

하나님의 자기축소를 통해 마련된 절대무는 하나님과 구분이 되며 하나님의 자기확장을 통해 마련된 절대무는 피조물과 깊은 연관을 갖는다. 즉, 절대무는 하나님과 피조물을 연결시키는 창조사역의 고리가 된다. 이런 면에서 절대무의 창조는 하나님의 주권적인 창조다.

그러면 무로부터의 창조가 성서적인가? 창세기 1장에 의하면 하나님이 흑암과 물이 혼돈한 곳에서 우주를 만드신 것으로 기록하고 있다. 이 곳에 능력을 행사하여 만든 것이다. 이것은 바벨론의 창조신화의 영향이라고 학자들은 말한다. 마르둑이 바다의 괴물 티아맛을 죽임으로 우주가 형성되었다는 것이다.

그러나 바벨론 신화는 창세기 1장의 내용과 근본적인 차이가 있다. 창세기에는 하나님과 세력을 겨루는 존재가 없다. 하나님은 흑암을 초월해 계시면서 말씀하신다. 말씀의 명령이 피조물의 창조와 연결된다. 창조 이전의 흑암이나 혼돈은 하나님의 자기결단이 있기 이전의 상태를 말하며, 이를 통해 하나님의 절대주권과 초월성을 볼 수 있다(사 45 : 7). 아이히로트나 앤더슨이 지적하듯이 흑암이나 혼돈의 상태에서 하나님의 능력에 대등한 다른 존재가 있지 않기 때문에 창세기 1장의 창조설화는 무로부터의 창조를 뒷받침 해준다.

무로부터의 창조를 처음으로 사용한 책은 기원전 2세기의 제2마카비서(7 : 28)이다. 신약에서는 로마서 4 : 18, 히브리서 11 : 3이 이를 뒷받침한다. 오리겐은 무로부터의 창조를 거부했으나 터툴리안, 이레네우스, 아다나시우스는 받아들였다. 또한 이것을 성서에 근거하여 개신교의 신학으로 신학화한 사람은 어거스틴이다.

3. 무에서의 창조와 빅뱅이론

우주의 시작과 끝에 대해 스티븐 윌리엄 호킹(Stephen William Hawking) 교수는 빅뱅과 블랙홀의 이론을 들어 새로운 우주관을 형성하고 있다. 호킹에 대한 인물연구와 함께 그의 이론을 들어보자.

1) 스티븐 호킹

스티븐 호킹은 1942년 1월 8일 영국 옥스퍼드에서 열대의학을 연구하는 생물학자의 아들로 태어났다. 그는 옥스퍼드에서 물리학을 연구했는데 천재적인 두각을 나타냈다. 그리고 1962년 대학을 졸업한 뒤 케임브리지 대학에서 우주학을 연구하여 박사학위를 받았다.

그런데 그는 1963년 근육무기력증인 루게릭 병에 걸려 2-3년 이상 살기가 어렵다는 시한부 인생을 선고받았다. 그러나 그 이후부터 블랙홀의 증발, 특이점, 양자 중력론 등 현대 물리학의 흐름을 바꾸는 혁명적인 이론을 내놓았다.

호킹은 곤빌(Gonvile)과 카이우스(Caius) 대학의 연구원 및 교수로서 수학과 이론 물리학을 연구했으며, 1974년 32세의 나이로 영국 왕립학회(The Royal Society) 회원이 되었다. 또한 그는 미국 국립과학학회(US National Academy of Sciences) 회원이기도 하다. 1979년부터는 뉴톤이 있던 루카시안(Lucasian)에서 석좌교수로 수학분야를 담당하고 있다. 우주의 역사와 시공간 개념을 쉽게 풀어쓴 그의 저서 「시간의 역사」(A Brief History of Time)는 40개국에서 1,000만 권 이상이 팔렸다.

그의 외형적인 모습은 몸을 가누지 못할 정도로 유약하다. 머리는 오른쪽으로 돌려져 있고 간신히 손가락을 움직여 자신의 의사를 전달할 정도이며, 자동 휠체어에 의지하여 살고 있다. "내 생애에 가장 큰 업적은 살아 있는 것이다."라는 그의 말은 매우 의미심장하게 들린다. 그는 현재 이론 물리학을 연구하면서 세계 곳곳에서 강연을 하는 등 매우 분주한 삶을 살아가고 있다. 가족으로는 세 명의 자녀와 한 명의 손자가 있다. 그의 인터넷 사이트는 www.hawking.org.uk이다.

2) 빅뱅과 블랙홀

호킹 교수의 우주론을 이해하기 위해 중요한 용어들을 들어보면 다음과 같다.

(1) 빅뱅(Big Bang) : 빅뱅은 시간과 공간이 시작되는 처음 시점의 대 폭발을 말한다. 현대 우주론에 의하면 태초에는 아무것도 없었다. 시간과 공간의 개념도 없었다. 다만 빅뱅과 함께 우주가 시작되었다는 것이다. 여기에서 무란 단순히 빈 공간이 아니라 절대적인 무를 의미한다.

(2) 블랙홀(Black Hole) : 블랙홀은 어떤 물질이 중력수축을 일으켜 크기가 임계 반지름인 슈바르츠쉴트 반지름으로 줄어든 상태를 말한다. 이는 아인슈타인의 일반 상대성 이론에 근거한 것으로, 물질이 이러한 수축을 일으키면 그 안의 중력이 무한대가 되어 그 곳에서는 빛, 에너지, 물질, 입자의 어느 것도 탈출하지 못한다.

은하계 중심에는 주변보다 밀도가 훨씬 높은 검은 굴이 존재하는데, 이는 빛의 감옥이라고 불리며 18세기 후반부터 빛이 탈출할 수 없는 천체로 이해되어 왔다. 어떤 커다란 천체를 압축하여 탈출 속도가 빛의 속도인 초속 30만km를 넘을 때까지 압축하면 빛은 자신의 속도로는 도저히 이 천체 밖으로 뛰쳐나올 수 없게 된다. 이렇게 빛도 빠져 나올 수 없을 만큼 물질이 압축된 천체를 블랙홀이라 한다. 어떤 천체에서의 탈출속도는 그 천체의 질량이 크면 클수록, 같은 질량이라면 크기가 작을수록 커진다.

블랙홀은 두 가지 과정에서 우주공간에 형성된다. 첫째는 태양보다 10배 정도 무거운 별이 진화의 마지막 단계에서 폭발을 일으킨 후 큰 중력 때문에 중심부에 있는 물질이 강력한 수축작용을 일으켜서 생겨났다는 것이다. 즉, 별이 임계 반지름에 도달하면 모든 사상이 한 점에 모이는 특이한 현상이 일어나며 모든 힘이 그 곳에서 발생하는 중력이 지배하게 된다. 새로운 중력체계를 갖는 천체가 생긴다는 것이다. 이때 별은 사라져 버리고 대신 블랙홀이 우주공간에 탄생한다. 이러한 천체는 1789년 프랑스의 P. S. M. 라플라스가 처음 생각해 낸 것이다. 둘째는 약 200억 년 전 우주가 대 폭발에 의해 생겨날 때 물질이 크고 작은 덩어리로 뭉쳐져서 블랙홀이 무수하게 생겨났다는 것이다.

블랙홀은 직접 관측되지 않는 암흑의 공간으로서 아주 강력한 중력장(重力場)을 가지고 있기 때문에 그 근처에 있는 빛이나 물질을 모두 흡수해 버린다. 그래서 블랙홀의 내부는 외부와 통신이 전혀 되지 않는 하나의 독립된 세계를 이룬다.

지구가 블랙홀이 되려면 반지름이 0.9cm가 되어야 하며, 태양은 2.5km보다 작아져야 한다. 이때 중력은 지구의 수십 억 배 정도가 된다. 블랙홀은 이론상으로만 존재했으나 최근 인공위성에 실어 보낸 X선 망원경으로 백조자리에 있는 시그너스(Cygnus) X-1이라는 강력한 X선원을 발견했는데, 이 X선은 블랙홀과 쌍성을 이루는 붉은 색의 거성에서 물질이 블랙홀로 빨려 들어가면서 내는 것으로 밝혀졌다. 블랙홀의 수는 은하계 안에 1억 개 이상으로 추정된다. 은하계 중심에는 태양 질량의 10억 배에 해당하는 큰 블랙홀이 있을 것이라 생각되며, 은하단 중심에는 태양 질량의 10^n(n=14)배에 해당하는 블랙홀과 태초의 우주 대 폭발 후 플랑크라는 짧은 시간에 심한 충격파에 의해 생겨난 미소 블랙홀이 있을 것이라 여겨진다. 크기는 10^n(n=-37)cm이고 질량은 10^n(n=-11)g으로 매우 작다.

(3) 특이점(Singularity) : 질량을 가진 물질은 주변의 공간을 휘게 만든다. 질량이 커질수록 휘는 정도도 커진다. 블랙홀 내부에서는 중력이 무한대가 되므로 공간이 휘는 정도도 무한대가 된다. 물리학자들은 우주의 시간을 거꾸로 돌리면 모든 물질이 한 점에 모이는 초고온의 초밀도 상태에 도달한다고 믿었다. 이를 특이점이라 한다.

3) 무에서의 창조와 빅뱅이론

호킹은 우주를 지배하는 기본법칙에 대해 연구해 왔다. 로저 펜로즈(Roger Penrose)와 함께 그는 아인슈타인의 일반 상대성 이론을 적용하여 시간과 공간은 우주의 대 폭발이라는 빅뱅(Big Bang)에서 시작되었으며, 검은 구멍으로 번역되는 블랙홀(Black Holes)에서 끝나고 사라진다고 하였다. 이 이론은 20세기 초반의 위대한 과학적 발견이었던 질량과 함께 하는 일반 상대성 이론과 동일함을 보여 주었다. 이러한 동일성의 결과로는 블랙홀이 완전히 검은 굴이 아니라 빛을 방출하며 결국에는 증발되어 사라진다는 것이다. 다른 하나의 가정으로는 우주는 상상하는 시간 속에서 끝이나 경계가 없다는 것이다. 이것은 우주의 시작과 끝이 철서히 과학의 법칙에 의해 결정되었음을 나타내 준다. 이러한 사실은 하나님의 창조가 무로부터의 창조(creatio ex nihilo)라고 하는 창조설(creation theory)을 뒷받침해 준다.

4. 몰트만의 '창조의 진화'에 대한 해석[24]

이 글은 몰트만의 글을 요약하면서 필자의 사고를 덧붙인 것이다. 동양적인 사고를 가지고 서양신학을 바라보는 작업이다.

(1) 창조의 기사를 보면 인간은 피조물 가운데 하나의 다른 피조물이다. 창조의 순서로 보면 인간은 가장 나중에 등장한다. 지구상에 마지막으로 온 손님이라고 할 수 있다. 이러한 관점에서 본다면 창조의 극치는 지금까지 보수신학에서 주장하던 인간이라고 하기보다는 하나님이 피조물과 함께 쉬시는 안식이라고 보는 것이 옳다.

창조의 마지막 날에 창조된 인간은 다른 피조물에 전적으로 의존한다. 다른 피조물들은 인간이 없이도 살 수 있다. 그러나 인간은 다른 피조물들이 없이는 한 순간도 존재가 불가능하다. 이것은 창조가 인간에게서 끝나는 것이 아니라, 피조물들의 쉼이 있는 안식에서 완성됨을 보여 주는 것이다. 영원한 안식은 하나님이 쉼을 찾으시는 종말에 새 하늘과 새 땅에서 이루어질 것이다. 즉, 하나님과 인간 피조물이 서로 내주하고, 거하며, 상호 교환하는 내적인 교제가 이루어질 것이다.

(2) 인간이 동물의 이름을 언어로 지어 준 것은 지배의 행위가 아니

---

24) 참조. 몰트만, 「창조 안에 계신 하나님」, 225쪽 이하. 이 책은 몰트만의 생태계와 연관된 창조론이다.

라 친밀한 사귐을 의미한다. 언어를 사용하는 인간은 언어를 통해 다른 사람의 도움을 필요로 하며 언어를 가지고 다른 피조물과의 사귐을 조성하는 존재다. 인간은 언어를 통해 동식물을 포함하는 이웃과의 교제를 이루어 나간다. 인간은 자신을 남에게 알리기 위해 이름이나 별명을 사용한다. 개인이 가지고 있는 계정번호나 바코드 역시 정보를 교환하는 창구다.

(3) 하나님의 형상(Imago Dei)으로서의 인간은 창조 안에서 피조물을 향해 하나님을 대변한다. 하나님의 영광을 찬양하기 위해 인간은 안식일 이전에 창조되었다. 새로운 창조는 예수 그리스도의 오심과 십자가와 부활에서 시작된다. 하나님의 영광이 이 땅에 실현되는 곳은 새 하늘과 새 땅이다. 이 곳에서 드디어 신정정치(Theokratia)가 이루어진다. 하나님의 온전한 안식이 이루어진다. 그러므로 그 곳은 하나님의 사랑이 실현되고 정의가 세워지는 샬롬의 나라다.

(4) 사람은 세계의 형상(imago mundi)으로서 다른 피조물들을 대변하여 하나님 앞에 서 있다. 인간은 피조물을 위한 제사장적인 존재이며 성만찬적인 존재요, 또한 창조의 사귐을 책임지는 존재다. 하나님과 피조물의 중보적인 존재라고 보는 것이 옳다. 인간의 타락은 피조물의 타락을 가져오며, 인간의 구원은 피조물의 구원을 이루게 하는 동인이 되기도 한다.

(5) 진화론은 지금까지 카톨릭이나 개신교 교회의 회의에서 창조의 신앙과는 다른 유물론, 범신론 그리고 무신론으로 규정되어 왔다. 그러나 성서의 증언들은 문자적으로나 성서적으로 보는 것보다는 새로운 종합에의 가능성으로 개방해서 보아야 한다. 인간과 세계는 변화에 적응하면서 진화되는 과정을 거치고 있다. 새로운 세대에 적응하

기 위한 전적인 사고의 변화도 진보라는 관점에서 이해할 수 있다. 과학적인 발전에서 돋보이는 자동화는 분명 진보라 함이 타당하다.

(6) 창조에 있어서 태초의 창조에 머무르면 계속적인 창조의 역사성을 부인하는 결과가 된다. 인간의 창조 역시 창조의 극치로서보다는 발전하는 면에서 보는 것이 타당하다. 발전한다는 것은 인간의 삶을 새롭게 하는 종합적이며 문화적인 개념이다. 인간은 누구나 새로운 것을 추구하며 살고 있다.

(7) 창조와 진화는 우선 별개의 것으로서 다른 차원에 속한다. 진화는 계속적인 창조(creatio continua)와 관계된다. 하나님은 오직 인간의 삶과만 관계하시는 분인가? 스피노자의 말처럼 하나님은 모든 사물과 존재 속에서 조화를 이루시는 분이다. 하나님께서 인간을 향하신 뜻이 있다면 세상에 존재하는 나무나 풀 한 포기에 대해서도 그분의 선하신 뜻과 섭리가 있다. 인간의 생명이 귀하다면 다른 피조물의 생명도 그만큼 귀하다.

(8) 진화는 신학이 말하는 계속적인 창조와 관계가 있는 것으로서 미래로 향하고 있는 인간의 삶의 질을 위한 개방성 속에서 보인다. 불의 발명과 언어의 사용, 문화의 창조 그리고 원자와 우주의 시대, 정보화의 시대는 이것을 드러내 준다. 창조의 왕관은 안식이며 창조의 축제를 위해 하나님은 인간을 창조하셨다. 인간이 하나님 안에서 안식을 취하도록 하셨다. 하나님은 모든 피조물 안에서 안식을 취하신다. 인간을 창조의 왕관이라고 규정하면 창조는 일회적인 창조로 머물 수밖에 없다.

(9) 태초의 창조는 시간의 창조다. 시간의 창조는 변화의 창조를 말한다. 하나님의 역사적 창조로서의 창조가 계속적인 창조다. 진화론

들은 창조의 질서를 따르는 것이다. 창조를 세 가지로 구분한다면 태초의 창조와 계속적인 창조, 그리고 새로운 창조가 있다. 이것들을 창조와 보전, 그리고 구원으로 이해하는 것은 단편적이며 바람직한 해석이 아니다. 인간 중심적인 해석이다. 성경에서 창조를 의미하는 '바라' 라는 동사는 해방과 구원에 더 많이 사용된다. 창조가 역사성을 갖는 창조일 때 종말론적인 방향으로 간다.

(10) 자유와 정의의 실현에는 많은 수고와 고통이 따른다. 창조자는 피조물들의 대립으로 고통을 당한다. 여기에 필요한 것이 하나님의 인내다. 적극적인 고난의 능력 속에 역사적인 창조가 숨겨져 있다. 역사에서 하나님은 수난을 통하여 변화를 주신다. 이것 역시 하나의 진화다. 새로운 생명이 탄생되는 씨앗의 발아나 출산에는 생명을 건 모험과 고통이 전제된다. 피조물의 세계를 향한 하나님의 고통은 새로운 생명들을 탄생시키는 장(場)이기도 하다.

(11) 하나님의 창조활동은 본질적이고 내면적이며 보편적이라고 볼 수 있다. 하나님은 피조물의 활동 속에서 그것을 통하여 구체적으로 활동하신다. 영이신 하나님을 통하여 움직이고 발전한다. 우주와 생명의 진화에서는 동적인 범신론에 더 가깝다. 이것을 범–내재신론이라고 한다. 삼위일체에서 보여지는 한 몸이면서도 세 위의 다른 관계를 말한다. 새 하늘과 새 땅에서는 하나님, 자연 그리고 인간이 서로 내재하고, 공유하며 또한 자신의 위치를 가진다.

(12) 하나님은 세계의 모든 부분에 현존하시는 분이다. 하나님의 영이 계신 곳에서만 지나감이 없는 변화와 과거가 없는 시간, 그리고 죽음이 없는 생명을 생각할 수 있다. 스스로 있는 하나님 안에서 안식이 이루어지기 때문이다. 이것은 피조물의 질적인 변화를 말한다. 시간

과 공간을 초월하는 다른 차원의 세계를 이룬다는 말이다. 그 곳에는 영원한 현재만이 있을 뿐이다.

(13) 몰트만에게서 보여지는 창조의 이해는 인간-중심적이 아니다. 인간을 하나의 피조물로 보면서 창조를 마감할 때 하나님의 창조를 안식과 함께 영광을 돌리는 존재로 보았다. 하나님의 형상으로 만들어진 인간에게 특별한 사명이 주어진 것은 사실이다. 그것은 인간이 다른 피조물과 관계를 가지며 지구촌에서 정원사로서의 위치를 갖게 한 것이다. 인간은 자연의 지배자가 아니다. 하나님께서 맡겨 주신 피조물을 책임지고 관리할 책임이 있다. 그러나 오늘날 자연은 인간의 무차별한 개발과 착취로 인해 훼손되어 있으며, 인간의 치유를 받아야 할 심각한 처지에 놓여 있다. 인간은 자신의 생존을 위해 자연을 되살려 내야 한다.

(14) 계속적인 창조(creatio continua)는 진화와 관련이 있다. 이것은 하나님께서 주신 인간의 창조적인 활동을 인정하는 것이다. 이때 인간이 행하는 모든 것이 하나님을 높이는 것과 찬양하는 것이 아니라면 하나님의 뜻에 어긋나는 것이 아닐까라는 결론에 이르게 된다. 계속적인 창조는 인간에게 주신 하나님의 위임명령이라고 볼 수 있다. 인간은 책임을 지고 있는 하나님의 위임명령을 성실히 이행할 때 자연과 함께 하나님께 영광을 돌리는 삶을 영위할 수 있다.

5장 하나님의 형상과 창조된 인간

인간이 무엇인가라는 질문은 대답하기가 매우 어려운 질문이다. 그 이유는 물어보는 사람과 대답하는 사람이 같기 때문이다.[25] 그래서 사람들은 인간에 대해서 말할 때 비교해서 말해야 한다고 한다. 인간은 "문화를 창조하는 존재, 다른 피조물에 비해서 유약한 존재 그리고 종교적인 존재"라고 말하고 있다. 이것은 인간의 다양한 경험과 행동들에 기초하여 내린 결론이다.

한스 발터 볼프(Hans Walter Wolff)는 그의 책 「구약성서의 인간학」 (*Anthropologie des Alten Testament*)에서 인간존재를 갈망하는 인간

---

25) 참조. J. Moltmann, *Mensch, Christliche Anthropolpgie in den Konflikten der Gegenwart, Themen der Theologie*, hrsg. von H. J. Schultz, Bd. 11, 1971, p. 12 : 인간 자신이 질문하는 자(der Fragende)인 동시에 질문되어진 자(der Befragte), 자기 자신을 질문하는 자(der Sich-Fragende)이다. 그가 질문하는 자인 동시에 질문되어진 자라면 그가 자기 자신에게 주는 혹은 타인이 자기에게 주도록 하는 모든 답변들이 그에게 불완전하며 그에게 다시금 질문된다는 것은 피할 수 없는 일이다.

(네페쉬), 몰락할 인간(바사르), 전권을 부여받은 인간(루아흐), 이성적인 인간(렙, 압)으로 구분하였다. 인간의 사명에 대해서는 이 세상에 살면서 동료를 사랑하고, 피조물을 지배하며, 하나님을 찬양하는 것이라고 말한다. 그런데 그 역시 인간 자신인 "내가 누구인가?"(Wer bin ich?)를 근본적으로 설명해 줄 어떤 존재를 만나야 한다는 입장이다.[26]

김균진 교수는 인간을 하나님의 피조물로 전제한 후 역사로서의 인간과 영과 육으로서의 인간 그리고 죄인으로서의 인간을 말한다. 하나님의 형상으로서의 인간을 서술하기 위해 성서적이며 신학적인 논쟁을 전개하고 있기도 하다.[27]

그러면 성경은 인간에 대하여 무엇이라고 말하는가? 성경은 인간의 원래상태에 대하여 "하나님의 형상으로 창조된 인간"이라 한다. 따라서 하나님의 형상과 관련된 성경구절들을 찾아보고 이것이 무엇을 의미하는지를 살펴보기로 하자.

1. 성경적 근거

가장 대표적인 구절은 창세기 1 : 26-27이다. "하나님이 가라사대 우리의 형상을 따라 우리의 모양대로 우리가 사람을 만들고 그로 바다의 고기와 공중의 새와 육축과 온 땅과 땅에 기는 모든 것을 다스리게 하자 하시고"에서 우리는 하나님께서 인간을 창조하신 목적을 보게 된다.

---

26) 한스 발터 볼프, 「구약성서의 인간학」, 문희석 역, 신학총서 제10권/역사신학 구약편 No.4(서울 : 분도출판사, 1976) 9쪽 이하.
27) 김균진, 「기독교조직신학Ⅱ」, (서울 : 연세대출판부, 1986), 23쪽 이하.

26절에는 히브리어 첼렘(צֶלֶם)과 데무트(דְּמוּת)라는 두 단어가 사용되었는데, 이 단어들은 '형상'과 '모양'으로 번역되었다. 형상이란 단어는 27절에서 두 번 되풀이되었다. 창세기 5:1과 2절에서 사용된 형상이라는 단어 역시 데무트이다. 창세기 9:6에는 살인이 금지되어 있는데, 그 이유는 인간이 하나님의 형상대로 지음 받았기 때문이다. 이 진술은 인간의 타락 이후에 되어진 것으로 보이는데, 하나님의 형상은 심지어 타락 이후에도 남아 있음을 보여 준다.

신약에서는 두 구절이 인간창조와 관련하여 하나님의 형상을 언급하고 있다. 고린도전서 11:17에서 "남자는 하나님의 형상"이라고 하였다. 여기에 사용된 단어는 에이콘(εἰκών)이다. 야고보 기자는 사람이 하나님의 형상(호모이오시스, ὁμοίωσις)대로 지음 받았음에 근거하여 혀로 다른 사람을 저주하는 것을 비난하고 있다.

그 이외에도 신약성경에서 신자들은 구원의 과정을 통하여 하나님의 형상과 밀접한 관계를 갖는 것을 보게 된다(롬 8:29, 고후 3:18, 엡 4:23-24, 골 3:10).

2. 형상에 대한 견해들[28]

하나님의 형상의 본질이 무엇인가에 대해서는 보편적으로 다음과 같이 세 가지의 견해가 있다. 1) 형상을 인간의 본질 그 자체에 속한

---

28) 하나님의 형상을 이렇게 다양하게 구분한 사람은 밀라드 J. 에릭슨이다. 그는 찰스 핫지, 아우구스트 스트롱, 루이스 벌코프들과 함께 복음주의자로서 「기독교 신학 연구」, 「기독교 신학」이라는 책을 저술하기도 하였다.

신체적, 심리적, 영적인 특성에서 찾는 실재론적 견해, 2) 인간과 하나님 사이의 관계로 생각하는 관계적 견해, 3) 인간이 수행하는 행위와 관계된 기능적 견해 등이다.

1) 실재론적 견해

하나님의 형상을 인간의 구조 속에 있는 특징이나 속성과 동일시한 것으로, 인간의 신체적 혹은 육체적 구조를 첼렘(형상이나 모습)으로 이해한 것이다. 이 견해는 고대 기독교 역사에서 유력한 위치를 가진 바 있다. 최근에는 몰몬교도들이 이 입장을 옹호한다. 인간의 특징은 정신과 육체를 갖는 것이나 도덕적 의로움, 똑바로 걷는 것, 이성적인 것이다.

창세기 1 : 26-27에 나오는 형상과 모양을 두 차원으로 이해하려는 경향도 있어 왔다. 즉, 인간은 하나님의 형상으로 창조되었으나 하나님의 모양으로 진화되었다는 것이다. 초대교회 교부인 오리게네스(Origenes, 254년 사망)는 형상은 창조 시에 인간에게 주어진 것이며 모양은 하나님께서 나중에 주신 것으로 생각하였다. 이레네우스(Irenaeus, 200년경 사망)는 형상과 모양을 구별하여 아담이 범죄했을 때 형상은 어느 정도 지속되었으나 모양은 완전히 상실되었다고 하였다. 그는 그리스도를 다른 변증가들처럼 교사로서 인정하기보다는 '신-인간' 으로서 보았다. 또 "하나님이 왜 인간이 되셨는가?"라는 질문을 제기하면서 "우리들로 하여금 하나님의 형상을 이루기 위하여" 인간이 되셨다고 말하였다.[29] 그는 형상은 내면적으로, 모양은 외형

---

29) J. L. 니이브,「기독교 교리사」, 서남동 역(서울 : 대한기독교서회, 1965), 139쪽.

적으로 이해하였다.

중세에는 이레네우스의 입장이 더욱 지지되어 형상은 이성과 의지의 능력이며, 모양은 인간의 기본적인 본성에 덧붙여진 하나님의 선물이라고 생각했다. 즉, 인간이 타락했을 때 하나님의 모양(Similitudo Dei)은 상실했으나 하나님의 형상(Imago Dei)은 보존되었다고 보았다. 자연적 존재로서의 인간은 완벽했으나 선하고 거룩한 존재로서의 인간은 손상되었다는 말이다. 이러한 사실은 계시가 없이도 인간들이 하나님에 대하여 어떤 참 지식을 얻을 수 있다고 하는 이성주의 자연신학을 가능케 한다. 자유의지를 가진 인간은 은혜와 관계없이 선행을 할 수도 있다. 이러한 자연주의 신학과 윤리는 카톨릭 신학체계를 가능케 한다.

루터는 형상과 모양에 구별을 두지 않았다. 인간 내의 하나님의 형상은 타락했으며 남아 있는 것은 형상의 잔재일 뿐이라고 보았다. 칼빈도 하나님의 형상은 타락 이후 잔재로 남아 우리 자신에 대한 지식과 하나님에 대한 지식이 서로 연결된다고 하였다. 우리 자신을 알 때 하나님을 알게 된다. 왜냐하면 그는 우리를 자신의 형상으로 만드셨기 때문이다. 모든 만물이 하나님의 형상을 보여 주고 있으나, 인간은 특별히 사유하는 능력에서 하나님의 형상을 보여 주고 있다. 하나님의 형상은 인간의 본성에 내주하는 성질이나 능력이다.

2) 관계론적 견해

이 견해는 하나님께서 인간이 하나님을 닮아 동역자가 될 수 있는 존재로 만드셨다는 것이다. 즉, 인간의 속에 있는 어떤 행위를 통해 하나님의 형상을 보는 것이 아니라, 창조주 하나님께서 인간을 자신과 관계를 맺는 존재로 창조하셨다는 것이다. 이 견해의 대표적인 사람은 바르트다. 하나님은 인간과 계약을 통해 관계를 맺으시며(창 2 : 16-17) 대화를 통해 대화의 상대자로 인정하셨다. 그러므로 사람은 창조주이신 하나님과 관계를 바르게 맺음으로 인간됨의 자리를 지킬 수 있다. 하나님과의 바른 관계는 하나님으로부터 오는 계약과 계약을 통한 대화다. 바르트는 창세기 1 : 27과 5 : 1-2에서 "그가 그들을 남자와 여자로 창조하셨다."라는 점에 주목한다. 관계성은 만남과 대화를 통해 이루어진다. 인간 속에서 나와 하나님은 서로 만난다. 인간은 고독한 개인이 아니라 서로 만나는 존재다.

인간 예수는 하나님을 계시하는 분으로서 그분 안에서 참된 인간의 본성을 알게 된다. 예수의 독특성은 무엇인가? 그는 다른 사람을 위한 분이시다. 우리를 인간 되게 하는 하나님의 형상은 이웃을 동료로 인정하고, 서로 말하고 들으며, 도움을 주고, 기쁨으로 행한다. 하나님과 인간에게 나와 당신이 있듯이 인간 속에도 나와 너의 만남이 있다. 또한 완전하신 인간 예수를 바라봄으로써 하나님의 형상이 다른 사람의 속에 있음을 보게 된다.

(1) 하나님의 형상은 예수의 인성을 통해 잘 이해된다. 대표적인 성경구절은 요한복음 17 : 21이다("아버지께서 내 안에 내가 아버지 안에……"). (2) 하나님의 형상은 인간이 소유한 것이 아니라 하나님과 우리의 관계에 대한 문제다. (3) 인간과 하나님의 관계는 하나님의 형상을 구성하는데 남자와 여자의 관계로 설명된다. 브룬너는 보다 큰 사회를 강조한다. (4) 하나님의 형상은 보편적이다. 모든 인간에게서 하나님의 형상을 발견할 수 있다. 이들의 견해에 의하면 성경은 하나님께서 그것을 통해 인간을 만나실 때 비로소 하나님의 말씀이 된다

는 실존주의적 해석을 한다.

3) 기능적 견해

이 견해는 하나님의 형상이 하나님을 대신하여 이 세계를 관리하는 인간의 행위 속에 있다는 것이다. 기능적 견해는 (1) 하나님의 대리성(Representative)과 (2) 인간의 책임성(Responsibility)으로 나누어진다. 이 견해는 상당한 역사를 가졌으며 최근에 점점 관심을 모으고 있다.

(1) 하나님의 대리성(Representative)

기능적 견해에 의하면 하나님의 형상은 인간의 구조 속에 존재하는 어떤 성질의 것이 아니며, 하나님이나 동료 인간과의 관계를 체험하는 것도 아니다. 그것은 인간이 수행하는 기능으로서 "창조세계를 위임받아 관리하는 것"이다. 창조세계를 다스리는 모습 속에서 하나님의 형상을 볼 수 있다는 것이다.

창세기 1：26을 보면 "우리의 형상을 따라 우리의 모양대로 우리가 사람을 만들자."라고 말한 다음 "그로 바다의 고기와……을 다스리게 하자."라는 말이 나온다. 이 명령은 27, 28절에도 나온다. 하나님은 모든 창조물의 주이시기 때문에 인간은 그 나머지 창조세계를 다스림으로써 하나님의 형상을 반영한다. 하나님의 형상은 실제로 주로서의 하나님의 한 형상이다. 여기에 나오는 다스림은 관리로서 하나님의 위임으로 이해하는 것이 좋다.

시편 8：5-6은 하나님의 형상과 인간의 통치 사이의 연관성을 보여 준다. "저를 천사보다 조금 못하게 하시고 영화와 존귀로 관을 씌우셨나이다. 주의 손으로 만드신 것을 다스리게 하시고 만물을 그 발아래 두셨으니." 주석가들은 시편 8편이 창세기 1장에 의존하고 있다고 말한다. 모빙켈이라는 학자는 "하나님의 형상을 닮은 인간의 모습은 신과 같은 존귀한 영광 속에서 만물을 지배하는 주권과 능력에 있다."라고 한다. 베르듀인이라는 학자는 「하나님보다 조금 못한 어떤 것」이라는 책에서 "인간은 다스리기 위해 지음 받은 피조물이며, 이러한 인간은 창조주의 형상 속에 있다."고 한다. 즉, 하나님의 대리자로서의 인간은 자연만물의 관리인이며(시 8 : 5-6), 하나님이 주신 자녀를 맡아 기르는 관리인이며, 하나님의 뜻 안에서 인간사회를 바르게 경영하도록 세움을 입었다고 한다.

(2) 인간의 책임성(Responsibility)

하나님의 형상을 통해 보여지는 인간은 자신과 이웃과 자연에 대해 책임적인 존재로 지음을 받은 존재다. 하나님으로부터 지음을 받은 피조물 가운데 책임을 지는 존재는 인간뿐이다. 인간은 자신의 언어와 결정, 약속 그리고 행동에 대해 책임을 져야 한다. 이것을 삶에 대한 책임이라고 한다. 곧 살려는 생의 의지를 말한다. 인간은 자신의 생이 풍부해지도록 체육이나 문화적인 활동을 통해 여가시간을 활용한다.

인간은 이웃에 대한 책임이 있다. 하나님께서 아담에게 물으신 "네가 어디 있느냐?"(창 3 : 9)라는 말씀은 범죄한 인간의 책임을 물으시는 내용이다. 이 말은 "네 책임을 다 했느냐?"라는 말과도 같다. 인간은 자신이 구성원으로 속해 있는 가족과 사회, 민족 그리고 세계에 대한 책임을 가지고 있다.

인간은 하나님의 대리자로서 자연에 대한 책임을 져야 한다. 우리가 살고 있는 이 세계의 환경과 생태계가 파괴되는 현상은 인간의 전적인 책임이다. 폭풍우나 지진 그리고 홍수와 가뭄 등 자연의 재앙을 이겨내기 위해 인간이 과학을 발전시키고 심지어 자연을 정복한 결과는 인간의 삶이 위협을 당하는 역기능적인 현상에 이르게 되었다. 인간은 자연친화적인 계발과 환경친화적인 삶을 통해 인간의 삶을 유지시킬 수 있다. 자연 속에 있는 인간의 참 모습을 발견하는 것이 자연에 대한 책임이다. 인간은 자연이 없이는 삶을 영위할 수 없다. 이런 면에서 자연은 인간의 어머니다. 인간은 자연 속에서 자연을 먹고 입으며 자연과 함께 산다. 그러므로 우리는 자연을 주신 창조주 하나님께 감사해야 한다. 이러한 책임성 안에서 인간은 인간됨의 자리를 유지할 수 있다.

창세기 1 : 26, 28에서 히브리어 카바쉬(כבשׁ)와 라다(רדה)는 히브리 왕들이 백성을 다스리는 통치력과 같은 통치력을 말한다. 왕들은 그들 자신을 위해 통치하는 것이 아니라 백성들의 복지를 위해 통치해야 했다. 인간은 모든 창조에 대해서도 인간 자신을 위해서가 아니라 다른 피조물의 복지를 위해 통치해야 한다. 인간의 인간됨은 바로 이곳에서 가능하다.

6장 시간과 영원

בְּרֵאשִׁית בָּרָא אֱלֹהִים אֵת הַשָּׁמַיִם וְאֵת הָאָרֶץ (창 1 : 1)
In principio creavit Deus caelum et terram.

인간은 누구나 이 세계 안에서 시간의 흐름을 피부로 느끼며 살아가고 있다. 세상에 태어나면서부터 시작되는 개인의 삶은 대자연이라는 어머니의 품에서 생로병사를 부단히 경험하며 시간과 함께 죽음이라는 현실에 직면하게 된다. 사람들은 죽음이 개인 삶의 끝임을 인정하면서도 그 이후에 영원한 삶이 있다고 보거나, 최근에는 환생을 또 하나의 삶으로 여기는 이들도 있다. 이러한 믿음은 재래의 원시종교나 민족종교, 그리고 고등종교에서 공통적인 현상으로 대두되어 왔다.

시간의 흐름과 함께 필연적으로 인간을 파멸로 이끄는 죽음을 해결할 수 있는 대안은 없을까? 인간이 생각한 가장 유일하고 좋은 방법은 죽음이라는 실제를 비신화화하든지, 잊어버리든지 아니면 초월하는 길밖에 없다. 그 이유는 인간이 만물의 영장이며 이 세계와 우주의 지배자로서 군림한다 할지라도 과거의 나는 순간적인 현재의 나에 의해서 급속하게 불확실한 미래의 나로 밀어냄을 받기 때문이다. 이러한 삶을 사람들은 일장춘몽(一場春夢, empty dream)이라 하며, 불교에서는 '인생무상'(人生無常)이라고 하기도 한다. 성서에서도 인간의 생명은 "잠깐 보이다가 없어지는 안개와 같다."(약 4 : 14)고 표현하고 있다.

그렇다면 시간이란 도대체 무엇인가?(Quid est ergo tempus) 시간이란 흐르는 것인가, 아니면 오는 것인가? 시간을 어떻게 정의하는 것이 구체적일까? 시간은 존재하는가, 아니면 존재하지 않는가? 존재한다면 어느 곳에 존재하는가? 존재하지 않는다면 왜 존재하지 않는가? 시간은 영원한가, 아니면 영원하지 않은가? 시간은 영원의 밖에 있는가, 아니면 안에 있는가? 영원이 시간을 감싸고 있는가, 아니면 시간이 영원을 감싸고 있는가? 이러한 물음에 답하기는 그리 쉽지만은 않다. 시간과 영원에 대한 물음을 성경적으로 대답한 사람은 어거스틴이다.

1. 시간이란?

어거스틴은 그의 「참회록」 제11장 "창조의 말씀"에서 시간에 대해 "알듯 하다가도 설명할 수 없는 것"이라고 말한다. 그는 알고 있다는 가정하에 시간을 '변화'와 함께 이해하며 구체적으로 답하려 한다. 그가 시간을 변화 속에서 파악하려 했던 것은 창조와 함께 시작된 시간을 전제한 것이다. 시간의 존재와 그 본질은 알 수 없는 것이며 결국 시간은 공간적인 피조물로 이해해야 한다는 것이다. "만일 지나간 것이 없다면 과거는 존재하지 않는다. 만일 앞으로 올 것이 없다면 미래는 존재하지 않는다. 그리고 만일 지금 존재하는 것이 없다면 현재는 존재하지 않는다."30) 그는 과거를 지나간 것에서, 미래를 올 것에서 그리고 현재를 지금 존재하는 것에서 찾으려 한다. 현재를 중심으로 과거와 미래를 설정할 때 시간이 느껴진다는 것이다.

그러나 과거는 '이미 없는 것'(iam non esse)이며, 미래는 '아직 없는 것'(nondum esse)이다. 만약 현재가 언제나 있고 과거로 옮겨가지 않는다면 이것은 시간이 아니고 영원이다. 현재에 있어서 그것이 있다고 일컬어지는 것은 그것이 없을 것이기 때문이다. 우리가 시간이 있다고 할 수 있는 것은 시간이 없는 방향으로 향하기 때문이라 한다. 있는 시간인 현재는 과거 속으로 삼켜지면서 동시에 삼켜진 만큼 미래로 흘러 들어가게 된다. 이것을 도표로 그려보면 다음과 같다.

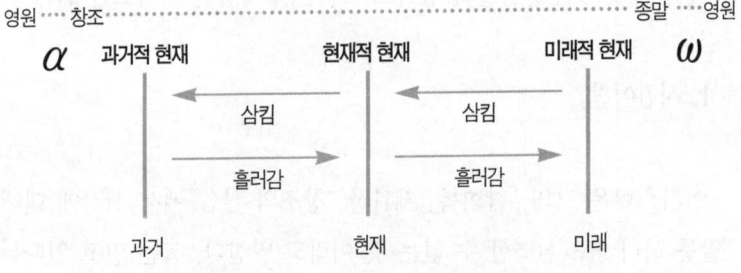

현재에서 과거가 된 과거적 현재를 현재적 현재에서 바라보면 삼킨 바 되었으며, 과거적 현재에서 미래의 방향으로 현재적 현재를 바라

---

30) 참조. 어거스틴, 『참회록』, 최정선 역(서울 : 성지문화사, 1991), 281쪽 이하.

보면 삼킨 바 된 만큼 흘러간 시간이 된다. 미래에서 현재가 될 미래적 현재에서 현재적 현재를 바라보면 삼킨 바 될 것이며, 현재적 현재에서 미래의 방향으로 미래적 현재를 바라보면 흘러가는 시간이 된다. 현재라는 시간은 과거와 미래의 선상에서 과거의 방향으로 삼킨 바 되는 시간과, 미래의 방향으로 흘러가는 시간에서 공간을 차지하며 제 모습을 나타낸다. 시간은 삼킴과 흐름 속에 존재한다.

위에서 본 바와 같이 어거스틴이 이해한 시간이란 존재에서 비존재로 흘러가는 것으로서 존재한다. 그러므로 시간은 주어진 존재가 아니다. 존재론적으로 볼 때 과거와 미래, 그리고 현재는 없다. 이것들은 항상 비존재(non esse)로 흘러간다. 그렇다면 시간은 없는가? 존재의 시간은 없으나 비존재의 시간은 있다.

어거스틴은 세 종류의 비존재의 시간을 인간 내면(homo interior)의 세계에 존재하는 경험된 의식에서 알 수 있다고 한다. "과거에 관한 현재란 '기억'이며, 현재에 관한 현재란 '직관'이며, 미래에 관한 현재란 '기대'입니다."[31] 이는 어거스틴의 시간에 관한 심리학적 이해다. 이미 지나간 과거는 인간의 기억 속에 존재하며, 현재는 직관으로 그리고 미래는 기대로서 파악된다는 것이다. 기억과 직관, 그리고 기대는 어느 곳에 있는가? 인간의 마음, 즉 영혼 속에 있다. 이런 면에서 인간은 영혼을 팽창시킴으로써 비존재인 과거와 현재, 그리고 미래를 현재화시켜 영혼 속에서 존재화시킬 수 있다. 이것을 도표로 그려보면 다음과 같다.

---

31) 상게서, 288쪽.

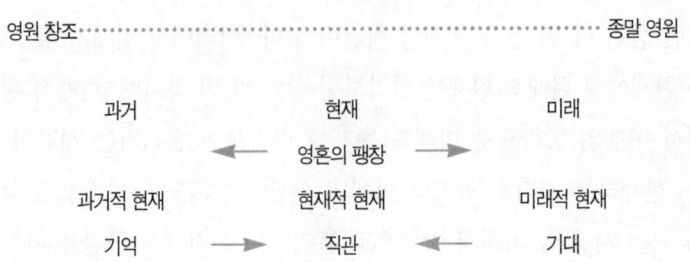

어거스틴의 '변화 속에서의 시간이해'는 그의 '창조와 종말'이라는 유목적론적이며 직선적인 시간이해에서 보여지는 특이한 것이기도 하다.

고대인들은 시간이라는 것을 자연의 생성소멸, 물과 바람의 흐름 그리고 계절과 자연의 변화 속에서 경험하며 배웠다. 여기서 얻어진 결과는 순환적인 역사이해다. 이러한 역사관에서 얻어지는 물음은 인간은 무엇인가라는 것이다. 인간의 문제는 시간의 문제이기도 하다. 시간의 기원(whence)과 본질(what), 그리고 종말(whither)이 포함되어 있다.

시간은 무엇인가? 이러한 물음에 대하여 우리는 자연적, 물리적, 경험적, 역사적, 형이상학적 그리고 심리적인 시간을 생각할 수 있다. 어거스틴은 이렇게 말한다. "아무도 나에게 묻지 않는다면 나는 시간이 무엇인지 안다. 그러나 묻는 자에게 그것을 설명하려면 나는 모른다."[32] 우리가 시간을 알려고 하는 것은, 시간은 공간과 함께 인식의 형식을 이루며 경험되기 때문이다. 이렇게 의식(경험, 체험)된 시간을 우리는 시간성(temporality)이라고 부른다. 이러한 시간은 적극적으로

---

32) 상게서, 281쪽.

는 미래를 향해 가는 창조성을 지니며, 소극적으로는 돌아오지 못할 과거로 질주하면서 모든 것을 사라지게 한다. 시간은 이렇게 항상 머물지 않고 흐르고 있다.

수많은 철학자와 신학자들 가운데 4세기 북아프리카 히포의 감독 어거스틴처럼 시간이해를 잘 한 사람도 없다. 그는 자신의 「참회록」 11권 13장-18장까지에서 시간을 심리학적, 실존적, 존재론적 그리고 역사적으로 다루었다. 또한 그의 저서들인 「참된 종교에 관하여」, 「자유의지론」, 「시편주석」, 「고백록」, 「창세기 강해」, 「요한복음 연구」, 「삼위일체론」, 「하나님의 도성」 등에서는 시간에 관한 이해가 부분적으로 보인다.

그의 시간성은 다음과 같다.

(1) 시간은 항상 지나가며(numquam stans) 연속성을 갖는다(successio). 시간은 비존재에 의해 삼킴을 받기 때문에 유한하고 일시적이며 현재를 메어 둘 수가 없다. 시간적인 존재인 인간은 불안전하고 무의미하고 붕괴되며 불안하다.

(2) 시간은 분열과 분산이라는 특성을 갖는다. 현재, 과거, 미래라는 시간들이 인간존재의 통일성을 주지는 않는다. 이는 생성소멸이라 볼 수 있다.

(3) 시간은 일회성을 갖는다. 시간은 반복 순환하지 않으며 어떤 목적을 향해 나아가는 역사적인 시간을 갖는다. 이것을 우리는 어거스틴의 유목적적인 시간관이라 한다. 여기서 만족하지 않고 그는 하나님의 사랑과 은총에 이끌리는 영원한 삶을 보려 하였다. 시간은 어떤 것이면서도 어떤 것이 아니며(nihil aliquid) 있으면서도 없는(est non est) 것이다. 그렇지 않으면 시간은 영원한 것이다.

2. 영원이란?

어거스틴이 이해한 시간은 비존재의 시간이다. 비존재의 시간이 존재의 의미를 가지려면 영혼의 팽창에서 그것이 가능하다는 것을 우리는 살펴보았다. 영혼의 팽창은 현재에서 과거로 되돌아가거나 현재에서 미래로 진행되어 나갈 때 기억과 기대라는 한계 속에서는 끝이 있다. 그러나 그것들을 넘어서는 순간 영원이 전개되며 영원에 대한 새로운 물음이 전개된다.

어거스틴은 분명 시간이란 한계가 있으며 창조로부터 시작된 하나의 피조물인 것을 말한다. 동시에 무로부터의 창조를 말함으로써 당시에 유행하던 철학사상인 세상은 영원하고 무한하다는 일원론적이며 이원론적인 견해들을 반박하며 기독교를 변증하려 하였다. 모든 피조물들은 무로부터 창조되었기 때문에 가변적인 존재이나, 오직 창조자 하나님은 불변하시고 영원하신 분이라는 것이다. 여기서 말하는 질적인 차이는 존재와 선으로 표현된다. "그것들은 그것들의 창조주인 당신만큼 아름답지 못하고, 당신만큼 선하지 못하며, 당신처럼 존재하지도 못합니다."[33]

만물이 아름다운 것은 하나님이 아름답기 때문이며 만물이 선한 것은 하나님이 선하시기 때문이라고 한다. 그러면 자연 속에 왜 악이 존재하는가? 자연 속에 존재하는 악에 대해 어거스틴은 '선의 결핍'[34]이라는 말을 사용한다. 자연 그 자체는 악한 것이 아니나 선의

---

33) 상게서, 272쪽.
34) 아우구스티누스, 「신국/고백」, 윤성범 역(서울 : 은유문화사, 1968), 44쪽.

결핍에 의해 악하게 보이는 것이라는 말이다. 또한 선의 정도에 따라 좋은 것과 덜 좋은 것이 있음을 말한다.

모든 존재는 무로부터 왔기 때문에 존재하지 않는 불완전한 것들이다. 오직 하나님만이 참으로 존재(vere esse)하신다. 하나님은 "스스로 있는 자이시다"(ego sum qui sum), "나는 있는 나이다."(출 3 : 14)라는 말이다. 하나님은 스스로 존재하시며 변하지 않으시며 동일하시며 시간에 예속되지 않는 영원한 존재임을 말한다.

피조물은 반대로 가변적이고 시간과 공간에 예속되고 존재의 상태를 유지하지 못한다. 이에 대한 근거를 어거스틴은 무로부터의 창조에 둔다. 무로부터 창조된 것은 비존재와 연관되어 있다는 것이다. 동시에 하나님으로부터 창조되었기 때문에 존재에도 참여하고 있다. 피조물은 존재와 비존재(esse et non esse)의 본성을 가지고 있다. 즉, 피조물은 존재하면서도 비존재이기 때문에 시간적인 제약과 규제를 받는다.

세상에 존재하는 모든 만물은 영원한 것이 아니다. 그것에 신적인 것을 부여할 수는 없다. 동시에 시간적인 제약을 하나님에게 적용할 수도 없다. 시간에 의해서 피조물의 존재가 규정되며, 오늘 있던 것이 내일 없게 되고, 오늘 없던 것이 내일 있게도 된다. 존재하면서도 존재하지 않는 것이 피조물이다.

하나님은 존재와 영원하신 말씀 그 자체이시다. 불변하시고 동일하시며 영원한 존재이시다. "그 전에 없었던 것이 지금 있는 한 물건은 사멸하고 생성한다는 사실을 알고 있습니다. 그런데 실로 당신의 말씀은 죽지 않고 영원하므로 어떤 부분이 없어지거나 나중에 생기거나 하는 일은 없습니다. 그러므로 당신은 당신과 마찬가지로 영원한 말씀에 의해 말씀하신 모든 것을 동시에 그리고 영원히 말씀하십니다."[35]

영원이신 하나님을 우리는 어느 곳에서 발견할 수 있을까? 어거스틴은 기억 속에서라고 한다. 하나님은 진리로서 인간이 진리를 발견한 후에는 진리 자체이신 하나님을 알고 있다는 말이다. 이는 하나님에 대한 또 하나의 심리학적인 이해다. "내가 당신을 깨달아 안 그 날부터 당신께서 내 기억 속에 거하셨고, 또한 나는 내 기억 속에서 당신을 회상할 때마다 발견했으며 당신 안에서 기뻐했습니다."[36] 어거스틴은 영혼의 팽창이라는 도식을 써서 하나님의 영원성을 말하려 하는 듯하다.

영원은 항상 머무는 것(nunc stans)이다. 그리고 영원 안에서 시간은 존재와 의미를 갖는다. 그가 성경에서 발견한 창조와 종말이라는 시간적 사건은 영원과 영원 안에서 이해할 때 목적이 있으며, 인간의 비존재를 가능케 하는 존재의 근원을 창조와 종말이라는 사건 안에서 구체화시킬 수 있는 것이다.

이런 면에서 영원은 기억과 직관, 그리고 기대라는 인간 영혼의 팽창 속에서 실존화된다고 볼 수 있다. 영원이 항상 머무는 것으로 존재한다면 과거와 현재 그리고 미래는 사실 없는 것이다. 그러나 창조와 함께 과거와 현재, 미래라는 시간적인 개념을 갖게 되었으며, 종말과 함께 다시 시간은 영원 안으로 삼킴을 당하게 될 것이라는 결론에 이르게 된다.

시간적인 의미를 갖는 창조와 종말이라는 선적인 시간을 인간의 편

---

35) 어거스틴, 전게서, 275쪽.
36) 아우구스티누스, 전게서, 417쪽.

에서 보면 매우 긴 시간이다. 그러나 하나님은 영원 그 자체이시므로 영원 그 자체도 영원으로 이해하신다. 하나님이 보시는 시간은 영원도 하나의 점적인 의미를 갖는다. 영원이 갖는 의미로는 전지와 전능, 그리고 충만이라고 볼 수 있다. 전에도 계셨고 이제도 계시고 미래에도 계실 하나님에 대한 다른 표현이라고 보인다. 영원과 영원 안에 있는 창조와 종말을 도표로 그려보면 다음과 같다.

영원

👁 영원 → 창조 → 과거 → 현재 ⇄ 미래 ⇄ 종말 ⇄ 영원 👁

과거적 현재 ⇄ 현재적 현재 ⇄ 미래적 현재

시간이 영원으로부터 시작되어 창조에서 종말에 이르는 것은 유목적인 시간의 구조를 가지며, 현재적인 현재에서 과거와 미래로 영혼을 팽창시키는 것은 심리적인 시간의 이해에서 가능하다. 어거스틴은 현재적인 현재 속에서 과거와 미래를 현재화시킬 때 영원을 알 수 있다고 한다. 이러한 생각을 하게 된 근본동기는 그의 진리와 존재의 추구, 나아가서는 진정한 삶의 의미를 안식과 평안 가운데서 찾으려 했던 구도자의 모습에 있다. "모든 것은 당신에 의해, 당신을 통해서 당신 속에 존재하므로, 내가 당신 속에 존재하지 않았더라면 나는 존재하지 않았을 것입니다."[37] 이러한 고백은 현재적인 현재에서 과거와 미래를 넘어서서 영원까지 이르는 기억과 기대를 통해 하나님을

---

37) 어거스틴, 전게서, 6쪽.

경험하는 것을 말한다. 그 곳에 인간이 갖는 최대의 행복과 존재의미가 있다는 것이다. 다음의 표현은 이것을 반증해 준다. "우리의 마음은 당신 안에서만 안식을 취할 수 있습니다."[38] 이러한 생각에도 부동의 동자를 가정해 놓고 일자(一子)로부터 정신과 혼, 그리고 물질이 흘러나온다는 유출설을 거부함을 볼 수 있다.

그러면 인간이 어떻게 행복을 취할 수 있을까? 인간 스스로 시간성을 극복해야 한다. 그 길은 영원자가 되시는 하나님께서 행할 때이다. 이 길은 자신의 노력으로 되는 것이 아니라 중보자에 의해서 가능함을 말한다. "하나님과 인간 사이에, 저 중보자 인간 예수 그리스도가 죽을 인간과 죽지 않으시는 의의 하나님 사이에 들어오셨습니다."[39] 우리는 여기서 어거스틴의 은총의 신앙을 발견한다. 그에게 은총은 모든 것에 선행하는 것이다. 선을 행할 의지도 은총의 결과다. 그의 은총의 교리는 하나님의 예정의 교리로 발전하며, 이것은 그의 회심의 경험과 하나님을 의지하는 마음에서 온 것이다. 영원자 되시는 하나님께 향할 때 인간은 삶의 의미를 찾으며 존재의 가치를 발견하게 된다는 것이다.

---

38) 상게서, 5쪽.
39) 아우구스티누스, 전게서, 434쪽.

3. 시간과 창조

세계는 무로부터 창조되었기에 항상 무로 돌아가려고 한다(not to be). 세계는 하나님의 로고스의 형상(form)을 받아 존재(to be)하게 된다. 존재하면서도 존재하지 않는(esse et non esse) 시간적 존재의 근거를 "단일론(유출설)이나 이원론(선재하는 물질)을 부정하는 무로부터의 창조"(Creatio non Deo, non de aliquae, sed ex nihilo)에서 가져온다. 어거스틴은 창세기 1:1을 중요시 여긴다. "태초에 하나님이 천지를 창조하시니라"(In principio creavit Deus caelum et terram). 그의 성경에 대한 태도는 "믿기 위해 아는 것이 아니라 알기 위해 믿으라."이다. 그러나 문자주의적인 입장은 아니며 고린도후서 3:6에 근거하여 영적 의미를 찾으려 하였다.

하늘과 땅은 그에게 있어서 영적인 하늘과 형태가 되지 않은 무형의 질료를 말한다. "당신은 절대무(de omnio nihilo)로부터 질료를 창조하시고 형상이 없는 질료로부터(de informi materia) 세계를 창조하셨습니다."[40] 여기서 절대무란 무(無) 그 자체를 의미하며 형상이 없는 질료란 거의 무에 가까운 것으로 이해할 수 있다. 그렇다면 '무에서의 창조'(creatio ex nihilo)는 형상이 없는 질료로부터의 창조를 의미한다.

우리는 그의 창조론에서 하나님의 이중의 창조를 본다. 하나님은 하늘과 땅을 창조하실 때 형체를 갖지 않은 거의 무에 가까운 무형의 질료로 만드시고 그 곳에 '있으라'(יהי) 하시매 하늘과 땅이 있게 되

---

40) 참조. 어거스틴, 전게서, 309쪽.

었다는 것이다. 창조에 관한 이러한 이해를 시도한 것은 물질이 하나님으로부터 나왔다는 유출설을 의도적으로 거부하려 했던 것으로 보인다. "당신은 하늘과 땅을 당신으로부터 만드신 것이 아닙니다. 만약 당신으로부터 만들어졌다고 한다면……당신과 같아질 것입니다."[41]

무로부터 만드신 하나님의 첫 번째 창조는 어떠한 창조일까? 그것은 '절대무의 창조'(de omnio nihilo)다. 여기에는 삼위일체이신 하나님 이외의 다른 무엇은 존재하지 않는 상태를 말한다. 이러한 것을 성경은 잘 말해 주고 있다. "땅이 혼돈하고 공허하며 흑암이 깊음 위에 있고 하나님의 신은 수면에 운행하시니라"(창 1 : 2). 하나님의 창조행위인 '무로부터의 창조' 이전에 형태를 갖지 않은 땅이 하나님의 신과 존재함을 보여 준다. 어거스틴은 이것을 근거로 하여 절대무의 창조를 주장한다.

그러면 절대무의 창조는 어떠한 창조였는가? 그것은 "아직 무형일지라도 분명히 형성이 가능한, 보이거나 보이지 않는 모든 것에 공통되는 질료"[42]인 창조를 말한다. 아직 형태가 없는 여러 사물의 처음 상태, 즉 형상이 주어지고 창조될 수 있는 질료가 된 창조를 절대무의 창조라 한다.

어거스틴은 혼돈하고 공허한 땅이나 깊은 흑암으로 표현되는 무형질료의 창조 역시 하나님에 의해서 무로부터 만들어졌음을 강조한다. 그러나 그 질료가 언제 만들어졌는가에 대해서는 성경에 한마디도 언

---

41) 상게서, 308쪽.
42) 상게서, 322쪽.

급되어 있지 않다고 말한다.[43] 절대무의 창조와 무로부터의 창조 사이에는 어떤 시간적 간격이 있었을까? 만물의 형태를 가질 수 있는 질료와 만물의 형태 사이에는 분명한 차이가 있으나, 이 두 가지는 같이 만들어진 것이지 시간적인 전후관계를 갖는 것은 아니다. 이것은 하나님의 영원이라는 속성에서 가능한 일이다.[44]

그는 창조의 주체와 방법 그리고 목적을 다음과 같이 말한다. "누가 이 모든 것을 창조했느냐?" 묻는다면 "하나님."이시라고 대답할 것이다. "무엇으로 창조하셨느냐?"고 하면 "그분은 이루어지라고 말씀하셨다. 그랬더니 이루어졌다."라고 할 것이다. "무엇 때문이냐?"고 하면 "그것은 좋았기 때문이다."라고 할 것이다.[45] 우리는 이 표현에서 삼위일체적인 표현을 보게 된다. '하나님께서, 말씀으로, 선하게' 창조하셨다는 것이다. 창조의 사역은 삼위일체의 공동사역이다. "이러한 것들을 만든 하나님의 이름으로 아버지를 이미 거기에 모셔 들였고 태초의 이름으로 아드님을 모셔 들였으니, 그분으로 당신이 모든 것을 만드셨습니다……성령이 물 위에 움직이시더라 했습니다."[46]

어거스틴은 인간 속에 있는 삼위일체의 영상을 심리학적으로 보려

---

43) 상게서, 328쪽.
44) 상게서, 390쪽 이하.
45) 아우구스티누스, 전게서, 43쪽. 참조. 어거스틴, 전게서, 350쪽. 어거스틴이 여기에서 말하는 창조의 세 가지 표현인 "하나님께서, 말씀으로, 아름다우니까"는 삼위일체의 신비스러운 모습을 언어적인 형태로 표현한 말이다. 이는 선한 세계는 삼위일체의 모형으로 만들어졌다는 그의 신앙고백적인 말이다. 어거스틴은 「참회록」에서 창조의 역사에서 삼위일체를 하나님의 이름으로 아버지를, 태초로 아들을 받아들이며 또한 성령이 수면 위에 임했다고 이해한다.
46) 어거스틴, 전게서, 350쪽.

고 한다. 그것들은 '존재한다', '안다', '의지한다' 이다. 나라는 존재는 알고 의지함으로 존재하고, 자기가 존재하고 의지함을 알고 또 존재하고 아는 것을 의지한다는 것이다.

이러한 것들을 종합해 볼 때 어거스틴은 신앙으로 시작하여 이성의 힘으로 하나님을 이해하려 했으며, 신앙은 찾고 지성은 발견한다는 신플라톤주의의 철학적인 입장을 취하는 것을 알 수 있다. 그가 이렇게 했던 것은 인간이 하나님의 형상으로 만들어져 있고, 그 형상으로부터 하나님의 지식에 이르려 했던 것으로 보았기 때문이다. 인간 영혼에 있어서 마음과 지식, 그리고 사랑의 삼위일체 역시 신의 형상을 보게 되는 한 자취이다.[47]

무로부터의 창조와 인간의 시간경험에서 영원과 시간의 질적인 차이를 본다. 하나님은 영원한 현재로서 모든 시간을 초월하신다. 시간은 항상 지나가는 것으로 불안정하다. 시간과 영원의 중재(mediation)가 성육신이다. 시간은 그리스도의 성육신과 하나님의 사랑과 은총에 중재됨으로써 개인의 생애에서나 세계역사에서 새로운 의미와 방향을 갖는다. 기독교인들은 시간과 역사 안에서 특별한 위치를 갖는다.

4. 결언

지금까지 우리는 어거스틴의 시간과 영원에 관한 문제를 가지고 창조의 문제와 함께 다루어 보았다. 그는 시간을 존재(esse)에서 비존재(non esse)로 흘러가는 것이라 하였다. 우리가 가정하고 있는 실제적

---

47) 한철하, 「고대 기독교사상」(서울 : 대한기독교서회, 1970), 276쪽.

인 시간은 과거와 현재와 미래이나, 영원이라는 차원에서 볼 때 비존재하는 것이므로 사실 시간은 없는 것이다.

그러면 시간은 없는 것인가? 비존재를 존재화시키면 시간은 있게 된다. 이것이 영혼의 팽창이다. 인간의 내면 속에 존재하는 경험의 의식 속에서 기억과 직관, 그리고 기대를 통해 존재하지 않는 시간을 현재화시키는 것이다. 이것을 어거스틴은 과거적인 현재, 현재적인 현재, 그리고 미래적인 현재라고 부른다. 이 때에만 시간이 존재하는 것이다.

어거스틴이 이것을 강조한 것은 고대인들의 순환적인 시간이해에 대한 철저한 거부를 말하며, 성경을 근거로 한 시간에 대한 심리적이며 실존적인 이해라고 여겨진다.

영원이란 항상 머무는 것(nunc stans)이다. 어거스틴에게서 시간과 영원은 영혼의 팽창이라는 것을 통해 극복할 수 있는 것임을 보여 준다. 시간은 영원 안에 있다. 시간이 영원 안에 있을 때 존재의 의미가 있으며 비존재적 존재로서의 가치를 지니게 된다. 그것은 왜 그런가?

어거스틴은 시간과 영원의 의미를 자신의 삶과 연결시켜 해석했다. 시간은 피조물이고 가변적이고 불안하며, 또한 지나가 버리는 허무한 것임을 알고 있기 때문이다. 그는 계속해서 묻는다. 영원이란 도대체 무엇인가?

그는 영원을 불변의 진리로 이해했으며 창조의 능력을 가지는 말씀으로 보았고 영원자 그 자신이신 하나님으로 보려 하였다. 여기서 우리는 시간과 영원을 의인화시키려는 어거스틴의 모습을 보게 된다. 피조물인 시간이 영원 안에서 참된 행복과 삶의 의미를 찾는다는 것이다.

창조된 만물은 어떠한가? 창조된 만물은 무로부터 창조되었기 때문에 무로 되돌아가려는 성향을 가지고 있다. 만물 그 자체는 영원하지 못하며 삼위일체적인 창조주가 창조했음을 말한다. 이 역시 물질을 영원한 것으로 보려던 이교적 사상에 대한 기독교적인 해석이다.

하나님은 어떻게 만물을 창조하셨는가? 그는 성경을 근거로 하여 이중의 창조를 말한다. 즉, 무형질료의 창조와 무에서의 창조다. 무형질료의 창조는 창세기 1 : 2에 근거하며 이것을 가지고 1 : 3에서 시작하는 무에서의 창조를 했다는 것이다. 시간의 창조는 무에서의 창조에 속한다.

그는 창조의 주체와 방법, 그리고 목적을 삼위일체적으로 답한다. 즉, "하나님이 말씀으로 좋으셔서 창조하셨다."고 한다. 여기에는 하나님의 절대주권적인 사상이 들어 있다. 인간 역시 삼위일체적으로 본다. '존재와 앎, 그리고 의지함' 이 그것이다.

어거스틴이 이해한 시간과 영원, 그리고 창조에 관한 그의 이론들은 신앙고백적이며 성경적인 것이 사실이다. 그러나 시간과 영원을 너무 내면화시킨 점이 보이며 신앙인의 세계에서는 이러한 해석이 가능할지 모르나, 비신앙인의 세계에서는 이것을 어떻게 받아들여야 할 것인가라는 문제를 남기게 된다.

그에게서 엿볼 수 있는 하나님의 주권사상은 종교개혁자들에게로 이어져 은총과 예정의 교리를 더욱 견고하게 해준 것으로 보인다. 동시에 그리스도를 통해 오신 영원이 시간 안에 오시는 부분은 현재적인 현재를 강조하며 보게 하는 다른 길을 열어 주었다고도 볼 수 있다. 영원이 시간 안에 들어오려면 어떻게 해야 할 것인가라는 물음에 대해 답을 해야 한다. 몰트만은 이것을 자기축소(Selbstverschränkung)라고 한다.

영혼의 팽창은 또한 몰트만에게서 보이는 '오시는 하나님'(Der kommende Gott)의 개념을 구체화시키지 않았는가라는 의문도 제기해 볼 수 있다. 이렇게 볼 때 시간과 영원의 개념은 대립개념이 아니라 상호보충적인 개념이며, 시간은 영원 안에서 의미를 찾으며 영원은 비존재인 시간을 시간 되게 하는 다른 존재의 시간임을 알게 된다.

어거스틴의 시간과 영원의 개념은 개인적으로는 존재론적이며 심리적인 면이 있으나, 당시의 이방적인 사상에 대한 성경적이고 호교론적이며 신앙고백적인 기독교의 사상이기에 연구할 만한 가치가 있다고 여겨진다.

7장 어거스틴과 헤겔의 역사관

역사란 인간에 의하여 이루어진 모든 것을 다 포함하는 것을 의미한다. 역사에 관한 질문은 곧 인간에 관한 질문이며 기독교적으로 보면 역사 속에서 나타난 하나님에 관한 모든 질문이기도 하다. 기독교의 하나님은 역사 속에서 구체적으로 활동하시는 하나님이다. 천지창조와 아브라함의 선택으로부터 시작된 하나님의 계시와 언약은 출애굽을 거쳐 성육신의 사건에서 그 절정을 이룬다. 창조주 하나님은 고대의 종교와 신화 속에 등장하는 신들과는 달리 피조물과 긴밀한 관계를 가지시며 피조물의 구원과 회복을 위해 행동하시는 분이다.

역사에는 사건의 기술(記述)로서의 주관적인 역사(Historie)와 객관적인 사건 그 자체로서의 역사(Geschichte)가 있다.[48] 전자는 찾아서 얻는 탐구한 지식과 연구하여 기술된 역사이며, 후자는 행위된 사건으로서의 역사다. 역사학자들 가운데 카아(E. H. Carr)나 크로제(B. Crose) 같은 사람들은 "역사가가 현재적인 관심을 가지고 과거의 사

---

48) 박성수, 「역사학개론」(서울 : 삼영사, 1982), 13쪽 이하.

실들을 살피는 것"이라고 정의함으로써 역사가의 해석이 곧 역사라는 전자의 입장을 취한다.

역사를 사건 자체와 기술(記述)로서 이중적인 파악을 한 최초의 사람은 헤겔(G. W. F. Hegel, 1770-1831년)이다. 그는 역사에는 객관적인 면과 주관적인 면이 있어서 '사건'(Das Geschehene)인 동시에 '사건의 기록'(Geschichtsbeschreibung)이 된다고 본다. 헤겔에 있어서 역사는 모든 대립이 현실적으로 해소된다. 자연과 정신, 존재와 의의, 주관과 객관, 개체와 전체, 자유와 필연 등의 이원론적인 대립이 하나로 통일된다. 우리가 주의 깊게 볼 것은 그의 사변적인 역사고찰인 철학적 역사다.

기독교의 역사는 성경에 근거하여 하나님 안에서 이루어진 사건 그 자체로서의 역사를 신앙적으로 해석하는 것이다. 이것은 역사에 대한 신앙적인 인식이며 역사신학으로 발전하게 된다. 어거스틴은 역사신학적인 이해를 추구한 최초의 사람이라고 할 수 있다.

서양철학은 플라톤에 대한 각주라고 한다면, 서양 기독교의 역사이해는 어거스틴의 영향 아래 있다고 해도 과언이 아니다. 기독교는 역사이해에 있어서 지금도 어거스틴에 대해 찬, 반으로 나누어지는데, 역사의 흐름을 바르게 인식함으로써 현실 속에서 신앙적인 결단을 내리는 것이 필요하다.

헤겔 이후 많은 역사학자들은 사변적인 역사철학을 전개하여 역사의 궁극적인 의의를 추구하고 있다. 사변적인 역사의 이해는 역사 전체의 흐름을 파악하고 합리론적으로 역사 안에서 새로운 의의를 발견하려는 것이다. 헤겔의 「역사철학 강의」(Vorlesung über die Philosophie der Geschichte)는 그의 대표적인 작품이다. 이에 반해 역사를 초월하는 신앙을 통해서만 역사의 의미를 발견한다는 어거스틴적인 해석은 인간이성의 한계를 갖는 역사해석에 새로운 전기를 제공한다. 그의 역사이해를 위해 「하나님의 도성에 관하여」(De civitate Dei)와 「참회록」(Confessiones)은 주의 깊게 읽혀져야 한다.

1. 어거스틴 이전의 역사관

역사에 대한 역사로서의 연구는 국가가 안정되고 정치적인 체제를 갖추게 되었을 때부터 이루어졌다. 그 이전의 역사는 신화의 형태로 되어 있었다. 신화의 주제도 신들의 계보나 우주의 발생, 그리고 자연의 여러 현상과 힘을 신격화시킨 것들이다. 신화 이후에는 역사의 기술이 시 혹은 운문이나 산문의 형태를 갖게 되었다. 중요한 사건이나 위대한 사람들의 업적은 시적인 설명의 형태로 전해졌다. 호머나 니벨룽엔의 노래가 이와 같은 것들이다. 이러한 시적인 설명 속에는 신들과 인간이 함께 등장한다.

1) 고대 그리스와 헬레니즘의 역사이해

이들의 역사는 순환론적이다. 우주는 경계를 가진 실체로서 시간을 중심축으로 하는 동일한 궤도를 순환하는 수레바퀴와 같다고 하였다. 이들은 역사를 자연과 천체의 규칙적인 운행에 의해서 생각해 냈으며, 계절의 순환은 역사도 순환한다는 사고를 갖게 하였다. 이들은 자연을 통해 역사를 보았고 세계를 생성과 소멸의 순환으로 이해하였다. 여기에는 출발이나 끝이 없이 무한히 계속되는 반복만이 있을 뿐이다. 역사에는 완성이 없다. 영원히 재현되며 그 자체로 되돌아올 뿐이다. 역사적 현상은 새로운 것이 아니며 과거의 사건이고 미래란 과거의 재등장에 불과하다.

중국에는 왕조와 문명을 중심으로 한 순환론이 있었으며, 인도에는 전 우주적인 순환론이 있어서 이것들이 고대 그리스의 사상에 영향을 준 것으로 보인다. "새것은 없다. 전에도 없었고 후에도 없을 것이다. 모든 것은 다시 오기 위해 없어진다. 나에게는 새것이 없다." 이것은 세네카가 인용한 바벨론의 글에 나오는 말이다.

순환론적 역사이해는 이 세상에 존재하는 것에 실제적인 의미를 부여하지 못한다. 인간의 구원은 무의미한 반복의 틀에서 벗어나는 것이다. 여기서 인간은 운명론에 빠지며 비관적인 역사관이 될 수 있다. 인간이 할 수 있는 최선책은 인내를 가지고 참아내는 것이다. 그리스인들은 보편적인 것과 본질적인 것 그리고 영원한 것에 대해서는 관심을 가지고 탐구했으나, 역사는 개별적이고 특수한 것이라는 판단하에 중요하게 생각하지 않았다.

투키디데스(Thucydides)도 역사를 교훈적인 것으로 이해하여 과거사를 가지고 인간을 더욱 지혜롭게 해주고 도덕적으로 고양시켜 줄 목적으로 역사를 기술하였다. 이들의 관심은 현재이며, 과거는 현재의 평면적인 연장이라 하였다. 이들은 역사를 거시적인 차원에서 이해하지 못했으며, 역사를 우주적으로 보려 했던 페르시아나 인도 그리고 히브리적인 사고가 없었다. 어떠한 원칙에 의해서 역사를 통전적으로 보려는 능력이 없었다는 말이다. 이들의 역사이해는 자연과학적이다. 역사를 미래를 위한 인간의 책임의 영역으로 간주하지 않았다. 역사의 동인은 불변하는 실체이며 인간의 행동은 우연한 것이라는 실체주의(substantialism)이다. 다시 말해서, 인간 자신이 역사성을 갖지 못함을 보여 준다.

2) 히브리인과 초대교회의 역사이해

히브리인들에게 역사란 하나님의 창조와 타락으로부터 시작하여 역사 안에서 역사를 넘어서는 구원적이며 종말적인 종점에 이르는 활동과 방향을 갖는 일직선적인 것이다. 고난의 시대 이후에 메시아의 도래와 함께 축복의 시대가 올 것이라는 묵시적 역사이며 소망의 종말론이다. 이들의 역사를 담고 있는 책은 구약성경이다. 성경은 단순한 사건의 나열이 아니라 사건의 의미에 관심을 둔다. 사건들에 부여된 의미는 하나님으로부터 온 것이다.

이스라엘의 역사는 희랍의 자연과학적인 것이 아니며, 역사 속에 작용하는 무한한 힘도 아니고, 역사의 창조자요 섭리자이신 하나님께서 역사를 목표를 향해 이끌어 가시는 하나님의 의도와 계획에 있다.[49] 이스라엘 백성들은 이러한 경험을 하나님과의 관계에서 신앙적으로 해석하여 그 의미를 발견해 냈다.

이들은 백성들로 하여금 과거의 하나님의 행하심과 역사를 기억하게 함으로써 미래에 대한 책임적인 존재가 되게 하였다. 역사편찬은 곧 설교였으며, 과거를 회고한다는 것은 현재를 경고하기 위해 과거를 비판적으로 검토하는 것이다. 여기서 우리가 볼 수 있는 것은 창조와 계약사상, 그리고 심판이라는 요소들이다. 초대교회는 이러한 구약의 전통을 이어받았다.

---

49) 참조. R. Bultmann, *History and Eschatology* (Edinburg : The University Press, 1957), p. 18.

구약에서의 창조는 신약에서 새로운 창조(새로운 피조물, 새 하늘과 새 땅)로, 계약사상은 새 계명(요 13 : 34)과 새 언약(마 26 : 28)으로, 그리고 심판은 종말적인 심판으로 연결된다. 여기에는 약속과 성취라는 구조가 내재되어 있다. 구원사의 분기점은 더 이상 미래에 있지 않고 실현된 그리스도의 성육신에 있다. 하나님의 구속역사는 메시아에 대한 약속과 성취와 종말로 완성되고 하나님의 나라가 이루어진다. 그리스도를 중심으로 볼 때 새로운 역사이해가 생기며 그의 안에서 인류역사의 의미와 방향과 목적을 발견하게 된다. 그러므로 그리스도의 역사이해는 신앙에 관한 것이다.

그리스도의 성육신을 중심으로 하나님의 구속역사가 완결된다고 볼 때 헬라의 이원론이 극복되며 "예수 그리스도는 참 사람과 참 하나님"(vere Deus vere Homo)임을 고백한 칼케돈 신조가 교부들의 역사이해의 표준이 되었다. "거룩한 교부들을 따라 우리는 한 분이시요 동일하신 우리 주 예수 그리스도를 고백하며, 모두가 일치하여 가르치는 바는 그 동일하신 분은 신성에 있어서 완전하시며 동일하신 분이 인성에 있어서 완전하시며 참으로 하나님이시며 참으로 사람이시며 동일하신 분이 이성 있는 영혼과 육신으로 되시느니라."[50]

---

50) 한철하, 전게서, 239쪽. 칼케돈 회의는 451년 10월 8일에 모였다. 이 회의에서는 그리스도의 두 인격성에 관심을 가진 안디옥 학파의 네스토리우스주의와 두 인격의 결합으로 이해하여 일성론을 주장하던 유티케스주의를 배격하였다. 네스토리우스는 성육신된 그리스도 안에는 두 인격이 있다고 하였다. 그러므로 그리스도의 인성과 신성을 혼합해서는 안 된다는 것이다. 그는 인간 마리아에게서 난 것은 인간이지 신성이 아니라고 한다. 또한 그는 그리스도의 인간적인 본성과 로고스의 융합을 반대하였다. 이는 모두 그리스도의 한 인격, 참 하나님과 참

교부시대로 오면서 교회는 교회역사를 세계사의 틀 속에서 이해하였다. 고대 그리스나 로마인들은 세계사의 개념을 가지지 못하고 그들의 시대나 국가에 한정된 역사를 생각했는데, 기독교의 하나님은 세계를 창조하시고 인류의 시조인 아담을 만드시고 예수 그리스도를 통하여 온 인류를 구원하신다는 보편적이고 전 인류적이며 우주적인 세계관을 갖게 되었다. 역사를 보편사로 보면서 교회역사를 세계사의 틀에서 보려는 것은 아프리카누스(Sextus Julius Africanus)와 유세비우스(Eusebius of Caesarea)에 의해서이다.

전자는 연대기표(Chronographia)를 통해 이스라엘과 이교세계를 비교했으며, 후자는 연대기에서 예수 그리스도를 중심으로 이전의 역사를 복음의 준비로 보았다. 즉, 그는 아브라함의 출생(기원전 2016년)에서 콘스탄틴 대제 12년(329년)까지 역사를 다섯 개로 구분하여 비교 서술하였다. 제2권에서는 교회사와 이교도의 역사를 배열하여 교회사를 세계사의 틀에서 보게 하였다. 유세비우스가 교회사를 쓴 것은 밀라노의 칙령에 의해 교회사의 새로운 시대가 왔다는 것을 말하기 위해서였으며, 동시에 기독교를 변증해 보려는 목적에서였다. 그는 궁중사가로서 문헌과 자료수집을 자유롭게 할 수 있었다. 그의 역사 서술은 비판적인 태도를 가지고 있었으며, 이적과 기사에 대해서는 회의적이었다.

사람에 어긋나는 사상이다.

2. 어거스틴의 역사이해

고대 그리스인들은 우주를 시간이라는 것을 축으로 하여 동일한 궤도를 순환하는 수레바퀴라고 이해하였다. 우주는 하나의 경계를 가진 것으로서 순환적, 자연적인 역사를 갖는다고 보았다. 이들은 자연과 천체의 규칙적인 운행에서 역사를 보았으며, 계절의 순환을 통해 역사도 순환한다고 생각하였다. 그러므로 이들은 역사는 완성이 없으며 영원히 재연되며 제자리로 돌아온다고 믿었다.

그러나 히브리인들은 그들이 믿는 창조신앙을 통해 역사란 하나님으로부터 시작되었고 하나님이 주관하시기 때문에 인간의 타락과 역사 속에서도 종국에는 하나님의 구원이 있다고 이해하였다. 즉, 그들의 역사관은 시작과 끝을 가진 일직선적인 역사관이다. 초대교회는 이러한 역사관을 받아들였다.

어거스틴의 역사이해에서 중요한 출발점은 시간에 대한 이해다. 그는 시간을 심리학적으로, 실존론적으로, 존재론적으로 그리고 역사적으로 다루었다. 그의 시간이해는 창조론과 함께 시작된다. 창조는 시작을 의미하며 흐름이라는 시간의 개념이 창조와 함께 가능하기 때문이다. 그의 창조관은 형성설(Formation Theory)이나 유출설(Emanation Theory)과는 달리 '무에서의 창조'(Creatio ex nihilo)다.

어거스틴이 이해한 창조는 하나님의 의지의 행위이며 존재의 질서 속에서 시작을 갖는다. 그가 이해한 창조는 두 단계가 있다. 절대무로부터(de omnio nihilo)의 창조인 질료의 창조와 형상이 없는 질료로부터(de informi materia)의 창조인 세계의 창조다. 그러나 두 창조의 사건은 동시적이고 무시간적이며, 단지 논리적으로만 구분된다. 여기서 말하는 질료란 무엇인가? 그것은 무로부터 창조된 것으로 절대무와는 다르며 형상화될 가능성을 가진 것이다. 그것은 거의 무에 가까운 것이다. 질료는 시간과 공간 속에 있는 것이 아니므로 선한 것이다. 그는 세상이 창조되기 이전에는 시간의 흐름이 없었으며 영원하신 삼위일체의 하나님만이 존재한다고 보았다. 이렇게 말한 것은 그 당시에 유행하던 철학사상인, 세상은 영원하고 무한하다는 유출설을 반박하려는 것이었다.

어거스틴의 역사이해에서 중요한 저서는 「하나님의 나라에 관하여」(De Civitate Dei)이다. 이 책은 14년 간에 걸쳐 완성된 대작으로, 하나님의 도성, 신국, 신국론 등으로 번역되었다.[51] 그의 책 서문은 누가복음과 같은 체계를 갖고 있다.[52] "내 사랑하는 아들 마르켈리누스여, 그대가 제안하였고 내가 그렇게 하겠다고 약속한 이 작업의 주제

---

[51] 이 책의 저술동기는 매우 변증적이며 기독교에 대해 호교론적이다. 410년 8월 24일 야음을 틈타 알라릭(Alaric)이 거느린 고트족이 로마에 침입하여 약탈과 만행을 저질렀다. 로마는 다니엘서에 예언된 4개의 왕국 가운데 마지막 왕국이 었기 때문에 영원한 나라로 간주된 상황에서, 고트족의 침공은 엄청난 충격을 주었다. 기독교인들은 이 사건을 종말의 전조라고 보았으나 이교도들은 로마를 지키는 여러 신들을 배반한 기독교인들의 책임으로 돌렸다. 이에 히포의 집정관인 마르셀리우스의 요청에 의해 전 22권으로 된 이 책을 내놓게 되었다. 413년에 저술을 시작하여 414년에 1-3권, 415년에 4권, 416년에 6-11권, 420년까지 12-14권, 426년에 16-22권을 완성하였다. 어거스틴은 97개의 단행본과 220개가 넘는 서신을 남겼다.

[52] 어거스틴의 「신국론」이 누가복음적인 체계를 갖는다는 것은 필자의 이야기이다. 누가복음의 편집의도가 데오빌로 각하에게 보내는 것이었다면 이 책은 마르셀리누스의 요청에 의해 쓰여진 것이기 때문이다.

는 영광스러운 하나님의 도성이네. 나는 그 도성을 건립한 분보다 자기들의 신을 더 좋아하는 자들에 대항하여 쏜살같은 시간 속에서 믿음으로 살아가며(합 2 : 4, 롬 1 : 17, 히 10 : 38)……인내심을 가지고 판단이 의로 돌아갈(시 94 : 15) 때까지 기다리고 있는……영광스러운 도성이네."53)

어거스틴이「신국론」을 저술한 것은 고트족의 약탈과 침략에 대한 이교도들의 기독교를 향한 책임전가를 변호하려는 의도였음이 분명하다. 나아가서 그는 로마의 국운이 흔들리는 역사의 대 격동기에 인류사회의 미래와 운명에 관한 깊은 통찰력을 가지고 로마제국의 운명을 기독교 신앙적으로 재해석하였다. 이 책은 총 5부 22권으로 나누어진다. 전반부인 제1-2부 1권에서 10권까지는 변증이며, 후반부인 나머지 제3부에서 5부 11권에서 22권까지는 성경의 진리로부터 시작하여 창조와 시간, 선과 악의 문제, 두 도성의 기원 그리고 부활과 기적 등 기독교의 전반에 대한 해설적인 것이다.54) 이 책은 성경을 근거로 한 인간의 역사에 대한 관념적인 사색과 종합적인 탐구를 했다는 점에서 의미가 있다. 곧 기독교적 역사신학이다.

---

53) 성 아우구스티누스,「하나님의 도성」, 조호연 역(서울 : 크리스챤다이제스트, 1994), 65쪽. 참조. 아우구스티누스, 신국/고백, 39쪽.
54) 성 아우구스티누스,「하나님의 도성 I」, 17쪽 이하. 어거스틴의「하나님의 도성」을 주제별로 어떻게 분류할 것인가라는 질문에 대해서는 그가 만년에 자신의 친구 피르무스에게 보낸 편지 가운데 설명되어 있다. 이 편지는 벨기에의 마레드수스 수도원의 베네딕트파 학자인 돔 람보트(Dom C. Lambot)에 의해 발견되어「베네딕트 년감」(Revue Benedictine, Vol. LI nos 2-3, 1939)에 발표되었다.

어거스틴은 전반부에서 세 개의 물음을 다룬다. 로마의 멸망에 대해 기독교의 책임이 있는가? 로마가 부흥하게 된 것은 어떤 영적 힘에 의해서인가? 기독교에 반대하는 이교도들에게는 타당성이 있는가?[55] 그는 로마의 몰락을 기독교 때문이라기보다는 로마 자체의 부도덕성과 부패 때문이라고 보았다.

어거스틴은 "로마는 이제 더 이상 국가가 아니다"라는 장을 할애하여 국가의 기본요건을 단결로 정의한 후 정의가 없는 국가의 허구성을 지적한다. 그는 이것은 마치 음악에 있어서 조화를 잃어버린 것과 같다고 하였다. "우리가 로마국을 가증하고 극악하다고 부른 사람들에게 묻지 않는다 해도……극도로 가증하고 극악하게 되었을 뿐 아니라……."[56] 로마는 카르타고를 점령한 후 적대국이 없어지자 단결을 잃어버렸으며 이교도들의 부도덕과 음란성에 의해 멸망이 자초되었음을 말한다. 어거스틴을 역사철학의 아버지로 부르는 것은 「신국론」이 단지 기독교에 대한 변증에 그치지 않고 이렇게 새로운 역사의 전망과 이해를 제시하기 때문이다.

후반부 11-14권은 순례의 도상에 있는 하나님 나라와 지상의 나라의 기원을 말한다. 15-18권은 구약성경을 근거로 한 두 나라의 역사를 설명한다. 이 속에 구속역사가 포함되어 있다. 19-22권까지는 두 나라의 종말을 말한다. 지상의 나라가 당할 형벌과 하나님 나라의 마지막 승리이다.

---

55) 참조. 로이 배튼하우스, 「아우구스티누스 연구 핸드북」, 현재규 역(서울 : 크리스챤다이제스트, 1994), 314쪽.
56) 아우구스티누스, 신국, 137쪽.

1) 하나님의 나라와 지상의 나라

어거스틴의 역사이해는 인간이해로부터 시작한다. 영적이고 도덕적인 인간을 전제로 하는 그의 인간이해는 선과 악의 문제를 중요한 주제로 대두시킨다. 하나님의 나라와 지상의 나라의 대립 개념이 바로 선과 악이다. 하나님의 나라는 하나님의 사랑(amor Dei)으로, 지상의 나라는 자기 사랑(amor sui)으로 이룩된 나라다. 전자의 특성은 사랑(caritas)으로, 후자의 특성은 탐욕(cupiditas)으로 규정할 수 있다.

하나님의 나라와 지상의 나라의 실체는 무엇인가? 교회와 세상으로 보는 견해와 하나님과 사탄의 초월적인 실체로 그리고 도래할 하나님의 나라와 이 세계로 보는 경우가 있으나, 모두 시간과 역사적인 의미를 갖는 것이 아니므로 적합하지 못하다.

하나님의 나라는 예수 그리스도를 믿어 하나님을 사랑하게 된 성도들의 마음과 삶 속에 실재한다고 보는 것이 좋을 듯하다(눅 17 : 21). 그 나라는 성도들의 순례자적인 삶을 통해 이 세상 속에서 종말의 완성을 향하고 있는 나라다. 지상의 나라는 의지에 있어서 새로워지지 못한 사람들과 타락한 천사들을 포함하는 나라다. 하나님의 나라가 갖는 신앙고백적이며 종말론적인 모습을 그에게서 보게 된다. 어거스틴에게 하나님의 나라는 하나님의 통치개념으로서의 나라다. 하나님의 통치개념으로서의 나라는 하나님의 사랑이 실현되고 하나님의 공의가 세워지는 나라다. 지상의 나라는 미움이 지배하고 불의가 횡행하는 타락한 나라다. 어거스틴이 본 지상의 나라는 당시의 로마를 포함한 이교도적인 나라들을 지칭하는 것이다.

두 도성으로 표현된 하나님의 나라와 지상의 나라는 종말에 이르기까지 긴장과 대립을 가지면서 진행되며 이러한 과정에서 역사의 의미가 드러난다고 한다. 이러한 상태를 그는 교회 안에 있는 세계와 세계 안에 있는 하나님의 나라라고 한다. "이 세대 내에 두 나라가 서로 엇바뀌어 끼어 있고 서로가 엉키어 있어서 마지막 심판 때에나 갈라질 것이다."[57] 역사란 인간이 엉키어 있는 두 나라에서 살면서 신의 계획 안에서 그의 뜻을 발견하려는 자유와 책임에서 나오는 산물이다.

2) 역사의 전개와 종말

어거스틴은 천지창조가 6일 동안 이루어졌다는 기록에 따라 인류의 역사과정을 여섯 기로 나눈다. 각 시대의 구분은 다음과 같다. 제1기 : 유아기-아담에서 노아까지, 제2기 : 유년기-노아에서 아브라함까지, 제3기 : 소년기-아브라함에서 다윗까지, 제4기 : 청년기-다윗에서 바벨론 포로까지, 제5기 : 장년기-바벨론 포로에서 그리스도의 탄생까지, 제6기 : 노년기-그리스도의 탄생에서 최후의 심판까지이다.

각 시대는 약 1000년이며 교회를 통한 그리스도의 현 통치시기는 제6기에 이르렀다고 한다. 그는 성경의 구속사를 이방인들의 역사와 함께 비교, 서술하면서 성경의 역사를 세계사와 함께 서술하려 함을 볼 수 있다. 로마를 지상의 나라로 비유하는 것이 그 대표적인 예이다.

제6기는 말세로서의 교회의 시기로 규정되어 있다. 그러나 언제 끝이 날지는 아무도 모른다. 최후심판으로 끝나게 되는 제7기는 안식의 날이며 그 이후에 영원한 평화가 있는 주님의 날이 온다고 한다. "그때에 우리는 잠잠히 볼 것이며, 보고 사랑하며, 사랑하고 찬양할 것이

---

57) 상게서, 7쪽.

다. 그것은 그 때의 일로서 저 끝에서 일어날 것이다."[58]

어거스틴은 영원한 평화가 있는 상태를 관조(觀照)의 상태로 표현하고 있다. 이것은 페리효레시스(περιχώρεσις)라고 말하는데 '서로가 서로를 있는 그대로 모두 아는 상태'를 말한다. "우리들 각자는 영으로 우리 각 사람 안에서 그분을 보고, 일자는 타자 안에서, 각인은 자기 자신 안에서 그분을 보고, 새 하늘과 새 땅 안에서 그리고 그때 있을 모든 피조물 안에서 그분을 볼 것이며, 영체의 눈이 시선을 어디로 보내든지 모든 육체 안에서 육신을 매개로 하여 그분을 볼 것이다…… 그 때에 우리는 잠잠히 볼 것이며, 보고 사랑하며, 사랑하고 찬양할 것이다."[59]

창조의 시기에 있어서 하나님과 인간, 인간과 피조물 그리고 피조물과 하나님의 관계는 관조의 상태였음을 알 수 있다. 아담의 범죄는 이러한 것을 말살시켰다고 볼 수 있다. 이러한 상태의 회복은 예수의 재림과 함께 오는 새 하늘과 새 땅 안에서이다.

어거스틴은 선택된 백성들이 영원한 행복 속에서 누릴 완전한 신의 도성을 수립하기를 원했다. 가변적인 존재로서 항상 변하는 피조물인 인간이 안정과 평화를 누리기 위해서는 존재의 근원이시며 영원자이신 하나님께 안주할 때 궁극적인 지고선(summum bonum)을 이룰 수 있다는 것이다. 그가 말하는 신의 도성의 평화는 하나님을 기뻐하고 하나님 안에서 서로 기뻐하는 교제이며 질서와 조화이다. 어거스틴의 이러한 창조와 종말의 기대 사상은 독일의 남쪽 지방인 슈바벤의 경

---

58) 상게서, 208쪽 이하.
59) 상게서, 208쪽.

건운동(schwäbischer Pietismus)에 받아들여져 천년왕국으로 강하게 이루어진다. 그 대표적인 사람들은 벵엘(J. A. Bengel)과 외팅어(F. C. Oetinger), 그리고 요한 토비아스 베크(J. T. Beck)다.

3. 헤겔의 역사관

헤겔의 역사관은 이성이 세계를 지배하고 역사는 시간에 있어서 정신의 변증법적 자기전개의 과정을 갖는다는 것이다. 서구사회는 중세에서 근대로 오면서 역사의 무대에서 인간이 중요한 역할을 하는 것을 인식하게 되었다. 인간이 이성을 사용하는 한, 인류는 진보한다는 낙관주의가 지배하게 되었다. 역사가 인간소외와 투쟁의 역사로 전개되어 갈 때, 역사의 심연 속에 어떤 절대의지가 숨겨져 있음을 발견하게 되었다. 이것이 인간의 정신인 이성이다. 그리고 이성이 세계를 지배하여 역사가 이성적으로 지배되고 진행되어 왔다는 논리를 전개하게 되었다. 여기서 역사는 사건인 동시에 역사의 서술이다.

헤겔은 이러한 역사에 대한 전제를 가지고 영웅주의적인 사관을 펼친다. "말에 올라 세계를 넘나보면서 이를 송두리째 지배하고자 오직 한 가지 일에만 몰두하고 있는 개인 나폴레옹을 바라보면서 그는 새로운 역사관을 가지게 되었다." 개인의 삶에는 개인이나 국가, 민족뿐만 아니라 세계사적 목적을 수행하기 위한 것이 있음을 알 수 있다. 이렇게 볼 때 기독교인에게는 하나님의 일을 한다는 예언자적인 의식이 필요하다.

영웅은 시대의 요구와 추세에 관한 통찰력을 가진 실천적 사상가를 말하며, 그들의 삶은 고독하고 심지어 불행하기까지 하다. 세계역사의 시대정신(Zeitgeist, Timeghost)은 이들의 불운하고 악전고투로 연결된 생명을 이용하여 자신을 역사 속에 나타낸다. 시대정신은 자신들의 목적을 달성했을 때 마치 씨를 낸 후에 풀을 말려 버리듯이 그 영웅들을 제거해 버린다. 예를 들면, 알렉산더(Alexander)나 시이저(Caesar), 나폴레옹(Napoleon), 히틀러(Hitler) 등이다. 한국은 박정희, 김대중이라고 할 수 있다. 이들의 명예심과 정복욕은 세계사의 시대정신이나 세계이성에 의해 이용당했으며, 세계이성은 그 자신의 목적을 달성하기 위해 그의 하수인인 영웅들을 충동질하였다. 이것을 헤겔은 이성의 간계(奸計)라 한다. 그는 미래를 인간의 인식 밖에 있는 것으로 이해하였다. 헤겔의 역사관은 과거사적 현실주의 역사관이다.

1) 역사의 주체 : 이성과 정신

헤겔에게 역사의 주체는 이성(Vernunft, reason)이다. 이성이 세계를 지배하므로 세계는 합리적으로 발전한다. 역사는 시간적인 척도 위에서 전개되는 이론적 과정이다. 역사적 발전은 우연적이 아니라 필연적이다. 자연에도 불변의 법칙이 있듯이, 역사에도 움직이는 법칙이 있다. 과학자가 관찰을 통해 자연 속의 이성을 찾는다면 역사가는 역사 속에서 이성을 찾는 것이 그의 임무다(reason in history). 자연과 역사는 어떻게 다른가? 자연은 자연적 주기를 갖는다. 그 주기는 순환적이며 반복적이나, 역사는 순환과 진보 그리고 발전을 갖는 나선형적 운동을 한다. 반복적으로 보이나 새로운 것을 획득해 감으로 과거의 것과 전혀 다른 새로운 것이 되어 간다.

역사는 이성의 간계(the cunning of the reason)에 의해 움직인다. 역사는 궁극적으로 절대이성이 지배하지만, 역사의 현실에는 격정과 광란, 이기적인 목적과 욕망만이 보일 뿐이다. 역사는 개인이나 집단, 민족의 삶이 살육당하는 도살대(屠殺臺)이기도 하다. 그러면 이성은 왜 간계에 의해 움직이는가? 속임수를 쓰기 때문이다. 인간의 이성은 세계사의 실현을 위해 세계사 속에 작용할 때 인간의 열정, 천재적인 두뇌 그리고 활동의 전반적인 것을 다 사용한다. 이성은 자기발전을 위해 하수인이 필요하다. 이에는 (1) 인간의 격정이나 열정(Leidenschaft), (2) 국가의 법, 예술, 도덕, 종교, 과학, (3) 이념(Ideologie), (4) 세계사적 개인인 영웅, 시대의 요구와 추세에 민감한 통찰력을 가진 혼의 지배자(알렉산더, 시이저, 나폴레옹, 히틀러), (5) 이와 비슷한 사고를 가진 개인들(독재자, 나 자신) 등이다. 이러한 힘을 헤겔은 세계정신 또는 절대정신으로 이해하였다.

세계역사는 절대정신의 자기실현 과정이며 철학의 역사는 그 절대정신의 자기인식 과정이라고 할 수 있다. 헤겔의 역사철학은 이러한 사회과학의 원칙을 제공해 주었다. 역사라는 것은 개인의지의 충돌로부터 최후의 결과가 나오는 방법으로 이루어진다. 서로 뒤얽혀진 무수한 힘들 가운데서 하나의 합성력이 역사적인 결실로 나온다고 보았다. "세속성(Weltlichkeit)은 존재(Dasein) 안에 있는 정신의 나라이고, 현실존재(Existenz)로 진전한 의지의 나라이다."[60]

2) 세계사의 진행과정

자유를 마음껏 향유해도 사회의 질서가 파괴되지 않고, 국가가 아무리 통제해도 개인의 자유가 침해되지 않는 자유의 단계에 도달했을

---

60) 헤겔, 「역사철학 강의 II」, 김종호 역(서울 : 삼성출판사, 1982), 299쪽.

때가 세계의 절대정신이 실현된 완전자유의 상태다. 이렇게 세계는 완전성에로의 충동을 받으며 하나의 대립개념을 갖는 긴장관계 속에서 변증법적으로 발전한다. 헤겔은 독일 민족주의자로서 자신이 제시한 완전자유 상태에 있는 나라로서 프로이센 국가를 지칭하고 있다. 개인의 자유는 인간의 이성적 활동에 의해 추구할 수 있고, 국가의 통제는 기독교 신앙을 통해 극복할 수 있다는 신념 속에 들어 있게 된 것이다. 이는 자신이 속해 있던 시대를 종말론적으로 보던 이성적 예언자사관이며 일종의 낙관론적 종말론이다.

그는 인간의 정신이 자기 앞에 펼쳐져 있는 역사적 상황(正)에 만족(an sich)하지 않고 그것이 아닌 새로운 것(反)을 추구(fur sich)하나, 결과는 어쩔 수 없이 먼저 있던 것을 포함하는 새로운 것(合)을 얻게 된다(an und fur sich)고 본다. 이러한 정, 반, 합의 반복과정이 세계사의 발전원리가 된다. 이것을 그림으로 표시하면 다음과 같다.

방향과 힘을 가진 정(正)이라는 벡터와 똑같은 반(反)의 벡터를 정(正)의 초기에 주면 평행사변형의 대각선에 해당하는 합성벡터를 얻을 수 있다. 즉, 정과 반으로 이루어지는 부분벡터의 합은 합이라는 합성벡터를 얻게 된다. 이와 같이 역사의 움직임의 한 사건 사건은 무수한 부분벡터로 이루어진 하나의 합성벡터가 된다는 것이다. 합은 정에 의해서 시작되었으나 반에 의해 주도된 정과 반으로서의 합이다. 합

속에 들어 있는 정과 반의 크기에 따라 정적인 반, 혹은 반적인 정이 합이라고 보인다. 이것은 인간의 역사변혁에 있어서 정신의 활동을 강조한 헤겔의 주장이다.

4. 어거스틴과 헤겔의 역사관 비교

	어 거 스 틴	헤 겔
1) 주체자	신	세계사의 이성, 절대정신
2) 목적	신의 의도와 계획, 섭리	세계사의 자유
3) 과정	천상도시와 지상도시의 대립	정(구세력), 반(신세력)의 대립
4) 결과	선악이 없어지는 천상도시의 실현	정반합의 대립과 종합이 없어지는 절대정신
5) 상태	시간이 영원 속에 몰입	절대자유의 실현

어거스틴과 헤겔의 역사관을 비교해 보면 전자는 매우 성경적이며 신 중심적으로 역사를 해석하는 신앙고백적임을 볼 수 있다. 즉, 주관적 기독교 역사관이다. 그러나 후자는 역사를 객관화시켜 인간 이성의 활동에 의해 이루어지는 객관적인 역사해석이다. 절대정신이 신의 자리에 있기는 하지만, 결국 그 역시 세계사의 이성이라는 이성의 범주에 속한다. 절대이성 그리고 세계사의 이성은 무엇인가? 헤겔에게 그것은 초월적인 존재라기보다는 총체적인 인간 이성의 합이라고 보는 것이 더 타당하다.

5. 어거스틴과 헤겔의 평가와 비판

역사철학이란 인류의 기원과 목적 그리고 의미를 추구하는 학문이다. 그러므로 역사 자체에 대한 근원적이며 포괄적인 인식이 필요하다. 어거스틴에게 역사는 창조와 종말이라는 구체적인 틀 안에서 일직선적이고 예정된 것으로 파악됨으로써 일반역사의 개별적인 사실의 관찰과 이를 통해 얻어지는 새로운 일반역사의 전개를 발견하기가 어렵다.

어거스틴의 역사철학은 시간진행의 철학이며, 역사를 단순히 지상적인 것만이 아니라 무시간적인 영원자가 되신 신과의 관계를 가진 역사적인 사건들의 모든 과정으로 이해하였다. 로마라는 거대한 기독교 국가의 역사를 이스라엘 역사와 비교하여 특정화시키면서 그 속에서 역사하시는 하나님의 뜻을 찾으려 하였다. 인류의 역사에 작용하는 절대적인 힘인 하나님의 섭리가 있다는 전제하에 그의 역사철학은 전개된다.

기독교의 신앙에 근거하여 하나님의 나라를 봄으로써 인류의 역사는 어느 곳을 향해 가고 있는지, 또한 그 안에 살고 있는 우리는 어떻게 해야 하는지를 실존적이면서도 심리학적으로 그리고 윤리적으로까지 이해한 기독교적 역사관이라고 말할 수 있다. 그의 역사철학은 하나님의 말씀이라는 성경의 권위에 절대적인 근거를 갖는다.

여기서 거론되는 하나의 물음은 하나님의 섭리와 경륜 속에 있는 인간의 역할이다. 모든 역사적인 사건들이 하나님의 뜻 가운데서 이루어진다고 볼 때, 인간은 결국 운명론적인 존재에 불과한가? 어거스틴은 이러한 물음에 직면하여 인간이 갖는 자유의지를 하나님의 절대의지와 비교하면서 설명하였다. 인간은 하나님께서 주신 자유의지의 범위 안에서 참으로 자유하다는 것이다. 그 주된 이유로는 인간 스스로가 갖는 불안과 가변성과 비존재성 때문이다. 그가 거듭 강조하는 하나님 안에서만 참된 평안이 있다는 표현은 이것을 반증해 준다. 이 점이 어거스틴으로부터 시작되는 역사신학에 남겨진 큰 공헌이기도 하다.

한 가지 문제점은 장(場, field)의 문제다. 성경을 근거로 한 유대교나 기독교적 국가이던 이스라엘이나 로마에서는 어거스틴의 기독교적 역사신학이 타당성과 그 근거를 갖는다. 하나님의 뜻이라는 큰 차원에서 이들 국가와 개인의 삶에 역사적인 의미를 부여하며 그 역사를 재해석해 낼 수 있다. 그러나 역사를 일반역사로 이해하는 사람들에게 일직선적이며 유목적론적인 진보사관이 어떻게 적용될 수 있을까라는 물음을 남긴다.

헤겔은 이러한 문제에 어느 정도의 해답을 주었다고 여겨진다. 그에게 이성은 세계를 지배하고, 역사는 시간에 있어서 정신의 변증법적 자기전개의 과정이다. 그는 역사의 무대에서 인간이 중요한 역할을 했으며 이성을 사용하는 한 인류는 진보 발전한다는 낙관주의적인 진보사관을 갖게 하였다.

이러한 낙관주의적 사관은 19세기까지 계속되어 왔으며, 인류는 유토피아의 건설에 큰 기대와 꿈에 젖어 있었던 것이 사실이다. 그러나 세계 제1차, 2차 대전으로 인해 이 꿈은 좌절되고 말았다. 인간의 역사는 이성을 사용한다 해도 개인이건 국가이건 소외와 투쟁의 역사다. 헤겔은 이러한 역사의 심연에는 어떠한 절대의지가 숨겨져 있음을 보았다.

그는 이러한 절대의지를 절대이성(Der absolute Vernunft), 절대정신(Der absolute Geist)으로 보았다. 이 이성이 세계를 지배하여 역사는 이성적으로 지배되고 유지, 진행된다는 것이다. 그렇다면 절대의지는 누구의 것인가? 그 주체는 누구인가? 여기에 대한 답은 없다. 그 주체를 하나님이라고 한다면 기독교가 말하는 인격적인 하나님을 전혀 다르게 이해한 결과가 온다. 인간은 이러한 상황하에서는 단지 절대이성의 노예에 불과하며 희생당하는 운명론적인 존재에 불과하다. 어거스틴이 말한 자유의지도 여기에는 들어설 자리가 없다.

헤겔의 역사관에서 문제가 되는 것은 그의 종말론이다. 역사의 종말을 그는 서구사회 그리고 그가 속해 있던 프로이센이라고 보았다. 이는 또 하나의 독일 민족주의에 기초한 선민의식이다. 유대인들이 성경을 통해 자신들의 선민의식을 반증해 냈다면, 헤겔은 자신이 발견하고 체계화시킨 역사관을 가지고 자유정신의 자유를 획득한 기독교 국가인 프로이센이 역사발전의 종말이라는 결론을 낸 것이다. 헤겔의 역사관은 여기서 큰 오류를 범하게 되었다. 그가 체계를 세운 과거적 현실주의 역사관이 미래를 제대로 예시하지 못한 것이다. 당시의 역사적인 상황으로 볼 때 세계는 봉건체제를 벗어나 인간의 개인적인 자유와 근대 민주국가의 형성으로 가던 전환기였음을 그는 간과한 것이다.

헤겔은 과거의 역사를 변증법적으로 보면서 그 곳에 역사하던 인간의 의지와 인간의 의지를 강하게 표현하던 영웅들 속에서 하나의 수학공식과 같은 절대이성을 발견하였다. 이들은 정(正)으로 표현되는 원대한 꿈을 가진 자들이었다. 그 꿈을 이루기 위해 그들은 수단과 방법을 가리지 않았다. 그리고 수단과 방법이 이루어졌을 때는 다시 반

(反)이 예외 없이 등장하였다.

　정(正)과 반(反)은 역사의 발전과 전개과정에서 긴장과 투쟁을 갖게 되고, 정과 반은 다시 합(合)이라는 새로운 정(正)을 이루어 내고, 다시 여기에 대항하는 반(反)이 등장하고, 또 합(合)이 나오고, 이러한 변증법적인 발전과정을 가지면서 역사가 전개된다는 것이다. 이러한 생각은 근대적 자유관에 큰 영향을 끼쳤다.

　모든 현실적인 것은 이성적이고 이성적인 것은 현실적이라고 볼 때, 비이성적인 것에 대해서는 어떻게 말할 수 있는가? 비이성적인 것을 비현실적이라고 할 때, 이는 세상의 것을 너무 낙관적으로 본 것이 아닌가라는 질문이 생겨난다. 현실적인 것 속에는 이성적인 것도 있지만 역시 비이성적인 부분도 많이 존재한다. 그럼에도 불구하고 역사는 발전하는 것이며, 이성의 간계에 의해 필연적으로 절대이성의 지배를 받는 사람들에 의해서 움직인다. 이러한 생각은 어거스틴이 말한 기독교적인 것과는 너무나 거리감이 있다. 헤겔의 역사이해로 보이는 예수는 '절대이성의 지배를 받던 하나의 인간'이라는 결론에 이른다. 예수를 '참 하나님이자 참 인간'(vere Deus vere Homo)으로 이해하는 기독교의 신앙적 고백을 어떻게 받아들여야 할 것인가라는 의문이 생긴다. 예수가 절대이성의 지배를 받으며 영웅주의적인 활동을 끝내고 이성의 간계에 의해 필경 죽음을 맞이했다면, 하나님의 아들 예수에게서 보여지는 하나님의 사랑과 구원의 역사는 설 자리가 전혀 없다.

　이상에서 살펴본 대로 어거스틴은 하나님의 뜻을 전제로 하는 신앙고백적인 역사신학을 전개하였다. 헤겔은 절대정신의 지배를 받는 이성에 의해서 전개되는 역사철학을 정립하였다. 이들이 갖는 공통점은 역사라는 것에는 개인의 의지와는 다른 초월적인 힘이 있다고 인정한 점이다. 그러나 역사의 발전과 전개과정에 있어서는 전혀 다른 면이 있다. 그것은 기독교 신앙적이냐 아니냐라는 물음을 남기게 된다. 우리가 해야 할 일은 이것을 어떻게 우리의 상황에서 이해하며 조화시킬 수 있느냐에 달려 있다.

8장 창조에서의 인간의 위임명령

"하나님이 그들에게 복을 주어 가라사대 생육하고 번성하여 여러 바다 물에 충만하라, 새들도 땅에 번성하라 하시니라"(창 1 : 22).

"하나님이 그들에게 복을 주시며 그들에게 이르시되 생육하고 번성하여 땅에 충만하라, 땅을 정복하라, 바다의 고기와 공중의 새와 땅에 움직이는 모든 생물을 다스리라 하시니라"(창 1 : 28).

"여호와 하나님이 흙으로 각종 들짐승과 공중의 각종 새를 지으시고 아담이 어떻게 이름을 짓나 보시려고 그에게로 이끌어 이르시니 아담이 각 생물을 일컫는 바가 곧 그 이름이라"(창 2 : 19).

1. 말씀의 창조와 하나님의 형상

창조에서 만물의 창조와 인간의 창조는 여러 가지로 다른 면을 가지고 있다. 만물의 창조는 말씀으로 되었으나, 인간의 창조는 하나님의 특별한 관심과 배려에 의해 하나님의 형상으로 되었다. 하나님의 형상을 기능적으로 이해하는 모빙켈이나 베류드인이라는 학자에 의해 "하나님의 형상은 만물을 지배하는 주권과 능력"으로 이해되어 왔다.

인간이 하나님의 형상을 가지고 있는 것은 과연 만물의 주인으로서의 형상이라고 해야 하는가? 이 물음은 서구를 중심으로 하는 제1세계의 무분별한 과학기술의 발전과 소비문화에 의해 착취당하는 자연에서 신음하며 탄식하는 소리(롬 8 : 22)를 들어봄직한 단계에 이르렀다. 생태계의 파괴와 이로 인한 인간생존의 문제는 인간창조에 대한 새로운 이해를 모든 학문에서 요구하고 있는 실정이다. 이는 마치 지구촌이라는 생명체가 촉수를 잃어버린 곤충과 같다고 표현할 수 있다.

정통주의 신학자인 큐벤슈테트(A. Quenstedt)는 창조를 직접적인 창조와 간접적인 창조로 나누어 무로부터의 창조는 직접적인 창조로, 창조한 물질을 사용하여 계속되는 창조는 간접적인 창조로 보았다. 또한 그는 간접적인 창조를 섭리(providentia)로 보려고 하였다. 섭리는 계속적인 창조로 이해되며, 이에는 보존(conservatio)과 협동(cooperatio) 그리고 관리(gubernatio)가 있다.[61] 인간이 땅을 정복하고 다스리는 것은 하나님의 위임명령을 받아 하나님의 섭리에 의해 간접적인 창조에 참여하는 것을 말한다.

본문에 나오는 동사 '다스리라' (라다흐, רדה)는 말은 26절에 나오는 단어로서 생물에 대한 인간의 지배의 위임명령이다. 이 동사는 왕의 다스림에 해당하는 뜻이다. 두 번째 동사 '정복하라' (카바쉬, כבשׁ)도 이에 준하는 동사로서 종이 복종하는 것(렘 34 : 11, 16 ; 느 5 : 5 ; 왕하 28 : 10)이나 땅이 복종하는 것(민 32 : 22, 29 ; 수 18 : 1 ; 왕상 22 : 18)

---

61) 홀스트 G. 「교의학」, 이신건 역(서울 : 한국신학연구소, 1989), 172쪽 이하.

에 사용되었다. 이 동사들은 같은 뜻을 가지나 엄밀하게 구분한다면 카바쉬라는 동사(כָּבַשׁ, 정복하라)는 대상을 목적으로 삼는 데 그 차이가 있다.62)

하나님으로부터 받은 인간의 복은 다른 동물이 받은 복(22절)과 비교해 볼 때 같은 점과 다른 점이 있다. 다른 점은 하나님께서 인간에게 복을 주실 때 '이르시되'라고 말씀하신 것이다. 또 임신과 출산을 통해 자손의 번식을 계속하게 하셨다. 이것을 창조의 보존이라 한다. 특이한 점은 오직 인간에게만 하나님의 구원의 행위가 주어졌다는 것이다.63)

본문의 잘못된 인간중심적인 해석은 서구의 유대-기독교적인 세계관에 인간중심의 세계를 그리게 하였다. 서양의 그림이나 사진을 보더라도 서구인들은 인간을 중심으로 표현하든지, 아니면 인간이 이룩해 놓은 업적을 돋보이게 하는 것이 대부분이다. 교회의 건축물 역시 하나님의 영광을 위해서라고 하면서 사실은 그 건물을 이룩해 놓은 권력자의 표상이었음을 우리는 부인할 수 없다. 한국 교회가 이러한 것을 답습하고 있는지도 모른다. 그러나 하나님의 영광은 신앙인들의 삶과 모임 속에 있는 것이지 교회의 웅장한 건물에 있는 것이 아니다.

성경이 말하는 왕의 지배권은 고대 바벨론이나 이집트에서처럼 신의 축복을 위임받아 만물에 전하는 전달자로서의 지배권이다. 즉, 왕은 신으로부터 그에게 맡겨진 세계와 자연, 짐승, 물고기 그리고 새와

---

62) Claus Westermann, *Genesis*(Neukirchen-Vluyn, Neukirchener Verlag, 1976), p. 222.
63) Ibid., p. 221ff.

땅을 책임적으로 관리하며 보존하는 자일 뿐이다.[64]

2. 정원사로서의 인간

창조에서 인간의 역할을 가장 잘 표현해 주는 말은 에덴이라는 낙원의 정원사[65]이다. 동산의 정원사에게는 노동을 통해 동산 안에 있는 것들을 보존하며 섬길 책임이 주어진다. 하나님께서 이것을 인간에게 주셨다. 히브리어에서 노동에 해당하는 아바드(עָבַד, '일하다')라는 말은 '섬긴다', '종이 된다', '높인다', '예배한다' 등의 넓은 뜻으로 사용된다. 우리가 예배하는 심정으로 일을 해야 하는 이유가 여기에 있다.

동산을 가꾸고 동산 안에 있는 모든 생물을 보호하는 것이 예배와 연결된다면, 인간이 정원사로서 갖는 다른 피조물들에 대한 위치가 분명해진다. 정원사로서의 인간이 일한다는 것은 개인이 땀을 흘리며 수고하는 것이 되겠으나, 하나님의 뜻에 합당하게 관리를 잘 할 때 하나님께 예배하는 것을 의미한다. 여기서 우리는 노동의 소중함과 신성, 그리고 존엄성을 가질 수 있다. 인간이 참 인간됨을 신 앞에서 갖는다면, 인간은 노동을 통해서 자신이 사회의 한 일원임을 자각하며 생의 기쁨과 보람을 가지게 되는 것이다.

---

64) 참조. C. Westermann, *Schöpfung*(Berlin, 1976), p. 77ff.
65) 낙원이라는 말은 페르시아에서 온 파라다이스라는 말로서 "울타리를 두른 과수원"을 말한다. 이는 에덴동산을 그림으로 표현해 주는 적합한 말이며, 에덴을 관리하는 인간의 모습을 보여 주는 표현이다.

정원사로서의 인간의 임무수행은 자연과 땅, 그리고 생물의 생명에 대한 깊은 이해와 사랑, 인내와 협조, 생명의 신비에 대한 심미적 감수성을 가져야 한다. 상호간의 이러한 생태학적인 관계가 없을 때는 약자에 대한 훼손과 수탈, 그리고 멸망이 있을 뿐이다. 하나님께서는 창조 시에 이러한 일을 인간에게 맡기시기 위해 인간을 특별하게 창조하셨다. 인간은 지상에서 하나님의 대리자이다.[66]

인간은 하나님의 정원을 생태학적인 원리에 의해 보존하고 관리해야 한다. 생태학적인 원리라는 것은 오늘의 말로 표현하면 '자연친화적'이라고 할 수 있다. 인간을 '문화를 창조하는 존재'[67]라고 할 때, 인간의 모든 삶은 자연친화적이어야 함은 당연한 것이다. 기독교인들이 주위의 비자연친화적인 모습을 보면서 환경운동에 적극적으로 참여하는 것은 창조의 보전이라는 차원에서도 매우 시급한 일이다.

인간이 환경에 미치는 영향은 인간의 사회적, 경제적, 정치적 활동을 매개로 일어난다. 인간의 생활환경은 자연환경을 매우 빠른 속도로 변화시키고 있다. 대표적인 것이 댐이나 도로의 건설, 공장이나 신도시의 건설 등 대규모의 개발행위다. 생태계의 급격한 '인위적 환경변화'(manmade environmental change)는 지구의 자연균형을 깨뜨릴 만큼 거대한 것이 되어 버려 부분적으로 자기 조절능력을 상실하거나 불가능할 정도가 되어 가고 있다. 이러한 변화는 인간의 생명까지도 위협하고 있다.[68] 이런 면에서 환경운동은 지구촌의 피조물이 함께

---

66) Westermann, *Genesis*, p. 211.
67) J. Moltmann, *Mensch*(Gütersloh, Gütersloher Verlagshaus, 1971), p. 19ff.
68) 대학윤리교재편찬회, 「산업사회와 직업윤리」(서울 : 지구문화사, 1996), 267쪽 이하.

살아 남기 위한 생명운동이다.

  기독교의 인간학은 중세기의 프톨레메우스의 세계상을 받아들여 사람을 이 세계의 중심으로 선언했는데, 성경의 인간학은 성경의 전통 속에 있는 하나님의 창조가 갖는 통전적인 의미를 간과하였다. 오직 우주에서 인간의 위치를 정당화하는 데만 주력하였다.

  사람의 위치와 존재를 포괄적으로 이해하기 위해서는 사람이 그 안에서 등장하고 관계를 가지며 살아가는 주위환경들과 함께 시작해야 할 것이다. 우주에서 인간의 특별한 위치, 종교적인 하나님의 형상 그리고 의식적인 주관성과 함께 시작할 것이 아니라, 우주의 생성, 삶과 의식의 역사와 진화, 그리고 자연이 주는 혜택을 받고 사는 수혜자 인간의 모습을 있는 그대로 봄으로써 인간에 대한 바른 이해를 할 수 있다.

3. 다스리는 피조물 인간[69]

  구약의 창조기사를 보면 인간은 하나의 피조물이다. 피조물들은 창조와 함께 다른 피조물들과 사귐의 공동체에 들어간다. 태초의 창조는 창조의 역사다. 시간적인 연결을 갖는 창조는 역사를 갖는 세계의

---

[69] 몰트만은 인간의 창조를 '창조역사에서 하나의 피조물'로 이해한다. 그의 창조론을 말해 주는 '창조 안에서의 하나님'(Gott in der Schöpfung)은 이러한 관점에서 인간을 다른 피조물과 비교하면서 이해하려 한다. 그에 의하면 인간은 피조물의 한 부분으로서 피조물에 매우 의존적인 존재임을 명백히 한다. 참조. J. Moltmann, *Gott in der Schöpfung*(München, Chr. Kaiser, 1985), p. 193ff.

형성사다(창 2:4). 이것은 무시간적인 원 상태이거나 태초의 신들의 싸움이 아니라 하나님의 주권적인 창조의 기사다. 이 창조의 역사에서 인간은 가장 늦게 등장한다.

하늘과 땅, 빛과 어두움, 식물과 동물이 창조된 이후 인간이 창조된다. 창조의 순서로 보면 인간은 이 세상에서 가장 늦게 창조된 피조물의 막내둥이이며 지구를 방문한 마지막 손님이라고 볼 수 있다. 다른 피조물들의 창조를 인간의 창조를 위한 준비로 보는 전통적인 견해도 있으나, 이것은 인간의 창조를 창조의 극치로 보려는 인위적인 해석이다.

피조물들의 상호 연관관계를 보더라도 그 이유는 분명해진다. 다른 피조물들은 인간에 의존하지 않는다. 인간이 지구상에 존재하지 않더라도 그들의 생존은 아무런 위협을 당하지 않는다. 그러나 인간은 다른 피조물들에게 전적으로 의존해 있다. 다른 피조물들이 없다면 인간의 생존은 불가능하다. 인간의 실존을 결정해 주는 의식주의 문제는 피조물들의 도움에서만 가능하다.

히브리인들은 대자연의 아들들이었다. 유목민으로서 광야생활을 했기 때문에 푸른 하늘과 일월성신만이 그들의 삶에 중요한 한 부분이 되었다. 그들이 사용하는 어휘 가운데 '하늘과 땅'이라는 말이 많이 나오는 것은 이런 이유 때문이다(시 89:11, 96:11, 115:16, 68:8, 19:1). 이들은 그들의 삶 속에서 자연이 하나님을 찬양하는 것을 들었다. 그 대표적인 것이 시편 148편이다.[70]

---

[70] 참조. 박대선 외 2인, 「구약성서개론」(서울 : 대한기독교서회, 1993), 334쪽 이하. 시 104편은 모든 자연현상이 하나님의 간섭을 받는 것을 보여 준다. 자연을

인간은 깨끗한 물과 공기, 쾌적한 환경에서 자연과 조화를 이루어야 행복한 삶을 살 수 있다. 이러한 자연환경을 원하면서도 스스로가 마시는 공기와 물, 그리고 환경을 파괴하는 행위는 또 하나의 살인행위다.

인간은 땅으로부터 취하여졌다. 그는 남자와 여자로 생성되기 전에 원형 인간적인 '땅의 피조물'이다(창 2 : 7). 땅의 피조물인 인간은 그 이름이 아담(אדם)이다. 성경의 창조기사는 땅을 어머니라고 하지는 않으나 모성적인 의미를 갖는다. 인간은 삶을 위해 땅에 거주하며 땅의 소산으로 살아간다. 의식주의 문제가 이 곳에서 해결된다. 그리고 죽으면 다시 흙으로 돌아간다.

북아프리카, 인도 그리고 아메리카의 일부 문화에서는 '태양을 아버지로, 땅을 어머니로' 여기는 경우가 있었다. 야웨 종교의 가부장적 유일신론이나 기독교의 삼위일체적 신론은 이것을 부정하고 오히려 교회의 모성이 강조되기도 하였다. 키프리안의 다음과 같은 말은 유명하다. "교회를 어머니로 모시지 않는 자는 하나님을 더 이상 아버지로 모실 수 없다"(Habere iam non potest Deum patrem, qui ecclesiam non habet matrem). 기독교 예식서의 하관식 편을 보면 "흙은 흙으로 돌아가고 영은 하나님 앞으로 돌아갑니다."[71]라고 기록되어 있다.

인간은 자신의 삶을 연장하기 위해 다른 동물과 같은 축복을 받는

통해 나타난 하나님과 그의 역사를 계시하기 위한 노래이다. 시 19편은 하나님의 계시가 잘 나타난 곳은 궁창이요 태양이라는 것을 노래한다. 또 시 8편은 인간이 이 모든 자연물보다 더 귀하게 지음을 받았고 만물을 다스릴 수 있는 특권을 받았다고 노래한다.

71) 한국장로교출판사, 「예식서」, 가정의례 지침(서울 : 장로교출판사, 1994), 177쪽.

다. 그것은 "생육하고 번성하는 것"(창 1 : 22, 26)이다. 그러나 인간은 동물과 다른 면이 있다. 그것은 "땅을 정복하고 생물을 다스리라."(1 : 28)는 하나님의 명령이다. 이것은 창조의 피조물인 인간에게 주신 특별한 역할로 이해할 수 있다.

인간의 정복과 다스림은 동물에 대한 이름을 주는 것에서 구체화된다(창 2 : 19). 인간이 동물들에게 이름을 주는 것은 자신이 사는 세계에 질서를 세우는 것이다. 동물들은 이름을 받음으로써 자신의 특성(talent)을 갖게 된다. 성경에서 이름은 개인의 신분 그 자체를 의미하였다. 이렇게 인간의 다스림은 인간의 목적을 위해 생물의 살 권리를 착취한다거나 유용하는 것에 있는 것이 아니다.

이름을 통해 인간은 언어를 사용한다. 언어 속에 인간적인 세계가 형성된다. 이름은 무엇보다 살아 있는 존재에게 주어지는 것이기 때문에 이름이라는 언어를 통해 인간은 동물들의 이웃이 되는 것이다.[72] 이스라엘의 전통에서 이름이 갖는 의미는 전인적인 것을 포함한다.

하나님의 축복도 새로운 이름으로 구체화된다. 대표적인 예가 아브라함(창 17 : 5), 이스라엘(창 32 : 28) 그리고 신약에서는 베드로(마 16 : 18)이다. 하나님의 축복이 하나님의 형상을 닮은 인간이라는 대리인을 통해 동물들에게 이름으로 주어졌다. 동물들은 이름을 가짐으로써 동물적인 모습을 갖게 되며 이름을 통해 하나님으로부터 받은 축복을 확인하게 된다. 이것은 동물들이 인간의 이용 대상인 목적물이 아니라 이웃으로서의 공동체를 이룬다는 것을 보여 주는 점이기도 하

---

72) Westermann, *Genesis*, p. 311ff.

다. 이름을 통해 인간은 동물과 '나와 너 그리고 우리'의 대등한 관계로 등장한다.

여기서 나타나는 동물의 창조는 흙으로 되어진다. 그러나 인간의 창조처럼 "생기를 코에 불어넣는"(2:6) 것은 없다. 물고기는 여기에서 언급되지 않는다. 땅 위에 사는 생물들이 흙에서부터 이렇게 생명을 갖는 존재로 조성되는 것에서 하나님께서 그들로 하여금 인간의 동반자이자 반려자의 역할을 하게 하셨음을 알 수 있다. 옛날 우리 나라에서 결혼하지 않은 사람은 성인으로 취급하지 않았던 것은 의미 있는 일이다. 인간은 가축이나 애완동물을 다른 하나의 생의 동반자로 여기며 살고 있다.

인간은 동물과 달리 절대적으로 도움을 필요로 하는 존재다. 인간(人間)이라는 한문을 분석해 보면 사람과 사람 사이에 있는 존재라는 의미다. 그래서 하나님은 인간에게만 여자를 "돕는 배필"(창 2:18)로 만들어 주셨다.

피조물로서의 인간은 창조 안에서 하나님을 대변한다. 이것을 특징 지어 주는 것이 하나님의 형상(Imago Dei)이다. 본회퍼나 바르트는 하나님의 형상을 관계의 유추(類推, analogia relationis)로 이해한다. 창조의 사귐 속에서 하나님을 대변하며 그의 영광과 의지를 나타낸다. 하나님에게서 사회적인 관계가 삼위일체로 주어진 것처럼, 인간도 하나님-인간-자연이라는 사회성을 갖는 것으로 보았다. 이러한 해석은 어거스틴이 본 심리학적인 면에서의 인간의 삼위일체성인 존재와 앎과 의지를 넘어선 것이다.[73]

---

73) 어거스틴, 「참회록」, 355쪽 이하. 어거스틴은 인간 속에 있는 삼위일체의 영상

인간은 '하나님의 형상'이면서 동시에 '세계의 형상'(Imago mundi)이다. 그는 하나님 앞에서 다른 피조물을 대변하여 서 있다. 그는 그들과 함께 살고 말하며 행동한다. 세계의 형상으로서의 인간은 제사장적인 피조물이며 성만찬적인 존재다. 첫 사람 아담이 범죄한 이후 땅이 저주를 받은 것처럼(창 3:17) 인간의 구원이 이루어지면 땅 역시 구원에 이르게 된다는 면에서의 제사장적인 역할이라고 여겨진다.

몰트만이 지적한 것 가운데 한 가지 우리가 관심 있게 볼 것은 창조와 새로운 창조인 종말의 순서다. 창조는 하늘과 땅, 피조물, 인간 그리고 안식의 순서다. 그러나 새로운 창조는 전혀 반대다. 인간이 먼저 부활하고(계 20:6) 새 하늘과 새 땅(계 21:1)이 이루어진다. 그 곳이 하나님이 거하실 안식의 거처(居處)다. 여기에 신정정치(Theokratie)가 이루어진다. 창조는 피조물과 인간이 분리되어 이루어졌으나, 구원에 있어서 새로운 창조는 분명히 인간과 세계가 영원한 하나님의 안식에 영화되어 참여하게 된다. 이것은 이미 어거스틴에게서 보여지는 종말이 영원에 삼킴을 받는다는 것과 같다.

을 통해서 심리학적으로 전능한 삼위일체를 이해해 보자고 전제한다. 그에 의하면 나는 존재하고 알고 의지한다고 한다. 알고 의지하는 자로서 존재하고, 자기가 존재하고 의지하는 것을 알고 또한 존재하고 아는 것을 의지한다는 것이다.

9장 과정신학과 새로운 신이해

우리가 살고 있는 지구촌에서 정치, 경제적으로 지배를 하고 있는 사람들이 지배를 당하고 있는 사람들에게 그리스도의 사랑과 복음을 전한다고 할 때 과연 어느 정도 효과적으로 전할 수 있을까? 소위 말하는 지구촌 제1세계의 기독교 국가들이 제3세계에 기독교를 전한다고 할 때 무엇을 어떻게 전해야 할까? 기독교 복음의 핵심내용인 그리스도의 희생적인 십자가의 사랑을 있는 그대로 전할 수 있을까? 이러한 물음에 긍정적인 대답을 하기에는 많은 설명과 전 이해가 필요하다.[74]

---

[74] Yong-Bok Kim, *Messiah and Minjung, Christs Solidarity with the People for New Life*, Christian Congrence of Asia(Hong Kong : Urban Rural Mission, 1992). 김용복은 그의 주저서인 이 책에서 민중신학의 역사적인 배경을 한국의 1970년대 정치상황에서의 인권운동과 연결시켜 해석한다. 그에게서 독특하게 보여지는 것은 민중과 고난받는 종은 하나라는 사실이다. 또한 성경을 민중의 전거로 이해하는 새로운 시도도 보인다. 그가 인용하는 대표적인 성경구절은 바벨론 포로나 로마왕국의 지배하에서 출현할 약속된 하나님

복음의 내용은 초대교회 이래 십자가와 부활이었음을 우리는 부인할 수 없다. 사도 바울 역시 십자가와 부활을 기독교의 유일한 증언과 고상한 지식으로 내세웠으며, 이것을 이방의 세계에 증거하기 위해 그는 갖은 고난과 핍박을 감수하였다. 그리고 이것은 현재나 미래에도 변함이 없는 기독교의 중심내용이다.

오늘을 살고 있는 우리의 시대에 전통적인 서구신학이 다양한 문화와 접하면서 살고 있는 성숙한 현대인들에게 신의 실재성과 전체성, 그리고 포괄성을 전달해 줄 수 있을까? 현대인들은 과거의 전통적인 교회 안에 좌정하시는 하나님보다는 새로운 하나님을 찾고 있다. 이는 과거의 교회가 보수하던 신관이 변화된 현대의 과학적 세계관에 부합하지 못함을 의미한다. 전통적인 신관은 본질(essence)과 존재(being)에서 시작했으나, 현대인들은 과정(process)으로 보는 흐름과 유기체(organism)에서 신을 이해하려 한다. 이는 희랍의 파르메니데스(Parmenides)의 존재철학에서 헤라클리투스(Heraclitus)의 유동철학으로의 전이를 말한다.

필자는 본 논거를 통하여 과정철학에서 보여지는 새로운 신이해를 화이트헤드의 철학에서 중요한 용어들과 인간이해를 살펴본 후, 과정윤리와 관계적 동기에서 보여지는 하나님과 인간 그리고 세계의 유기체적인 면을 부각시키려 한다. 동시에 이러한 유기체적인 신학과 종

의 왕국의 실현에 대한 기대들이다(사 11:1-9, 겔 37:1-14, 계 21:1-5). 이것을 그는 예언적인 운동으로 보며 이 운동은 출애굽과 계약법에 근거한다고 본다. 이것은 신약에서 계승되어 가난한 자가 축복을 받으며 모든 사람이 죽음에서 구원을 받아 영원한 생명에 이르는 것으로 되어 있다.

말론을 성경에서 집대성한 베크의 신학적 틀을 가지고 과정철학의 신학화됨을 언급하려 하며 과정신학에서 문제되는 부분들을 지적해 보려고 한다.

1. 과정철학과 새로운 신이해

기독교의 하나님은 전지전능하신 하나님이다. 천지를 만드시고 만물을 주관하시는 하나님으로 우리는 믿고 있다. 이것은 2000년 교회의 신앙고백을 통해 계속 재확인되고 있는 내용이다. 이러한 신앙고백은 존재철학에서 나온 신의 속성에 대한 정의다. 이러한 존재철학에 기초를 둔 신학적인 용어들로는 존재(being), 실체(substance), 실재(reality) 그리고 본질(essence) 등이 있다.

틸리히(P. Tillich)에 의하면 가장 완전한 최고 존재자에게 이름을 부여할 때, 그분은 한 존재자(a being)가 아니라 존재 자체(Being self)라고 한다. 존재 자체는 모든 존재의 근원이요 지반이며 모든 존재를 가능케 하는 존재의 능력이다.

이에 반하여 과정철학을 주장하는 화이트헤드(Alfred North Whitehead, 1861-1947년)에게서는 형성(becoming), 과정(process), 계기(occasion) 그리고 진화(evolution) 등이 중요한 용어들로 부상된다. 이러한 용어들을 사용하여 19세기 말과 20세기에 변화와 과정을 중시하는 사상들이 대두되었다. 이를 대표하는 사람들은 마르크스(K. Marx)와 스펜서(H. Spencer), 제임스(W. James), 듀이(J. Dewey), 베르그송(H. Bergson), 모르간(C. L. Morgan), 비만(N. Wieman) 그리고 하트숀(C. Hartshorne) 등이다. 이들은 우주의 진행과 발전적 과정을

중시하고 사물의 유기체적 연관성을 강조하였다.[75]

　화이트헤드의 철학은 플라톤, 아리스토텔레스, 데카르트, 존 로크, 흄, 칸트 그리고 스피노자 등과의 대화를 해 나가며 20세기 초의 물리학에서 대두된 상대성 이론과 양자론 등을 그의 사상에 도입시켰다. 다른 하나의 철학적 배경은 세계대전이다. 세계 제1차 대전 이후 한 인간의 개체성과 책임을 강조하는 실존주의가 인간의 불안과 고독을 해결하려 했으나, 다시 세계 제2차 대전을 겪으면서 낙관주의적 세계관은 비관적 허무주의로 변해 버렸다. 이러한 개체 중심적 허무주의로부터 벗어나려는 것이 과정철학이다.

　과정철학을 가능케 한 또 하나의 배경은 급속한 과학의 발달이다. 새로운 과학에서 대두되는 해석방법은 ⑴ 세계는 비독립적인 존재의 불가분의 조화에 의해 이루어진다, ⑵ 주기와 변이를 기반으로 하는 동적 균형을 취한다, ⑶ 세계는 미시계와 거시계의 부분과 전체가 상호 포용관계를 갖는 유기체라는 것이다. 현대 생물학에서도 적자생존과 독립된 생명체라는 이해를 넘어서서 생명체들 상호의 협력을 인정하는 새로운 이해로 나아갔다. 화이트헤드는 독립된 실체 또는 자족적인 실재라는 사물의 이해를 거부한다.

　고전 물리학의 대부 아이작 뉴톤(Isaac Newton)의 기계론적이며 예측 가능한 세계관이 새롭게 발견된 미립자의 세계에는 더 이상 적용되지 않는다는 것을 토대로 하여, 물리학과 전통철학의 이론적 토대인 불변의 상징인 소립자로서의 실체가 의미를 잃고 20세기의 상대성

---

75) 이상직, "과정신학", 「최근신학 개관」, 조성노 편(서울 : 현대신학 연구소, 1993), 63쪽.

이론과 양자물리학, 소립자 물리학에 의해 실체와 비실체의 통전 (Integration)이 실체의 자리를 대신하게 되었다.[76]

생물학에도 종래의 진화론이 제공한 '적자생존과 독립된 생명체' 라는 이해를 넘어서서 생명체들 사이의 상호 협력을 인정하는 새로운

---

[76] 참조. "상대성 원리", 「동아원색세계대백과사전」(서울 : 동아출판사, 1992), 312 쪽 이하, 아인슈타인의 특수 상대성 이론의 에너지 환원공식은 $E=MC^2$이다 (C=30만 km/s). 물체의 질량 M과 에너지 E는 광속도 C의 관계에 따라서 서로 교환된다는 것이다. 이러한 결론은 핵자가 결합하여 원자핵을 구성할 때 질량 결손을 비롯하여 많은 원자핵 반응에서 검증된 사실로서, 특히 소립자의 생성, 소멸 등 에너지가 질량으로 변하고 질량이 모두 에너지로 모양을 바꾸는 과정 이 관찰된다. 에너지와 질량이 등가이면 물체의 운동 에너지가 증가할 때 그만 큼 질량이 증가한다. m_0를 물체의 정지질량이라 할때 속도 v로 운동할 때의 질 량 m은 $m = m_0/\sqrt{1-v^2/c^2}$로 나타낼 수 있다. 이 사실은 전자를 고속도로 가속 할 때 광속도에 가까워지면 가속하기가 어렵게 되고 관성질량이 증가한다. 실 체와 비실체의 역설관계를 통해 실체를 대신하는 공식이다. 쉬운 말로 하면 원 자의 세계를 넘어서서 눈에 보이지 않는 전자를 발견하여 그 영향을 계산한 것 이다.

일반 상대성 이론은 질량을 가지고 있는 모든 물체에 중력이 보편적으로 작 용하며 질량에 무관계한 일정한 가속도를 물체에 준다는 것이다.

상대속도는 어떤 물체에서 본 다른 물체의 속도를 말한다. 질점 A에 좌표계 를 고정시키고 이 계에 대한 질점 B의 속도를 B의 A에 대한 상대속도라 한다. 물체의 상대 속도는 기준물체를 어떻게 잡느냐에 따라 달라진다. 자동차가 시 속 50km라면 이것은 지면을 기준으로 하는 상대속도다. 기준을 지구의 중심으 로 잡으면 지구의 자전의 영향에 의해 자동차의 상대속도는 시속 1,300- 1,400km가 되며, 태양을 기준으로 하면 지구의 공전으로 인해 시속 11만km가 된다. 태양은 은하계 중심에 대해 상대적인 운동을 하며, 은하계 역시 다른 우 주 중심에 대해 상대적 운동을 한다. 이 이론에 의하면 모든 물체의 상대속도는 광속도 c=30만km/s를 초과할 수 없다.

이해로 나아갔다. 그 결과 모든 물체들은 홀로 자족하는 존재가 아니라 유기적인 관계를 맺고 영향을 미치는 그 어떤 것으로 이해되기 시작하였다. 그리하여 그는 '독립된 실체'(independent substance)나 '자족적인 실재'(self-sufficient reality)라는 사물 이해를 거부하고 관계성과 변화를 강조하여 실체라고 이해하던 모든 것들을 역동적인 과정(process) 또는 한 순간의 계기(occasion)로 이해하였다.

이는 어느 일정한 시점에서 한 곳에 붙잡아 맬 수 없는 흐름 자체를 정말 있는 그 무엇으로 이해하자는 것이다. 이 흐름은 두 가지로 설명할 수 있다. 이때 그 무엇은 홀로 있는 것이 아니라 관계성을 갖는 유기체적(organic)인 것이며, 이 유기체(organism)는 고정불변의 것이 아니라 한 줄기 물이 흐르듯이 관계들이 함께 어울리는 흐름의 차원에서 볼 때 과정(process)이다. 유기적인 관계와 그 흐름 속에서 "있는 그 무엇이 한 순간의 자기결정을 통해 스스로의 모습을 구체화시키는 자율성과 변화의 개념을 동시에 포함"하고 있다는 것이 과정의 개념이다.

과정철학에서 사용되는 용어들인 과정이나 유기체, 계기라는 말들은 사실 일상적인 용어들이다. 이것들을 이해하려면 지금까지 우리가 익혀 온 정적이며 독립적인 실재관을 거부하고 새로운 세계관과 우주관을 가져야 한다. 과정철학의 목표는 우리가 경험하는 모든 것들을 체계화하여 일관성 있고 논리적인 틀을 세우는 것이다.

화이트헤드는 이들의 영향을 받으면서 과정철학을 체계화시켰으며, 신학자들은 그의 철학을 신학적으로 재해석하였다. 기독교 신앙에 대한 새로운 조직적 표현을 하기 위해 그의 철학적 개념(philosophical conceptuality)을 활용한 신학이 과정신학이다. 이들은 존재보다는 실재에 대하여 더 근본적으로 강조하며, 절대성의 독립보다는 관계성 (relatedness)을 중시한다.77) 이는 신과 세계에 대한 새로운 이해를 말하며 과거의 전통신학이 갖던 유신론(Theism)에서의 탈피와 범신론 (Pantheism)과의 차이를 말한다. 강조점으로 본다면 신이 만물 위와 만물 안에서 자리매김을 하다가 만물을 통해 인지되는 범-내재신론 (Panentheism)을 말한다(참조. 엡 4 : 6).

신과 세계의 질적인 차이를 들며 계시의 신학을 주창하던 바르트나 부르너는 유신론에, 신과 세계의 조화와 합일을 강조하는 슐라이어마허와 틸리히는 범신론에 그리고 신과 세계를 동반자와 반려자로 보는 화이트헤드와 데이아르트 샤르뎅은 범내재신론(汎內在神論)에 속한다. 이것을 도표로 그려보면 다음과 같다.

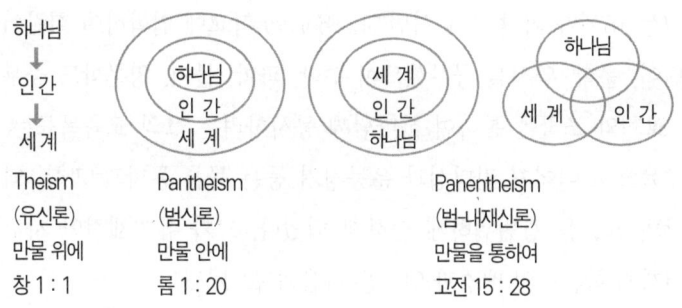

---

77) 존 B. 캅, 「과정신학과 목회신학」(서울 : 대한기독교출판사, 1983), 9쪽 이하.

2. 과정신학(process theology)

과정신학은 수학자요 철학자인 영국계 미국인 화이트헤드(Alfred North Whitehead)와 하트숀(Hartshorne)으로부터 제안된 하나님에 관한 형이상학적 철학을 신학화시킨 것이다. 과정신학을 좀더 잘 이해하기 위해 화이트헤드의 생애를 간략히 살펴보기로 하자.

화이트헤드는 1861년 2월 영국의 동남부 켄트 주의 램스게이트(Ramsgate)에서 태어났다. 그의 조부와 아버지는 각각 사립학교 교장과 성공회 목사를 역임하면서 교회와 국가의 중요한 정책에 참여하였다. 이것을 보고 자란 그는 사람들을 이끌고 지도하는 것이 중요하다고 판단하여 역사, 종교, 교육 그리고 사회문제들에 대해 깊고 지속적인 관심을 가졌다.

그는 15세가 되던 해에 셔번(Sherborne) 학교에 입학하여 희랍어와 라틴어, 문학, 역사를 공부했으며 수학, 과학, 불어, 영문학도 공부했다. 교회와 조국을 통하여 하나님께 봉사하려는 그의 교육목표는 전인교육으로 이어져 리더십과 운동경기 등은 물론 문학과 과학, 역사 분야의 책들을 광범위하게 접하게 되었다. 그가 유기체적인 사고를 갖기까지 학문적인 배경과 업적은 다음과 같다.

고등학교를 졸업한 후 그는 1880년 자연과학의 명문인 트리니티 대학에 입학하여 수학과 정치, 종교, 철학, 문학의 전문가들이 참여하는 소크라테스식 토론 그룹의 회원이 되어 많은 것을 배웠다. 이 모임에 참여하여 낮과 밤을 가리지 않고 칸트, 헤겔 등을 논하는 등 열띤 토론을 하였다. 그리고 대학을 졸업한 후에는 케임브리지 대학에서 전임강사와 연구원으로 지내면서 정치와 종교, 교육 등에 자신을 헌신하였다.

1910년 화이트헤드는 런던 대학으로 자리를 옮긴 이후 가르치는 일과 행정가로서 자신의 견해를 넓혔다. 그리고 세계 제1차 대전에서 아들을 잃었다. 그는 1919년 「자연인식의 원리에 관한 고찰」(An Inquiry Concerning the Principles of Natural Knowledge)이라는 논문을 헌정하였다. 자연의 개념(The concept of Nature, 1920)과 상대성 원리(The principle of Relativity, 1922년)는 그의 독창적인 자연과학의 철학을 형성시킨 것들이다.

그의 마지막 학문편력은 1924년 하버드 대학의 철학교수로서이다. 그의 저서 「과학과 근대세계」(Science and the Modern World, 1925년)는 과학과 철학을 연결하려 했고, 과정과 실재(Process and Reality, 1929년)는 유기체 철학으로서 형이상학 체계를 그리고 관념의 모험(Adventure of Ideals, 1929년)은 과학철학, 형이상학, 역사, 미학을 통합한 것들이다. 그는 초기의 칸트와 관념론, 케임브리지에서의 분석철학을 종합하려는 독자적인 형이상학을 전개하였다.

그가 말하는 새로움과 창조적 변혁은 행동을 수반하는 결단이 필요하다. 현재의 매 순간은 이상들에 의해 인도되는 창조적인 행위가 존재한다. 새로움을 향한 열정과 진취적인 행위를 추구하는 그는 이론과 실재를 조화시키는 철학을 시도했으며, 그 결과 1945년 영국 정부가 수여하는 최고의 문화훈장(Order of Merit)을 수상한 후 1947년 12월 30일에 서거하였다.

그는 지금까지의 전통적인 고전적 하나님의 개념을 새로운 관점에서 이해하려 하였다. 하나님은 지금까지 기독교가 이해해 오던 "유일한 만물의 최상의 원인이 되시는 분이 아니며 최고의 영향력을 가지

신 분이다."라는 철학의 형이상학적 개념을 신학적으로 재구성하려 하였다. 하나님은 영원, 무한, 불변하시는 하나님이라기보다는 관계를 가지시며 영향을 주고받으시는 변화의 하나님이시라는 것이다. 하나님은 원초적인 영원(eternal)과 결과론적인 영속성(everlasting)을 가지신 분이다. 영원은 시간을 초월하는 것을 말하며, 영속성은 시간 속에서의 지속을 의미한다. 하나님은 영원한 현재라는 시간 속에서 활동하시는 분이다.

과정신학자들은 우주를 살아 있는 생명체로 본다. 우주는 잠재력을 현실화시키려 하며 변화성과 역동성을 통해 그 자유를 실현시킨다. 하나님 역시 우주의 원리로서 피조물을 향하여 개방적이시다. 하나님에 대한 근본적인 속성은 자존이나 전지전능이라고 하기보다는 사랑이라고 하는 것이 더 적합하다. 그 이유는 하나님이 피조물과 관계를 가지시는데, 그것은 본질적으로 사랑에 기초해 있기 때문이다. 자신을 내어주시고 완벽한 선의 실현을 위해 하나님은 신실하심을 열정적으로 유지시키신다.

과정신학에 의한 해석은 다르다. 과정신학은 하나님의 전지전능을 그의 외적 사역인 창조의 사역에서 찾기보다는 하나님께서 자신의 성실하심을 가지고 피조물에게 한없이 베푸시는 사랑에서 찾는다. 죄악과 형벌로 인해 하나님의 진노를 피할 수 없는 인간에게서 찬양을 받기 원하시는 하나님이 전능하신 분이다. 이는 하나님의 전지전능에 관한 내면적인 이해라고 보인다.

하나님이 만드신 창조의 사역은 하나님을 알 만한 것으로서(롬 1 : 19), 그 속에는 생명적 관계가 상호 유지되고 있다. 세계는 하나님이 거하시고 일하시고 계신 장(場)이기 때문에 하나님의 몸이라고 볼 수 있다. 이는 하나님과 자연, 그리고 인간을 하나의 유기체로 보는 범-내재신론적인 입장이다. 이는 예수의 표현 가운데 보이는 바대로 "내가 아버지 안에, 너희가 내 안에, 내가 너희 안에 있음"(요 14 : 20)을 나타내 주는 상호 거함과 안주의 신학이다.

후세의 과정신학자들로는 오그덴(Schbert Ogden)과 콥(John Cobb)을 들 수 있다. 이들은 교회 자체가 과정 속에 있음을 말한다. 교회는 전통적으로 예배를 통해 서로의 경험을 나누는 것으로서라기보다는 하나님과 인간 사이에 이루어지는 사랑의 관계 속에서 생명을 발견한다는 것이다. 이러한 점진적인 과정은 예수 그리스도의 사건을 통해 가능하다.

인간 역시 하나의 과정 속에 있는 존재다. 인간의 실존은 공동체에서 동료들과 이루어지며 역사에 뿌리 박고 자연질서와 유기적인 관계를 맺는다. 인간은 '형성되어 가는 존재'(becoming being)다.

예수는 전지전능하신 하나님의 아들, 구세주라기보다는 하나님과 인간 그리고 세계를 사랑의 관계로 조화시키시며 완성을 주시는 분이다. 이는 자유주의 신학이 추구하던 사랑과 도덕의 완성자, 그 시대의 모범적인 교사라는 것과 다를 바 없다. 다만 우주를 유기체적으로 본 것은 자유주의와 근본적으로 다른 것이기도 하다.

과정신학에서는 죄나 악이라는 말을 즐겨 쓰지 않는다. 악은 사랑에서 벗어난 것, 사랑의 실패 그리고 침체된 사랑이라는 말을 사용한다. 이는 어거스틴적인 은유법을 사용한 것이다. 어거스틴은 악을 선의 결핍이라고 했는데, 이는 악을 선과 대비시켜 해석하려는 하나의 해석 방법이다.

과정신학자들은 우주를 하나의 살아 있는 생명체로 봄으로써 인간을 포함한 모든 피조물이 우주와 유기적인 관계를 가질 때에만 생명의 유지가 가능하며 그 속에서 하나님으로부터 오는 사랑의 관계가 유지됨을 역설하고 있다. 인간이 보며 경험하는 자연은 사물(things)로서가 아니라 사건(events)이며, 본질(substance) 가운데서라기보다는 행동(doing)이나 활동(activity) 가운데서이며, 그리고 창조는 완료(have done)된 것이 아니라 과정(process)으로서 계속되는 창조(creatio contiua)다.

과정신학은 살아 계신 하나님을 모든 피조물과 관계되어 있다고 보았으며, 우주는 하나님께 열려 있는 장소로서 그 속에서 하나님의 활동이 영원히 지속적으로 있는 곳으로 본다. 우리가 경험하고 살고 있는 이 세계는 과학적으로 증명이 가능한 사실적인 것들을 많이 내포하고 있다. 동시에 감각적인 것, 지각과 직관적인 것, 지적인 통찰력을 요구하는 것 그리고 감정을 상호 교환해야 알 수 있는 것들도 있다. 이는 마치 눈물을 물과 염분이 합성된 것이라고 말할 수 없는 것과 같다. 이 모두는 사물의 질서와 관련되어 있으며 유기체적인 우주의 이해에서는 필수 불가결한 것이기도 하다.

과정신학자들은 진리를 언어철학적인 것으로 증명되는 것이라는 차원을 뛰어넘어 언어철학의 치유적인 면을 더해 주고 있다. 과거 신학의 기준이 정통주의자들에 의한 '성경의 말씀'이 자유주의에서는 '인간의 도덕과 사랑의 실천적 경험'으로 변모되어 오다가, 과정신학에서는 '우주 안에서 보여지는 하나님의 사랑'으로 정착되는 것을 볼 수 있다. 그리스도의 사건 안에서 보여지는 구체적인 하나님의 사랑이 유기체로서의 전 우주를 움직이는 원동력이 된다면, 하나님은 인간과 세계 안에서 발견되는 범내재신론적인 분이시다.

과정신학이 전통적인 유신론을 거부하고 범내재신론적인 신관을 주장할 때 파생되는 문제점은 우선 하나님의 초월성에 관한 문제다. 하나님은 임마누엘의 하나님으로서(출 3:12, 사 41:10, 마 1:23) 내재적인 분이기도 하지만, 자존하시면서(출 3:14) 창조를 자의적으로 이루어 내시는 하나님이다. 하나님에 관해 사랑의 관계에 중점을 두면서 창조를 해석하려 하는 것은 제2세기의 영지주의자 마르시온적인 해석과 유사하다고 보인다. 하나님의 속성에 대해 '사랑과 공의'라고 할 때 과정신학에서는 공의가 설 자리가 없어진다.

3. 과정철학의 기본개념과 용어들

화이트헤드가 말하는 세 가지의 궁극적인 범주는 창조성(creativity)과 많음(多者, the many) 그리고 하나(一者, the one)다. 이것들은 모든 실재하는 것들(that which is real)의 전제가 된다. 하나(一者)란 산술적인 하나가 아니라 정말 있는 그 무엇이 복합적인 일치(complex unity)를 나타내어 순간적으로 단일성을 보여 주는 것으로서 현실체를 말한다. 영어로는 a, the, this, that, which, how 등을 의미하는 일반적인 의미를 내포한다.

많음(多者)이 뜻하는 것은 분리된 다양성(disjunctive diversity)이다. 이 많음은 아직 분리된 채 다양하고 복잡한 자료로 있다가 복합적인 일치로 진입함으로써 한 순간의 있음 또는 하나의 현실계기를 이룬다. 역으로 하나가 이루어지면 바로 그 하나에 의해 많음이 증가한다. 많음은 하나가 되고 또 하나에 의해 증가되는 것이다. 이러한 하나와 많음의 상호관계에 의해 일어나는 새로운 창조와 변혁의 과정이 모든 사물의 기본적인 특성이다.

분리되어 있는 다자가 일자의 일치된 현실계기로 변혁되는 과정은 창조성(creativity)에 의해서다. 이 형이상학적 원리에 의해 현실화된 일자는 복합적 일치를 가지며 과거의 자신이나 다른 다자들과는 전혀 다른 새로운 어떤 것(novel)이다. 창조성은 많음이 하나로 되는 변혁의 과정을 이끌어 주고, 이 변혁의 과정은 새로움의 기원이 되므로 이것을 새로움의 원리(the Principle of Novelty)라고 한다. 새로움이 없다면 과거가 그저 반복되고 유지되기 때문에 이것은 죽음이라고 한다. 분리로부터 일치로 흘러가는 것, 그리고 흐름을 통해 어떤 새로운 것이 현실화되는 것이 창조성이다.

창조성은 구체적으로 존재하는 한 순간의 있음인 현실체, 즉 하나로부터 따로 존재할 수 없다. 창조성은 있는 정말 그 무엇인 현실체(actual entity)는 아니지만, 그 원리는 각 현실체의 자기창조 과정에 내재되어 있으며, 역으로 각 현실체는 이 궁극적인 범주가 구체화된 하나의 사례(occasion)라고 볼 수 있다.

예를 들어 "모든 인간의 행위는 숨겨진 욕망에 의해 지배, 결정된다."고 할 때, 이 원리는 모든 행위들과 별개로 존재하는 것이 아니다. 욕망에 의한 인간의 행위는 구체적인 사례로서의 현실체이다. 그러므로 창조성은 구체적인 실재라는 의미에서 현실체가 아니며 그 자신만의 독특한 본성을 갖지 않는다. 분리에서 일치로 흐르는 우주적인 흐름을 해석하고 설명하는 궁극적 범주로서의 역할을 한다.

과정철학을 제대로 이해하기 위해서는 과정철학의 중요한 용어들을 먼저 파악해야 한다.

1) 현실체(actual entity)

이것은 현실재, 현실적 존재, 현실적 계기(actual occasion), 사실체 그리고 현실적 존재자로 번역된다.[78] 유기체 철학에서 가장 기본이 되는 개념으로 세계를 구성하는 궁극적인 실제적 사물(real thing)들이다. 신이나 하나의 하찮은 존재도 현실재이다. 현실세계는 우주로부터 미시세계에 이르기까지 무한수의 실제적인 존재로 구성되어 있다. 이 현실적 존재들은 복잡하고도 상호 의존적인 경험의 방울들(drops of experience)이라고 한다. 이것이 의미하는 바는 작은 경험들의 모임이라 할 수 있는 '실제적인 계기'(actual occation)를 말한다. 화이트헤드의 주저서인 「과정과 실재」는 이 존재들의 운동과 상호관계성으로 이루어지는 사회적 구성체를 논리적으로 설명하고 있다.

수증기 형태의 물분자들이 공기 중에서 응결되어 빗방울, 눈송이, 우박의 알맹이가 되듯이 일정한 형태로 성장한 후 자신의 존재를 나타내고 더 큰 물방울이나 눈송이 속으로 들어가는 과정적 실재라는 것이다. 순간적인 과정으로 이해되는 현실적 존재는 소우주적-대우주적 단위개념으로도 설명이 가능하며 유기적 과정으로 기술된다.

화이트헤드는 존재(entity)를 설명하기 위해 빛의 반사의 예를 든다. 고전역학에서는 빛의 반사를 공간에 이동하는 작은 어떤 것으로

---

78) 화이트헤드가 철학에서 사용해 온 실체(substance)나 존재(being)를 사용하지 않고 현실체를 사용하는 것은 사건이나 사물의 본질을 정적으로가 아니라 변화하고 있는 과정과 관계성을 갖는 유기체로 보기 때문이다. 현실체는 과정의 한 단위이다. 이것은 우리말로는 다양하게 번역이 되어 있다. 김경재는 현실재, 오영환은 현실존재, 김용은은 현실적 실질, 정연홍은 현실적 존재자, 김상일은 사실체, 강성도는 현실체로 규정하였다. 이것은 실체와 대비되는 말이다.

가정되는 에테르라는 물질의 이동(locomotion)으로 이해하였다. 그러나 양자역학에서는 그 에테르를 통하여 일정한 속도로 어느 방향으로 진행되는, 진동하는 주기적 파동(waves of vibration)으로 본다.[79] 전자는 자연현상을 물질의 이동으로 보고 지속을 실재로 간주했으나, 후자는 자연현상을 진동과 반복으로 보고 모든 진동을 하나의 사건으로 보았다. 진동과 진동 사이의 도약과 단절은 새로운 창조를 형성한다. 그러므로 모든 사건은 하나의 과정이며 생성이라는 것이다. 현실적 존재는 시간과 공간의 전 영역에 편재해 있고 내적으로 연결되어 있으며 서로를 반영하면서 상호 의존적이다. 장(場, field)에는 물질 분자, 원자, 전자 등이 있다.

옥스퍼드 대학의 캐시모어(Roger John Cashmore, 57) 박사를 중심으로 하는 영미 유럽의 '우주 게놈 프로젝트'에 의하면 우주생성의 비밀을 쥐고 있는 것으로 알려진 우주의 기본물질 힉스(higgs) 입자를 찾는 것이 중심과제라고 한다. 그는 물질을 구성하는 가장 기본적인 소립자를 쿼크(quark)로 본다. 쿼크들이 모여서 양성자와 중성자를 만들고, 이것들이 결합하여 다시 원자핵을 만들고, 이런 식으로 우리 눈에 보이는 물질들을 만들어 낸다고 한다.

힉스 입자 개념을 처음으로 제시한 피터 힉스 교수는 이 세상에 가득 차 있는 어떤 기운(field)을 전제한다. "기본입자들이 이러한 기운과 만날 때 질량을 얻게 된다."는 것이다. 마치 물체가 물 속을 통과할 때 얻는 저항력은 기름 속을 통과할 때 얻는 저항력과 다른데, 이러한

---

79) 화이트헤드, "과학과 현대", 김준섭 역, 「세계의 대사상 13」(서울 : 휘문출판사, 1972), 506쪽.

저항력의 차이 때문에 기본입자들이 서로 다른 질량을 가지고 있다는 것이다. 힉스 입자가 기본입자의 질량 생성과 관련이 있다면 우주의 존재와도 밀접한 연관이 있다고 본다는 것이다. 이것은 힉스 입자의 존재에 관한 과학적 상상력으로서 21세기 입자 물리학계의 초미의 관심사이다.[80]

화이트헤드에게는 하나님도 하나의 실제적 존재로서 상호 개방하고 작용하며 느낌과 목적을 가진 관계적 실재로 이해된다. 실제적 존재로서 하나님이 갖는 특이성은 모든 존재를 파악하며 창조를 형성하는 요소로서 시간적이면서도 영원한 실제적 존재라는 점이다. 발생해서 소멸하는 현실재가 아니라 포용하는 조정자로서의 실제적 존재이다.

화이트헤드는 인간이 갖는 경험의 사실인 느낌이나 인식의 범주들을 자연의 사실에까지 적용시키고 있음을 알 수 있다. 그의 우주론에 의하면 미세한 소립자들로부터 대우주에 이르기까지 모든 현실재들은 연결된 느낌을 지닌 사회적 실재들이다. 하나님도 구체적 존재로서 한 현실재다.

---

80) 조선일보, 2001년 6월 11일자 특집 "지와 예의 프론티어" 참조. 캐시모어 교수(유럽 입자물리학 연구소 CERN 부소장)와 고려대 박성근 교수(한국 검출기 연구소, 고려대 물리학과)의 대담 내용. "천지창조 비밀 어디에"라는 부제를 가진 이 특집에 의하면, 우주생성기의 빅뱅과 같은 엄청나게 높은 에너지 상태의 폭발을 실현할 수 없기 때문에 최대한 높은 에너지의 가속기를 이용하여 당시 상황을 재현함으로써 우주의 생성비밀을 캔다는 것이다. 유럽 입자물리학 연구소는 5명의 노벨 물리학 수상자를 배출했으며 World Wide Web을 처음 사용한 곳이라고 한다. 캐시모어 교수는 2005년까지 대형강입자 가속기(LHC, Large Hardon Collider)를 건설하여 모든 기본물질에 질량을 가질 수 있게 해주는 근원입자인 힉스입자를 발견하기를 전망하고 있다.

신은 다른 현실재들과 같이 물리적, 개념적 양극성을 지닌 구체적 실재로서 관계적이고 사회적이고 생성적이며 느낌과 주체적 목적을 가지고 실현의 만족을 추구하는 현실재다. 한 가지 다른 점은 모든 현실재 전체를 파악하며 그들 모두와 관계하고 모든 창조과정에 형성적 요소로서 작용하는 시간적이면서도 영원한 현실재라는 점이다.

신은 모든 현실재들과 같은 구체적 현실재이나 발생했다가 소멸하는 현실재가 아니라 모든 현실재들의 생성의 과정과 변화를 포용하면서 그것들이 가능하도록 조정하는 특별한 종류의 불멸적인 현실재(imperishible actual entity)다.

2) 파악 (prehension)

파악은 모든 현실적 존재가 서로 관계하는 방식으로 포착, 포괄, 파지, 느낌으로 번역된다. 이것은 관계성의 구체적 사실(concrete facts of relatedness)로서 파악을 통해 다른 현실적 존재 속에 진입하여 다른 실제적 존재를 구성한다. 이것은 외계와 연관되어 있으며 목적과 가치판단, 그리고 인과관계가 포함되는 벡터의 성격을 갖는다. 저 곳에 있는 것을 느끼고 이 곳에 있는 것으로 변형시키기 때문이다.

파악은 현실재의 실현이며 현실재의 생성(novelty)이다. 주체화와 객체화를 통해 현실재가 생성된다. 현실재는 활동과정에서 삶의 역사인 과거와 현재와 미래를 유기적으로 반영하여 창조하는 획기적인 사건(epochal occasion)이다.

파악에는 세 가지의 요인이 있다. 즉, 파악하는 주체(subject)와 파악되는 여건(datum), 그리고 파악하는 방식인 주체적 형식(subject form)이다. 주체가 자신의 주체적 형식에 따라 자료를 받아들여 새로운 현실적 존재를 실현한다. 현실적 존재를 자료로 파악할 때 물리적 파악(physical prehension)이라 하며, 영원적 객체를 자료로 할 때 개념적 파악(conceptual prehension)이라 한다. 파악이 이루어지는 과정에는 최초의 느낌(initial feeling)으로부터 이것들을 통합하고 조정하며 일치시키는 확정적 느낌(conformal feeling)이 있다. 그 후 자신의 모습을 갖추는 느낌의 완성에서 합생이 이루어진다.

3) 합생(concresence)과 결합체(nexus)

합생은 모든 새로운 파악들이 하나의 완전하고 만족한 구성요소가 될 때까지 계속되는 성장의 과정을 말한다. 다자가 일자의 통일 속에 결합하여 들어가며, 현실적 존재는 완결되어 소멸된다. 합생은 내적으로 소우주적인 과정을 거쳐 외적인 대우주적 과정으로 가는데 이것을 전이(transition)라고 한다. 작용요인(efficient cause)들이 자기결정을 통해 최종요인(final cause)으로 합생한다. 최종요인이란 새로운 하나가 자기의 주체적인 결정을 내려 자신만의 독특한 모습을 갖추는 자기결정을 말하며, 작용원인이란 이 새로운 하나가 생겨나도록 많음들이 미치는 영향력을 말한다.

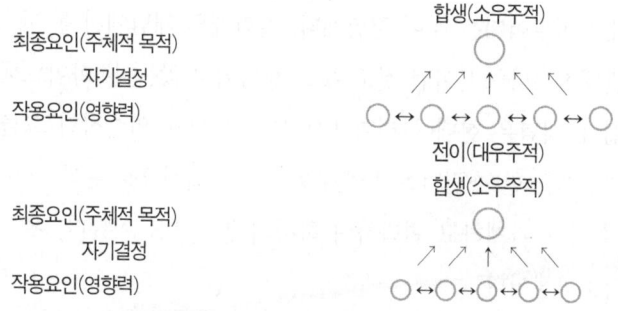

많음이 하나를 이루는 새로움의 창조에는 두 가지 국면이 있다. 창조의 내적 관계와 완성된 현실체가 다음 단계로 넘어가면서 맺는 외적인 관계이다. 이것은 많음이 하나가 되고 분리가 일치로 변화되는 과정을 설명해 준다. 이것을 합생(concrescens)과 전이(transition)라고 한다.

합생은 새로운 현실체가 출현하게 되는 내적 관계를 설명한다. 이것은 소우주적 과정(micro-cosmic process)이다. 전이를 통해 분리되었던 많음들이 새로운 하나로 현실화되도록 영향을 미치고, 이 영향을 받은 새로운 하나는 최종원인에 의해 주체적 목적을 갖고 자기결정을 통해 자신의 독특한 모습을 갖는다. 이때 분리된 많음들이 새로운 하나에 참여하여 함께하고 새로이 태어나는 하나는 분리된 많음을 감응, 선별, 종합하여 일치를 이룸으로써 '한 순간의 있음'을 만든다. 이를 합생이라고 한다.

전이는 대우주적 과정(macro-cosmic process)이다. 합생과정을 통해 새로운 하나가 완성되는 순간 자신을 다른 현실체의 구성을 위한 자료로 내어주게 되는데, 이때 완성을 이루어 스스로를 내어주는 다른 많음들과 함께 작용원인으로 작용하는 것이 전이다. 이들은 마치 꼬리를 물고 일어나는 것처럼 보인다.

합생에서 이루어지는 것이 결합체다. 결합체의 개념에서 볼 때, 현실재는 관계적이다. 그 어떤 것도 홀로 경험되지 않는다. 화이트헤드에게 결합체 개념은 현대 물리학에서 우주를 상호 의존적인 그물로 보는 것과 같다. 한 소립자는 불변부동하고 고립적으로 존재하는 것이 아니라 상호 관계하고 변화하며 하나의 통일체를 이룬다. 우주는 유기적 역동과정이다.

4) 현실적 존재의 구성요소

현실적 존재를 구성하는 요소들로는 영원적 객체(eternal object)와 신(God), 그리고 창조성(creativity) 등이 있다. 이들은 창조과정을 일으키는 존재론적 요소들이며 오직 현실적 존재를 통해 실재한다.

(1) 영원한 대상인 영원적 객체(eternal object)

한 현실체의 완성은 많음과 하나 사이의 파악, 감응, 일치, 객체화의 관계로 설명되는 일련의 흐름인 합성과정 안에서 이루어진다. 이 과정을 통해 특정한 현실체가 생성되는데, 생성을 위해서는 궁극적 실재로서 영원한 대상이 현실체의 독특한 모습을 제공, 확정해 주어야 한다.

현실체와 영원한 대상은 상관관계를 가지며 생성과정에 있는 새로운 현실체는 자신의 주체적인 목적에 따라 많은 잠재성 가운데 하나인 영원한 대상을 파악, 선택함으로써 그의 진입여부를 정한다. 영원한 대상은 새로 생겨날 현실체에게 주체적인 형상(subjective form)을 제공하고, 이에 따라 새로운 현실체는 주어진 자료들을 걸러 내거나 받아들여 자신의 최종적인 모습을 갖춘다. 영원한 대상이 현실적 존재의 순수 가능태라면 현실적 존재는 영원한 대상의 현실태다. 이들은 동전의 양면과 같다.

영원한 대상은 추상적 성격을 지닌다. 예를 들어, 초록색으로 된 공이나 깃발이 감각의 대상이라면 초록색은 영원한 대상이다. 초록색은 감각의 대상을 초월하는 불변의 존재자다. 영원적 객체가 추상적이라는 면에서는 아리스토텔레스의 보편자(universals)나 플라톤의 형식(form)의 개념과 유사하나, 영원한 대상은 현실적 존재 속에서 존재의 모습으로 나타나는 것이 다른 점이다. 현실체는 영원한 대상이 없이는 개별화되거나 생성이 불가능하며 현실체 없는 영원한 대상은 단순히 잠재성으로 머문다.

　영원한 대상은 현실체가 자신의 모습을 갖도록 다른 현실체들과 상호 관계를 맺도록 하는 실재다. 현실존재들의 성격을 특징짓는 한정의 형식이다. 현실적 존재의 생성과정이란 한정의 다양한 형식들인 영원적 객체를 취사선택하는 일련의 결단과정을 통해 한정성을 획득해 나간다. 취사선택하는 주체는 현실적 존재이며, 영원적 객체는 현실적 존재를 위한 가능태다. 영원적 객체는 현실적 존재가 될 수 있는 가능성으로 개체성과 관계적 본질(relational essence)을 가진다. 이것은 가능태이며 추상적이며 관계적이며 무시간적이며 현실적 존재에 내재한다.

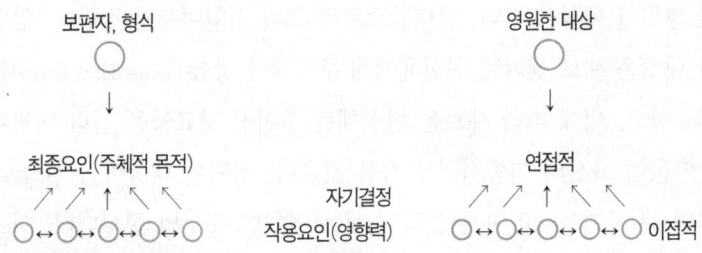

　영원한 대상은 개별적 본성이며 존재 자체 이외에는 다른 것으로 기술될 수 없다. 관계적 본질이란 영원한 대상이 다른 영원한 대상과 분리될 수 없을 정도의 관계성을 가진다는 것을 말한다. 현실적 존재의 생성과정이란 영원한 대상들을 취사선택하는 일련의 결단을 통해 한정성을 획득해 가는 것이다.

(2) 과정과 질서의 부여자 신(God)

화이트헤드의 유기체 철학에서 신은 모든 창조적 합성과정 속에 내재하여 합성의 구성요인이 된다. 그가 말하는 신은 양극성(dipolarity)을 갖는다. 신의 양극성은 원초적 본성(primordial nature)과 귀결적 본성(consequent nature)이다. 신은 생성과정에 있는 현실체들에게 창조적 진보를 시작하도록 원초적 목적을 제공한다. 과정 내의 현실체들은 신으로부터 주어지는 원초적인 목적을 받아 자신의 주체적인 목적으로 삼고 새로움을 위한 과정을 향해 진행한다. 원초적 목적을 획득한 현실체는 개념적 파악과정을 거치면서 원초적 목적을 자신의 주체적 목적과 일치시켜 새로운 자신을 현실화시킨다.

이렇게 한순간에 일어났다가 사라지는 현실체들의 생성과정에 참여하고 그 결과 이루어진 가치들을 포괄하며 종결된 과거들을 기억함으로써 전 우주를 무질서에 빠지지 않도록 질서를 부여하는 현실체가 신이다. 분리된 많음이 일치된 하나로 진입, 합생, 일치될 때 무질서에 빠져 혼돈 속으로 사라지는 것을 막아 준다. 새로움을 향한 구체화 과정이 혼돈과 무질서 속에 빠지지 않고 계속 진행되기 위해서는 비시간적 존재가 요구되는데 이것이 신이다.

신은 질서를 유지하며 새로운 진보를 위한 유혹(lure)을 제공함으로써 새롭게 탄생하는 하나들이 주체적 목적(subjective aim)을 얻어 존재에로의 모험을 계속하도록 유도한다. 신은 종교적 목적에서뿐만 아니라 질서유지를 위한 무시간적 근원으로 궁극적 원리의 한 예로서도 필연적으로 요청된다.

신은 모든 창조적 현실적 존재들의 합생과정 속에 내재하며 목적인이 된다. 신은 합생의 구성요인이며 하나의 현실적인 존재다. 현실적 존재들은 영원한 대상들에 참여함으로써 일어나며 이 양자를 중재하는 궁극적인 존재가 신이다. 신은 완성된 피조물들의 밖에서 피조물과 외면적 관계를 갖는 것이 아니라 창조의 합생과정에서 초기 동인이 가능하도록 목적인이 된다.

귀결적 본성은 모든 현실체들을 물리적으로 파악하는 본성이며 다른 현실체들의 창조행위와 함께 신의 유한적인 면을 말해 준다. 이 관계적이고 유한한 특성을 통해 신은 개개 현실체와 함께 거하고 이들을 자신 안에 포괄한다. 신은 과정의 전체성으로서 이 세계 내에 구체화된다. 모든 현실체들이 생성한 가치와 실재를 자신 안에 받아들여 전 포괄적인 완성을 이루며, 그 결과 스스로를 한 순간 이 세계 내에 구체화시킨다.

신은 현실체의 생성과정에 직접 참여하고 생성된 가치를 획득하며 완성을 이루고 현실체들의 객체적 불멸성을 기억, 보존한다. 이러한 관계적이며 전 포괄적인 과정을 통해 신은 이 세계 내에서 활동하고 각 현실계기의 구성에 참여한다.

구체적인 현실적 존재들의 합생과정을 떠나면 신은 추상적이고 관념적이어서 현실적인 신이 아니다. 신은 시간적인 현실성과 가능적인 것의 무시간성을 결합한다. 그러므로 신은 현실적이면서도 비시간적인 존재다. 신은 자신 안에 전체 우주의 종합을 포함한다. 질서 있는 우주는 신에 의해서 구성된다. 결과적 본성을 지니게 될 때 시공과 생명의 관계에서 살아 있는 신이 된다.

그의 신이해는 전통적으로 서구 기독교가 이해했던 하나님과는 다르다. 신이 잠재성에서는 무제약적이지만 구체적인 실현에서는 제한적이다. 현실세계의 모든 새로운 창조행위와 함께하는 신은 세계에 의해 제약을 받는다. 이는 "신은 초월적이고 절대적이어서 피조물로부터 어떠한 영향도 받지 않는다."는 중세철학의 입장과는 매우 다르다.

화이트헤드는 자신의 주저서인 「과정과 실재」(Process and reality)에서 신에 관한 세 가지 개념을 부정한다. 그것들은 아리스토텔레스적인 부동의 동자, 신격화된 시이저의 절대군주 그리고 히브리 예언자적인 냉혹한 도덕주의자이다.[81]

신의 자기창조, 자기실현은 창조 이전이 아니라 창조와 함께 한다. 함께 한다는 것은 신이 각 현실계기에 원초적인 목적을 제공하여 새로움을 향한 창조적 진보가 이루어지도록 촉매를 제공함으로써 생성과정에 참여, 공재함을 말한다.

신은 자신의 자유로운 창조행위를 통하여 현실체로서 자신을 이 세계 내에 구체화시킨다. 하나님이 세계 속에서 활동하시고 보전하시며 새로움을 창조하신다는 것은 구약전통의 핵심내용이다. 종교사적으로 볼 때, 이스라엘에게 주어진 출애굽이라는 구원의 인격적 신비와 체험은 창조의 신앙으로 발전되었으며 무로부터의 창조로 발전되었다.

하트숀은 신을 "역동성을 갖는 전 포괄적 존재"라고 한다. 그는 신을 창조의 기원과 질서의 유지자이며, 창조에 직접 참여하여 창조된 가치를 보전하며, 세계에 의해 영향을 받으나 자기 창조의 자유에 의해 능가하는 분으로 이해하였다. 그 결과 신은 지고의 현실체로서 가장 구체적으로 있는 분이시며 "만물 위에 계시고 만유를 통일하시고

---

81) 김형근, 「화이트헤드의 과정신론에 관한 연구」(서울 : 장로회신학대학원 신학과, 1994), 29쪽.

만유 가운데 계신"(엡 4 : 6) 분이다. 그분은 모든 창조행위의 최종목표로서 인생의 목표인 예배의 대상이 되신다.

(3) 창조성(creativity)

창조성은 우주 자체의 새로움을 향한 창조적 과정을 해석한 궁극적 원리를 말한다. 새로운 하나가 탄생하고 또 다른 하나들의 구성에 참여하는 이 모든 일들을 창조적 과정이라 한다. 이 과정은 크게 보면 전이와 합생으로 구별된다. 많음에서 하나로, 분리된 우주의 다양성이 새로운 일치에로 나아가는 창조적 진보와 흐름이다.

창조성의 원리는 다자(many)와 일자(one) 간의 관계성으로 다음과 같이 표현된다. ① 우주는 임의의 순간에 이접적(disjunctive)으로 분리되어 다양하게 존재하는 다자다. ② 다자가 복잡한 통일 속으로 들어가는 것은 사물의 본성에 속한다. ③ 이러한 단일화인 합생에서 얻어진 새로운 일자는 새로운 것이다. ④ 여기에 그 과정이 시작되었던 당시와 동일한 이접적 상황이 있게 되며, 이것은 최후의 날까지 되풀이된다. 궁극적 형이상학의 원리는 이접에서 연접(conjunction)으로 전진하는 가운데 이접적으로 주어진 존재와 다른 또 하나의 새로운 존재를 창출한다는 것이다. 신이 구체화의 원리라면 창조성은 새로움의 원리다. 이 창조성으로 인하여 자연은 항상 새로움을 창출하면서 결합과 결속의 과정을 밟는다.

영원한 대상, 신, 창조성은 존재론적 구성요소와 원리가 되어 현실재의 합성과정 속에서 작용, 융합됨으로써 현실재의 창조적 전진과 통합, 새로운 실재를 창출하며 자기향유(self-enjoyment)가 이루어진다. 그러나 그것들 자체로는 현실재가 없는 한 잠재성, 원리, 가능성으로만 실재한다. 오직 신만이 그의 결과적 본성 때문에 구체적 현실재다.

기독교 신학에서는 지금까지 신을 가장 궁극적인 실재(the Ultimate Reality)로 이해해 왔다. 화이트헤드에 의하면 신은 궁극적인 원리인 창조성이 구체화된 하나의 탁월한 사례다. 신보다 더 궁극적으로 제안된 범주가 우주의 비인격적인 국면인 창조성이다.

이 원리에 의하면 한 순간 있음(being)과 있게 함(becoming)은 동일시되고 생성되는 과정이 가장 최종적으로 이해된다. 그에 의하면 존재와 행위가 하나라는 말이다. 생성과정 내에서 새로운 하나의 탄생이 우주를 구성하게 되며, 역으로 이 하나는 궁극적 원리인 창조성이 현실화된 구체적이고 개별적인 하나의 사례다. 새로운 하나가 이루어진다는 것은 궁극성이 이 세계 내에서 구체화된 한 예이다.

화이트헤드의 책「과정과 실재」(Process and Reality)는 그의 철학이 유기체 철학임을 보여 준다. 흐름 속에서 이루어지는 과정을 '정말로 있는 그 무엇'이라고 하는데, 이 흐름 속에서 다른 많음들과 맺게 되는 유기적인 관계에 의해 한 순간의 있음이 가능하다고 한다. 여기서 흐름을 중심으로 보면 과정이 되고 관계를 중심으로 보면 유기체가 된다.

여러 철학 이론에서 우연성(accidents)에 힘입어 현실적인 것이 되는 하나의 어떤 궁극적인 것(an ultimate)이 존재한다. 이것을 유기체 철학에서는 창조성이라 한다. 신은 원초적인 비시간적 우연성이다. 유기체 철학에서 과정은 많음에서 하나로 우주의 분리된 다양성이 새로운 일치로 나아가는 창조적 진보다. 이렇게 우주는 새로움을 향한 창조적 과정이며 그 해석을 위한 궁극적 원리가 창조성이다. 이것을 화이트헤드는 보편자들의 보편자라고 한다. 분리된 우주인 다자를 연결하는 하나의 현실로 만드는 원리로 다자가 통일 속에 들어가는 것은 사물의 본성에 속한다. 창조성은 새로움의 원리다. 창조적 발전이란 창조성의 궁극적 원리가 그 창조성이 만들어 내는 각각의 새로운 상황에 적용되는 것을 말한다. 창조성은 모든 현실적인 존재들이 관여하고 있는 가장 근본적인 관계성을 기술하고 있다. 현실적 존재들은 끊임없이 계승하여 이어간다. 이것을 진행(ongoingness)이라고도 한다.

우주는 무한한 자유를 가진 창조성과 무한한 가능성을 가진 형상의 영역을 가지고 있다. 신은 가능성과 현실성을 조화시키는 존재다. 신은 궁극적 한정이며 신의 존재는 궁극적으로 비합리성이다. 신은 현실적 존재와 영원한 대상을 한정하여 우주를 구체화한다. 그 자신은 구체적인 존재가 아니라 구체적인 현실성의 근거다. 신은 이와 같이 구체적인 한정의 원리이며 종교에서 예배의 대상이다. 여호와, 알라, 브라만 등은 동일한 존재에 대한 별명이다.

지금까지 기독교의 신관은 아리스토텔레스의 부동의 동자, 시이저에 의한 절대군주 그리고 히브리 예언자에게서 보여지던 도덕주의적인 개념으로 이해되어 왔다. 기독교의 신은 절대적인 존재이며 그의 의지와 명령에 복종하는 것이 당연한 창조의 교리가 형성되어 왔다. 그러나 예수에게는 사랑에 의해 이룩되는 왕국의 현재성 속에 실제적 존재가 있다.

4. 화이트헤드의 인간이해

다른 실재들과 마찬가지로 인간은 단일한 본체가 아닌 현실적 계기와 현실적 존재의 견지에서 이해된다. 전통철학은 인간을 개체적 본체로 이해해 왔다. 그러나 유기체 철학은 인간의 복합적이고 시간적인 본성을 보여 주기 위해 지속적 대상이라 한다. 실재 자체가 아닌 실재로부터의 추상이 지속적 대상이다.

역사적 계기의 틀 안에서 다른 사물들과 같이 현실적 계기의 일련체들이다. 인간이 갖는 특이한 점이라면 몸이라는 특정영역을 중심으로 독특한 질서를 이루고 있으며, 역사의 흐름에도 불구하고 자아라고 규정짓는 과거의 계기에 대한 유전성이 있다는 점이다. 이러한 질서의 계기들이 살아 있는 인격체를 구성한다.

과정사상에서 몸과 영혼은 인간을 형성하기 위한 두 개의 구성요소로서가 아니라 살아 있는 결합체(nexus) 안에서의 고등계기들과 하등계기들의 차이다. 이들은 각기 독자적인 실재성을 누린다. 인간의 몸의 한 부분이 잘려 나갈 때 자아가 나뉘지 않는 것이나 경험이 몸을 매개로 해서 일어나는 이유는 여기에 근거한다. 인간이 경험하는 바는 자신이 자아라고 규정하는 영역에서 일어나는 여러 가지 사건들의 복합적인 통일체다. 인간의 몸은 수억의 세포들로 질서 있게 구성되어 있으며 시공 안에 있는 현실적인 계기들의 질서 있는 결합체다. 이것들은 특정한 방식으로 상호 작용한다.

두뇌에 있는 중앙계기에 의해 조정하고 전달하는 내적 기능과 의식작용이 가능해진다. 중앙계기는 외부와의 접촉을 위해 하등계기에 의존하게 되는데, 이렇게 볼 때 몸은 자아를 외계와 연결시켜 주는 것이다. 몸이란 세계 안에 자리를 차지하여 그 세계의 일부가 되는 방식이다. 화이트헤드가 강조하는 바는 자아를 규정짓는 중앙계기인 자아가 파악할 수 없는 먼 거리에 있는 많은 계기들 사이에 관계성의 연속이 있다는 것이다. 모든 사물들은 실재의 총체적인 통일체와 연관되어 있고, 나의 몸과 나의 세계는 이러한 관계성들 속의 단계에 불과하다. 자아는 영혼이라는 개념에 가깝다.

그가 말하는 영혼은 자아를 규정하는 조정계기들의 연속체이며 고등동물들에게서도 영혼을 발견할 수 있다. 영혼은 유기체의 기능들을 전체적으로 조정하는 경험의 단일중심을 지니는 모든 지속적 대상 속에 있다. 영혼을 지니는 것은 정도의 문제로서 고등 유기체는 더 높은 현실적 일련체로 이루어졌기 때문에 하등 유기체보다 높은 정도의 영혼을 가진다. 사람들 사이에도 영혼의 차이가 있다고 본다. 영혼의 차이는 왜 있는 것일까? 그것은 변화 때문이다.

변화란 각자의 계기들이 자신의 과거와 자신에게 관련된 환경을 독자적인 자신의 것으로 종합하는 매순간에 새롭게 일어난다. 새로움을 향한 회심의 자유가 있은 후에도 자아는 과거와의 연속성 속에 있다. 그의 파악작용에서 경험 자체는 실재인데 과거는 내재적으로 현재 속에 병합되며 현재의 부분이 된다. 현재는 과거의 한정된 완성이므로 자기를 과거와 동일시한다.

자신의 과거에 대한 책임은 회개와 용서의 가능성을 열어 죄인 취급을 할 필요는 없다. 진정한 회개를 확인하는 것은 뉘우침과 심경의 변화를 인정하는 선에서 가능하다. 그러나 근본적인 변화는 불가능하다. 인간은 자신에게 주어진 자료를 이용하여 자신이 의도하는 바를 건설할 자유를 가진다. 자신이 선택한 것은 미래를 구성하는 자료가 되기 때문에 선택에 대한 책임을 진다. 미래의 자아란 현재의 자아의 직접적인 계승이다. 책임에 있어서는 미래를 향한 현재의 공헌에 더 있다.

5. 과정윤리와 관계적 동기

윤리를 인간행동의 기본원리라고 할 때, 윤리적인 동기는 대개 목적론적, 의무론적 그리고 책임론적으로 구분한다. 이는 모두 선과 악, 옳고 그름, 질문과 응답에 대한 전제를 가지고 일어나는 행위에 대한 것들이다. 유기체 철학에서는 고정된 실체개념을 넘어서서 현실적 존재인 모든 실재들이 윤리의 대상이기 때문에 이 둘의 조화와 관계성이 더 중요하게 된다. 화이트헤드는 이에 대해서 목적인(final causes)을 지나치게 강조한 아리스토텔레스와 작용인(efficient causes)을 강조한 근대과학을 모두 비판한다.

그러면 과정윤리는 어떠한 동기에 의해 형성되는가? 모든 현실적 존재들이 서로 연관되어 있는 각자의 상황 속에서 경험의 파악을 통해 새로움의 창조를 위한 관계를 찾기 때문에 관계적 동기라고 하는 것은 타당하다. 구체적 상황 속에서 상호작용을 중시하는 점에서 책임적 동기와 가까우나 초월적인 원초적 본성과도 연관되는 점이 다르다. 신의 본성에도 항구적인 원초적 본성과 유동성에 속하는 결과적 본성이 있다. 이 둘은 창조작용을 통해 화해된다. 그러므로 통합적인 동기에 가깝다.

그의 유기체 철학은 흐름을 중시하면 과정이 되고 관계를 중시하면 유기체가 된다. 이 과정 속에 유기체가 있고 유기체 속에 과정이 포함되어 있다. 흐름과 관계의 측면에서 볼 때 윤리적 동기의 하나는 '생명의 완전한 일치와 조화로서의 유기체적 과정'이며, 다른 하나는 '새로움을 향한 창조적 진보로서의 유기체적 과정'이다.

1) 일치와 조화

현실적 존재들은 유기체로서 살아 있는 생명들이다. 이들은 타 현실적 존재들과 관계를 가지며 질서를 가지고 형상을 창조해 가는 합성의 과정을 가진다. 조화의 극치로 평화를 말하는데, 조화들의 조화가 평화다. 이는 자아를 부정하지 않으면서도 한계와 자아를 넘어서는 요청이다. 평화는 질서와 사랑의 통합을 성취하는 동적인 개념이다. 눈에 보이지 않는 원자나 분자 그리고 신경세포와 단세포 동물의 창조적 삶 속에도 끊임없이 새로움을 지향하려는 생명력으로 가득 차 있다. 단계마다 결과들과 생명력들을 향유하며 향유를 맛본 현실적 존재들은 초 주체로서 다음 단계의 합생을 위해 재료가 되고 다음 생명의 합생 속에서 새로 태어난다.

유기체적 과정을 질서 있는 연관성으로 볼 때, 우주의 삼라만상은 질서를 가지며 유기체적으로 연관되어 있다. 세계는 연대성(solidarity)으로 인해 통합되고 묶여 있다. 합생과정에서 만물은 서로를 받아들이고 내어주면서 신체의 몸과 같이 유기체적으로 작용한다. 윤리적 행위들은 한 몸으로 일치와 조화를 향해 나아가야 한다.

2) 새로움(novelty)

일치와 조화를 이루는 유기체적 과정은 그 자체가 새로움을 향해 나아가는 창조적 진보다. 단순한 과거의 반복이나 영원한 결정체가 아니기 때문에 유기체의 상호작용 속에는 지금까지와는 다른 새로움이 발생한다. 이 새로움은 창조와 연관된다. 일반철학에서는 창조는 한 번으로 이해되나 유기체 철학에서는 계속적인 창조를 말한다. 새로움은 현실적 존재들이 유기체적 과정을 통해 자신의 독특성을 지님을 의미하며, 이것은 자기결정의 중요성을 뜻한다. 모든 인간들 역시 윤리적 독특성을 지니기 때문에 윤리적 결단이 중요하다.

신도 새로움을 향한 창조적 진보에 참여한다. 신은 자신의 현실세계를 모든 새로운 창조와 공유하고 있다. 신은 질서를 부여할 뿐 아니라 새로움 곧 진보를 위한 매력(lure)을 제공한다. 신에 의해 다양성 전체는 등급화된 관련성을 획득한다. 신이 없다면 관련성 있는 새로움은 있을 수 없다. 인간들의 유기적 관계 속에 이미 윤리적 가치들이 있으며, 신은 단지 그 윤리적 가치들을 인간들이 창조성을 통해 이루어 가도록 유도하며 그 행위를 이끌어 준다.

6. 베크의 유기체적 신학

우리 한국에는 제대로 알려지지 않았으나 베크의 유기체 신학이 얼마만큼 화이트헤드에 영향을 미쳤는가 하는 것은 연구의 대상이다. 베크의 유기체 신학의 전 이해를 가지고서 과정철학과 비교해 보려 한다.

이러한 유기체적 신학에 대한 성경적인 체계는 종말을 유기체적으로 이해한 요한 토비아스 베크(J. T. Beck, 1804-1878년)에게서 이루어졌다고 본다. 그의 유기체 신학은 독창적인 것이다. 그리고 그의 영향을 받은 사람들을 통해 직접적으로, 간접적으로 신학이라는 학문의 세계에 스며들어 갔다. 유기체 신학의 이해를 돕기 위해 그의 생애와 유기체적 종말론[82]을 간략하게 소개하면 다음과 같다.

---

82) 배경식, 「경건과 신앙」(서울 : 한국장로교출판사, 1998). 263쪽 이하. 배경식

1) 베크의 생애

베크는 1804년 독일의 남쪽 발링엔(Balingen)에서 출생했다. 그는 우라흐(Bad Urlach)와 튀빙엔(Tübingen)에서 기독교 인문교육과 신학을 연구하였다. 그리고 1827-1836년까지 목회생활을 했으며, 1836년에는 스위스 바젤(Base) 대학 신학부 교수로 부름 받았다. 1843-1878년까지는 독일 튀빙엔 대학의 신학부 교수로 역임하였다.

어려서부터 그는 성경에 대한 깊은 통찰력이 있었으며 사회봉사적인 목회를 하였다. 대학의 강단에서 그는 교수이자 목회자, 신앙 상담자로서 학생들의 영적인 아버지 역할을 했다. 1840년대에 튀빙엔 대학의 신학생 수는 30명 정도였는데 그가 로마서 강의를 할 때는 174명까지 스위스, 핀란드, 미국 등지에서 학생들이 몰려들었다. 그의 신학적인 영향력은 바르트(Karl Barth)의 할아버지와 아버지를 통해 칼 바르트에게 간접적으로 전달된다.

2) 베크의 유기체적 종말론

(1) 베크는 '세상의 끝'(Weltende)이라는 말을 신학적인 용어로 '끝'(ἔσχατος)이나 '마지막 사건들'(Die letzten Dinge)이라는 말을 사용하지 않고 '완성'(Vollendung)이라고 표현한다. 이는 창조를 시작이라면 종말을 완성이라고 보는 것이다. 베크는 완성을 '끝'으로 보기 위해 '발전'(Entwicklung)이라는 용어를 도입한다. 그는 신앙을

교수는 요한 토바이스 베크의 신앙과 신학을 통해 그의 신학적인 체계를 가지게 되었으며, 그의 종말론을 연구하여 학위를 받았다. 베크의 신학이 바르트가 로마서를 쓰게한 근본적인 동기가 되었다는 것은 그의 논문에서 최초로 밝혀진 것이다.

'하나의 씨앗'에 비유한다. 씨앗이 심겨져 열매를 거두는 그 때가 수확기인 가득 차서 끝나는 시기(Vollendung)라고 한다. 베크는 이 세계에서 '선과 악', '희망과 절망', '사랑과 증오', '참과 거짓' ……이 상대적으로 발전된다고 말한다. 이는 '세계 낙관주의'(Weltoptimismus)에 반대하는 '세계 비관주의'(Weltpessimismus)다. 이는 예수와 제자들의 '세상 끝'에 관한 대화(마 24 : 3)와 비슷하다. 그에게 '완성'은 발전되어 가고 있는 세계의 '마감'(Abschluss)이지 전혀 다른 새로운 것이 아니다.

베크는 '완성'을 가져오는 예수 그리스도의 '재림의 지연'(Die Verzogerung der Parusie)에 대해서 "하나님은 모든 인간들이 구원에 더 참여하기를 원하시기 때문에(벧후 3 : 9) 동시에 선택된 사람들을 재난 속에서 구하기 위하여 그 시간을 단축시키신다."(마 24 : 22, 눅 18 : 7 이하)고 말한다.

이 완성의 시기는 알 수 없다. 그러므로 신앙적으로 종말을 준비하는 신앙윤리적인 삶이 필요하다. 완성은 '하나님의 마지막 결단'(Die Endentscheidung Gottes)에 속한다.

(2) 베크의 '완성'이라는 말에서 특이한 용어는 '세계의 영화'(Pneumatisierung der Welt)다. 기독교 신앙에서는 세계 비관주의와 대조되는 새로운 차원의 세계가 있다. 이 세계는 새로운 유기체(Neue Organisation)를 갖는 하나님의 영이 지배하는 우주적인 세계다. 이 세계에서는 하나님과 인간의 '직접적인 소통'(Direkte Kommunikation)이 이루어진다(고전 15 : 28). 더 이상 되어지는 것이나 이루어져 사라지는 것이 없으며 '되어진 것, 이루어진 것'만 있을 뿐이다(계 21 : 6). 인간의 몸은 그리스도의 부활과 승천의 몸

처럼 인간의 몸은 가지되 내적으로 영화된 몸을 갖는다(고전 15 : 47-49). 인간과 신이 '직접적인 교제'(Direkte Gemeinschaft)를 갖는다면 그것은 무엇일까? 그것은 '서로 교환하며 내재하는 상대적인 삶의 관철'(Wechselseitige Einwohung und gegenseitige Lebensdurchdringung)이다. 이 사귐은 하나님과 인간, 인간과 자연, 자연과 하나님의 긴밀한 연결을 보여 준다(참조. 롬 8 : 21). 이 완성된 세계는 하나님의 우주적 통치와 그가 만유 안에 계신다는 내적인 힘에 의해서 이루어진다.

(3) 내재적인 신정정치(Immanente Theokratie)

베크는 계시록 21 : 22을 예로 들면서 "하나님의 경배가 그 자신 안에서 그 자신에게 스스로 이루어진다."고 말한다. 하나님의 거룩한 자는 이렇게 내적으로 예배드리는 자다. 그런 이에게는 더 이상 '죄를 지을 수 없는 능력이 생기게 된다. 악은 돌이킬 수 없는 상태에 이르러 영원한 파괴에 도달한다. 모든 것이 하나님 안에서 그의 아들과 함께 충만해지고 완성된다(고전 15 : 27). 그리스도와 그의 말씀을 통한 이 세계는 속죄와 구원의 모습을 이루어 직접적이며 내적인 신정정치(Theokratie)가 실현된다(고전 15 : 24, 27 이하). 여기서 그리스도는 더 이상 중보의 역할을 하지 않으며 내적인 중재자로서 창조 이전의 아들의 모습을 갖는다.

기독교의 하나님을 존재론적으로만 이해하는 것은 인간의 지성적인 면을 경시하고 문화의 향상을 저해할 수도 있다. 과거의 카톨릭 교회가 그랬고 개신교 역시 선교가 순수한 복음전파보다는 식민지를 개척하는 도구가 되어 버려 사랑의 하나님을 외치면서 그들이 가진 땅과 문화유산들을 짓밟고 빼앗아 버렸다는 것이 많은 피선교국가들의 주장이다. 오늘날 아프리카나 아시아의 일부에서 서양의 선교사들이 배척당하는 이유 중의 하나는 여기에 근거한다. 우리 나라는 선교사들이 복음과 함께 가져온 한국의 근대화의 유산들에 힘입어 부정적인 것보다는 긍정적인 것들이 많아서 다행이다.

이러한 상반된 현상들이 왜 생겨났을까? 화이트헤드는 기독교의 하나님 이해에 근거한다고 말한다. 그는 지금까지의 기독교적 하나님인 '초월적 하나님, 전능하신 하나님 그리고 완전하신 하나님'을 부정하고 동적이며 과정 속에 있는 새로운 신관을 구성하였다. 전자는 존재와 절대성을 강조하는 전통적 형이상학에서 온 신관이며, 후자는 신과 자연을 살아 활동하는 유기체로 전제하고 이들의 생성과 관계성을 강조한 과학철학적 형이상학이다.

화이트헤드의 과정철학이 형성되기까지는 몇 가지의 현상적인 사안들이 있다.

(1) 제1차 세계대전과 2차 세계대전을 거치는 동안 인간이 가지고 있던 인간실존의 문제와 허무주의에 대한 대안적 대답으로서 피조물 위에 기거하시는 정적이며 초월적인 하나님을 모든 피조물들과 관계하는 동적이며 내재적인 하나님으로 묘사했다고 보았다.

(2) 급속한 과학의 발달이 그가 추구하던 과학적 형이상학의 신관을 가능케 하였다. 새로 발견된 미립자의 세계는 모든 생물체로 하여금 종래의 진화론이 제공한 적자생존과 독립된 생명체의 개념을 벗어나 신을 포함하여 모든 물체들은 홀로 자족하는 존재가 아니라 서로 관계를 맺고 영향을 주는 창조성이 있다고 보았다.

(3) 그의 유기체적 사고는 홀로 존재하는 전지전능의 하나님을 거부하고 신이란 현실체를 구체화시키는 구체화의 원리로 보았다. 이

신은 현실체들에게 창조적 진보를 시작하도록 하는 원초적 본성과 현실체들의 객체적 불멸성을 기억, 보존하게 하는 귀결적 본성이라는 양극성을 갖는다.

그의 과정철학이 이론적인 체계를 갖추기까지 그것을 가능케 한 것은 그 자신의 가정적인 뒷 배경과 사상적인 노력의 결과다. 그를 키워낸 영국의 신앙적 상류가정은 그로 하여금 인간이 갖는 제반 문화와 역사, 종교 그리고 교육에 이르기까지 큰 관심을 갖게 했으며, 특히 인간의 삶을 풍요하게 하는 데 지도력이 얼마나 중요한 것인지를 깨닫게 하였다.

화이트헤드의 사상적인 변화는 그의 일생을 통해 보여지는 세 가지의 활동과 업적 가운데서 파악할 수 있다. 그 첫째는 케임브리지 대학에서의 수학과 물리학의 폭넓은 연구다. 정치, 종교, 철학, 문학에 대한 토론을 가지고 그가 만든 것은 「수학의 원리」(Principia Mathematica)였다. 이를 통해 그는 수학의 기초이론과 현대 논리학의 학자가 된다.

둘째는 런던 임페리알 대학에서의 교수생활이다. 행정가로서 현대 산업문명과 고등교육의 문제에 전념하면서 당한 세계 제1차 대전은 그로 하여금 현대 물리학의 철학적 고찰을 하게 하였다. 이때 나온 책들은 「자연인식의 원리에 관한 고찰」, 「자연의 개념」, 「상대성원리」(The principle of Relativity, 1922년) 등으로서 과학철학을 발전시켰다.

세 번째 단계는 1924년부터 시작된 미국 하버드 대학의 시기다. 그는 당시로서는 이미 63세의 고령에 들어선 나이를 가지고 있었으나 보다 포괄적인 형이상학 체계를 가진 유기체 철학(Philosophy of Organism)을 전개하였다. 이때 나온 저서들은 「과학과 근대세계」, 「상징작용, 그 의미」(Symbolism, Its Meaning and Effect, 1927년), 「과정과 실재」, 「관념의 모험」 등이다.

이러한 가정적 배경과 교육적 환경 그리고 사상적 발전을 가졌던 과학철학자의 전통신관에 대한 그의 비판적인 논리를 들어보면서, 그의 철학이 갖는 기독교 윤리적으로 긍정적인 점과 문제점들을 몇 가지 들어보려고 한다.

(1) 화이트헤드의 전통적 유신론 비판에서는 신정론(Theodocy, 神正論)의 문제가 제기된다. 신정론은 악의 존재를 하나님의 섭리로 보는 사상인데, 하나님이 전능하시다면 선은 물론 악의 기원도 책임을 져야 한다는 것이다. 그가 하나님의 초월성을 비판하는 것은 신의 속성과 존재에 대한 부분적인 부정의 결과다. 신의 초월성은 자유함과 사유성, 의지의 결단과 인격적 완전성에 근거한다. 하나님은 역사를 초월하여 계신 분만이 아니라 역사 안에서 구체적으로 고난을 받고 신음하며 인간과 세계의 삶에 동참하시는 분이다.[83] 그러나 이것은 하나님의 초월성을 강조한 정통신앙의 비판이라는 면에서는 긍정해 볼 만하지만, 좋으신 창조의 세계에 인격적으로 관여하고 참여하신다는 부분이 약하게 보인다.

(2) 화이트헤드가 말하는 것처럼 "하나님은 과연 전능자라기보다는 만물의 조정자이신가?" 그렇게 되면 인간과 자연은 원인과 결과가 없는 자연발생적인 존재가 되며 자기의 한계 내에서만 책임을 질 수 있

---

[83] 몰트만, 「창조 안에 계신 하나님, 생태학적 창조론」, 김균진 역(서울 : 한국신학연구소, 1987), 124쪽. 몰트만은 이스라엘 안에 거하시고 이스라엘과 함께 포로생활을 하시는 하나님을 쉐히나(Schechina)로 규정한다. 쉐히나는 하나님의 거하심이라는 말이다.

다는 결론에 이르게 된다. 구원 역시 인간 스스로 이루는 것이 된다. 이것은 기독교의 구원관과는 거리가 멀다. 선과 악에 대한 결과에 대해서도 하나님은 책임을 묻지 않는 제3자의 신이 된다. 신이 하나의 조정자라고 하는 것은 하나님이 주체적인 창조자이심을 간과하는 결과가 된다.

(3) 하나님의 사랑을 예수 그리스도의 십자가와 고난을 통해서만 볼 수 있을까? 좀더 사고의 폭을 넓혀 하나님은 자신의 모습을 인간과 세상만물이라는 자신이 창조하신 피조물을 통해 보여 주시지는 않을까? 이는 특별계시에서 자연계시로의 전환을 의미하며, 계시의 신학에서 자연신학의 가능성을 여는 것이다. 이러한 물음과 시도는 하나님의 창조의 권위에 도전한다거나 그의 이름을 망령되이 여기는 것이 아니라면 얼마든지 제기해 볼 만한 것이라고 사려된다.

몰트만이 내세우는 창조에 대한 다양성은 태초의 창조는 '무로부터의 창조'로, 구원의 창조는 '역사의 창조'로 그리고 종말의 창조는 '무의 극복의 창조'로 보인다. 창조 시에 자기를 축소하심으로 무에서의 창조의 여지를 마련하신 하나님께서 종말에는 하나님의 자기 전개를 통해 무를 극복하시고 "모든 것 안의 모든 것이 되신다"(고전 15 : 28).[84]

---

84) Ibid., 117쪽. 몰트만의 무로부터의 창조를 위한 하나님의 자기축소와 무의 극복을 위한 자기확산의 이론은 유대교의 '짐줌' 이론에서 온 것이다. 어거스틴은 무의 영역을 하나님 밖으로 규정한 것으로 보이나, 몰트만은 하나님께서 무의 창조를 위해 자신의 한 영역을 비워 두시는 것으로 이해한다. 이것을 그는 예수님의 자기비하와 십자가의 신학에서 더 구체적으로 이해하려 한다. 하나님의 성육신과 십자가에서 보여지는 자기비하는 구원을 이루기 위한 역사에서의 다

(4) 하나님은 상대적인 완전성을 갖는 존재인가? 초기 신학자들은 신의 속성에서 내면적인 완전성을 보려고 했기 때문에 하나님을 절대적인 자존자라고 칭하였다. 성경에서 말하는 하나님은 스스로 있는 자이시다(출 3 : 14). 그러나 하나님은 스스로 있는 자로 머무는 분이 아니라 선민 이스라엘 자손의 부르짖음과 애굽 사람들의 학대를 보고 이스라엘 자손을 애굽에서 구해 내기 위해 모세를 지도자로 세워 보내시는 분이다(출 3장 참조). 스스로 결단하셔서 이스라엘과 인간, 그리고 온 우주의 구원을 그분의 선하신 뜻대로 이루시는 분이다.

 (5) 화이트헤드에게서 발견되는 하나의 큰 물음은 그의 하나님 개념에서 인격적인 하나님이 전혀 보이지 않는다는 점이다. 하나님은 이스라엘에게 아브라함의 하나님, 이삭의 하나님 그리고 야곱의 하나님이시다. 이는 이스라엘의 삶과 역사 속에서 구체적으로 활동하신 하나님이심을 고백하는 말이다. 이러한 하나님 개념을 예수께서는 아버지 하나님으로 가르쳐 주셨다(마 6 : 9). 화이트헤드에게서처럼 기독교의 하나님이 인격적인 하나님이 아니라면, 그 하나님은 선민 이스라엘 민족의 하나님이 아니며 예수께서 그를 믿고 따르는 자들에게 소개하려고 한 아바(Abba)로서의 하나님이 아닌 것으로 사려된다.

 (6) 화이트헤드의 신이해에서 긍정할 점은 과거의 기독교 신학이 갖고 있던 존재론적이고 사변적인 정적 하나님을 동적 하나님으로 이해하려고 했다는 데 있다. 이는 성경해석에 대한 새로운 동기를 제공했다는 점에서 긍정적인 평가를 할 만하다. 그의 신이해는 현대 물리

른 하나의 자기축소다.

학과 수학, 생태학에 근거하여 다양한 현실적 주제들인 생명, 해방, 책임, 자유, 평등, 정의, 결단, 공동체 등에 대한 합리적인 대안을 제시해 준다. 그러나 화이트헤드의 철학에서 나온 신학 역시 사변적인 신학이라는 틀을 벗어나기는 어렵다.

(7) 그의 유기체 철학이 윤리에 주는 긍정성은 윤리적 실천과 판단에 있어서 인간 주체의 경험이 심층적이고 다차원적이라는 점이다. 사물 자체와 인간 주체의 경험을 분리시켜 이해하지 않는 점이 윤리학에 실천적 책임성의 근거를 제시해 준다. 이것은 윤리의 범위를 우주적 차원에까지 확산시켜 주는 것이 된다. 그의 사상에서 나타나는 '실재의 상호관계적 성격'은 윤리의 문제를 신과 인간, 그리고 사물에까지 관련을 맺어 준다. 과정철학은 우주의 새로운 사회적 질서를 재구성해 주는 듯하다. 이렇게 볼 때 지금까지의 계시의 신학을 주장하던 전통적인 신학과 자연을 통한 하나님의 인식을 가능케 하는 자연신학이 과정철학에서 만나게 되며, 이를 통해 과학과 신앙이 갖는 갈등이 어느 정도 해소된다. 동시에 물질과 정신, 주관과 객관, 신과 세계, 성과 속이라는 구조를 갖는 이원론을 극복하여 이 둘의 조화와 화해를 제시하고 있다.

(8) 유기체 철학은 한계와 약점이 있다. 그것은 우선 기독교 신앙이 갖는 성경적인 근거와 실존적 측면이 약하다는 것이다. 이것을 적용하는 것이 과연 기독교적인가라는 의아심을 갖게 한다. 신이해에서도 영의 역할은 있으나 그리스도의 중보적인 역할과 기독론의 자리가 없다. 윤리적인 문제에서 중요한 회심 역시 우연적인 사건의 하나이며, 파악이론에 의하면 계시는 무의미하게 된다.

(9) 과정철학이 신학적인 주제와 지평을 넓힌 것은 사실이다. 윤리

학에도 유기체라는 개념을 써서 인간중심적인 사고와 실천에서 벗어나게 하였다. 이것은 매우 동양적인 사고와 부합하는 것이며, 이것을 통해 한국 사회에 뿌리를 내린 기독교를 토착화시키는 하나의 방편이 될 수 있지 않을까라는 가능성을 가져 보기도 한다.

신학은 신앙에 대한 실존적인 참여를 통해서만 가능한 학문이다. 종교철학과 다른 점이 바로 이것이다. 신학에는 먼저 기도와 말씀에 대한 묵상과 고난이 필수적이다. 또한 오늘의 시대에는 가진 자와 배운 자에게서 나온 지배자의 신학을 피지배자의 신학으로 전환하려는 노력이 절실히 요청된다. 이런 면에서 과정철학은 피지배자의 신학에 하나의 대화의 장을 마련해 주었다는 데 그 의의가 있다.

참고문헌

외국서적

1. Whitehead, Alfred North, *Religion in Making*(New York : The MacMillan Co., 1926)
2. _____, *Adventure of Ideas*(New York : The MacMillan Co., 1968)
3. _____, *Mode of Thought*(New York : The MacMillan Co., 1968)
4. _____, *The Philosophy of A. N. Whitehead*, ed. by P. A. Schipp(New York : Tudor Publishing Co., 1951)
5. Schburne, Donald W., *A Key to Whitehead's Prosess and Reality*(New York : Macmillan Co, 1966)
6. Christian, William A., *An Introduction Availability of Whitehead's God*(New York : The University of Wisconsin Press, 1942)
7. Cobb, G. B. and Griffin, D. R., *Process Theology*(Philadelphia, : Westminster Press, 1976)
8. Kaufman, G., *God the Probelm*(Massachusetts : Harvard University Press, 1985)
9. Peacoke, R., *The Science & Theology*(Incliana : Notredame Uni. Press, 1981)
10. Ruther, Rosemary R., *To Change the World, Christology and Cultural Criticism*(New York : Crossroad, 1985)

한국서적과 논문

1. 화이트헤드, 「과정과 실재」, 오영환 역(서울 : 민음사, 1991)
2. _____, 「과학과 근대세계」, 오영환 역, 세계 사상전집 37권(서울 : 삼성출판사, 1979)
3. _____, 「과학과 현대」, 김준섭 역, 세계의 대사상 13권(서울 : 휘문출판사, 1972)
4. _____, 「종교론」, 류기종 역(서울 : 종로서적, 1986)
5. 로버트 멜러트, 「과정신학 입문」, 홍정수 역(서울 : 대한기독교서회, 1989)
6. 존 캅, 데이비트 레이, 「과정신학」, 류기종 역(서울 : 도서출판 열림, 1993)
7. 존 B. 캅, 「과정신학과 목회신학」, 이기춘 편역(서울 : 대한기독교출판사, 1983)
8. 김하태, 「동서철학의 만남」(서울 : 종로서적, 1985)
9. 김상일 외, 「과정철학과 과정신학」(서울 : 전망사, 1988)
10. 강성도, 「화이트헤드의 과정철학 입문」(서울 : 조명문화사, 1992)
11. 오영환, "화이트헤드의 신관", 「기독교사상」, 1974.
12. 김경재, "과정사상의 신론에 관하여" 「신학연구」 제16권, 1975.
13. _____, "유기체 철학과 생명의 연대성", 「신학연구」 제12호, 1988.
14. 류기종, "화이트헤드의 종교관", 「신학논단」 제17집, 1987년 6월.
15. 강희천, "기독교교육과 과정사상", 「현대와 신학」 제2집, 1989, 연세대 학술자료연구소.

16. 목창균, "사상적 배경을 중심으로 본 과정신학 논쟁",「목회와 신학」, 1993년 12월.
17. 이상직, "과정신학",「최근의 신학개관」, 조성노 편(서울 : 현대신학연구소, 1993)
18. 안병관,「화이트헤드의 철학이해」(대구 : 이문출판사, 1980)
19. 김종길,「Tillich와 Whitehead의 하나님의 실재 비교연구」, 연합신학대학원 석사논문, 1987.
20. 김영기,「과정신학의 신이해」, 한신대석사학위 논문, 1989.
21. 이충범,「과정신학의 생명사상과 생명윤리」, 감신대학원 석사학위논문, 1990.
22. 박재호,「한국적 범재신론 형성을 위한 소고」, 감신대학원 석사학위 논문, 1992.
23. 서창수,「화이트헤드의 신관과 나가주의 공사상 비교연구」, 서울신대 석사학위 논문, 1993.
24. 손의성,「화이트헤드의 윤리사상에 관한 연구」, 장신대학원 석사학위 논문, 1994.
25. 김형근,「화이트헤드의 과정신론에 관한 연구」, 장신대학원 석사학위 논문, 1994.

10장 창조와 인간의 역할

1. 세상의 창조

형성설(formation theory, 플라톤)은 세계가 형이상학적 질료로부터 만들어졌다는 설이다. 플라톤의 「티매우스」라는 책의 "세계기원에 관하여"에 나오는 것으로 "데미고오스 신이 영원한 질료를 이데아의 모형에 의해 만들었다."라는 것이다. 여기서 질료는 신의 창조적 활동에 도움이 되기도 하지만 방해물이 되기도 한다.

유출설(emanation theory, 플로티누스)은 세계가 하나님 자신으로부터 흘러 나왔다는 설이다. 유출설에서는 영원히 완전한 존재는 영원히 유출되어야 한다고 한다. 이는 빛이 태양에서, 물이 샘에서 나오는 것과 같다. 정신-혼-물질의 순서로 유출한다. 유출된 존재들은 신적인 요소를 가지고 있다.

그러나 어거스틴은 이것들을 단호히 거부하고 무로부터의 창조(하나님과 세계, 시간과 영원을 이해하는 기독교적 이론)를 제시하였다. 창조는 하나님의 자발적인 사랑의 행위다. 피조물은 영원할 수 없으며 신으로부터 유출되기 때문에 신의 속성을 가질 수도 없다(범신론 pantheism).

그러면 언제부터 창조되었는가? 무로부터의 창조란 시간의 절대적 시작을 말하는 것이기 때문에 태초를 말하며 종말론적인 목적(telos)을 향한다. 시작이 있고 과정이 있고 완성이 있다. 여기서 윤회사상이 거부된다. 여기에는 하나님의 절대주권 사상이 들어 있다.

무로부터의 창조는 하나님의 선하심을 말한다. 하나님에게는 영원, 불변, 자존하시는 존재의 충만함이 있다. 악은 선의 결핍으로서 선의 근원이신 하나님을 떠나 무로 빠져드는 것이다.

창세기 1장의 창조는 하나님께서 이미 존재하고 있던 혼돈에서 우주를 만드신 것으로 묘사되는데, 이는 바벨론 창조신화의 영향을 말하는 학자도 있으나 "빛이 있으라."는 명령은 하나님의 절대주권과 초월성을 말하는 것이다. 아이히로트(Eichrodt)나 앤더슨(W. Anderson) 등은 무로부터의 창조를 주장한다. 무로부터의 창조는 기원전 제2세기에 기록된 제2마카비서 7 : 28에 나타나며, 로마서 4 : 17, 히브리서 11 : 3에 근거를 둔다. 그 외에 터툴리안, 이레네우스, 아다나시우스를 거쳐 어거스틴에게서 이 사상은 정립되었다.

2. 시간의 이해

과거, 현재, 미래는 없는 것이기에 과거적 현재, 현재적 현재, 미래적 현재라고 하는 것이 옳다. 이 세 가지는 우리의 영혼 속에 자리잡고 있기 때문에 '혼의 팽창'(distentio animae)으로만 경험할 수 있다. 그러면 그것을 어떻게 경험하는가? 과거를 기억으로, 현재를 직관으로, 미래를 기대로 경험한다. 그러므로 우리는 시간을 부분적으로 파악한다. 인간은 누구나 지식의 제한성을 갖는다. 인간은 존재의 차원에서도 그렇다. 그는 인간존재의 미약함을 고백한다. 인간은 지나가는 시간 속에서 과거의 자신을 계속 상실하고 있기 때문에 나는 과거의 나가 아니라 계속 죽어 가고 있다.

무로부터 창조된 피조물은 무로 다시 되돌아가려는 경향성이 있기 때문에 무의 위협을 받고 있다. 이러한 존재와 비존재, 생성과 멸망, 삶과 죽음의 문제를 해결할 수 있는 길은 무엇인가? 그것은 영원자에게 마음을 여는 것이다. 인간이 왜 하나님이 되었을까?(Cur Deus Homo?) 12세기 안젤름의 속죄론은 이미 어거스틴에게서 예견되었다. (1) 인간의 죄악을 가져오는 교만은 말씀의 성육신에 의해서만 해결된다. (2) 시간과 공간의 제한을 받는 인간이 어떤 시간적인 것을 통해 영원으로 나아가는데, 그것은 예수의 중보직이다. 예수의 성육신은 시간 안에 들어오시는 구체적인 영원자의 모습을 보여 준다. 이러한 성육신을 받아들이는 것이 믿음이다(fides).

11장 창조 안에서 인간의 역사성

천문학에서는 우리 지구가 약 46억 년 전에 생겼고 원시해양이 형성되기까지 5억 년이 걸렸으며 네 번의 빙하기를 거치는 동안 인간의 씨가 간간이 보존되어 살아 남아 왔고, 오늘의 인간은 약 1400만 년 전부터 생존하면서 진보되어 왔다고 한다. 그러나 이러한 이야기는 과학적 연구와 가설일 뿐 그 누구도 확실하게 단정하여 말할 수가 없다. 이렇게 인간과 우주에 대한 의문은 영원한 신비로 남아있다.

본 장에서는 이러한 전제를 가지고 인간을 되어 가는 자라고 보면서 그 곳에서 요구되는 인간의 삶을 논한 후에 관계성을 삼위일체적인 관계유비를 가지고 구체화시켜 보려고 한다. 다시 말해서, 인간은 이웃 속에서도 인간이 되어 가지만, 온전한 인간의 인간됨은 우리라고 규정되는 '이웃과 자연 그리고 신'의 삼자관계 속에서 발견될 수 있다는 전제를 가지고 논리를 전개하려고 한다.

1. 인간, 되어 가는 자

동양의 현자들은 만물의 근원과 우주의 본체를 태극이라 하였다. 거기에서 음양이 작용하면서 생명이 탄생된다고 믿었다. 태극은 양의(兩儀, two forms 혹은 two modes, 역전[易傳]의 음양)를 낳고, 양의는 사상(四象)[85]을 낳고, 사상은 팔궤를 낳고, 팔궤에서 만물이 생긴다는 것이다. 인간도 그 음양의 작용에서 생긴 소우주라고 믿었다. 음과 양은 대우주의 변화 속에서 대등한 위(位)를 가지면서도 각기 그 공능(功能, function 혹은 operation)이 다른 것이다. 음은 수동적 공능(Passivität)의 상징이며, 양은 능동적 공능(Activität)의 상징이다.[86]

고대 중국의 한의학자 손인진은 인간을 우주에 견주어 다음과 같이 말했다.

"머리가 둥근 것은 하늘이 둥글기 때문이요, 발이 모나고 평평한 것은 땅이 그렇기 때문이다. 하늘에 네 계절이 있듯이 사람에게는 사지

---

85) 주역의 변화원리인 음(陰)과 양(陽)을 짝지우면 네 가지의 형이 생긴다. 주역을 읽으면서 사상의학을 창안한 사람은 조선시대 한의학자 이제마(李濟馬, 1837-1900년)이다. 그는 함흥 출신으로 1892년 진해 현감을 지내면서 사상의학의 이론을 담은 「동의수세 보원」을 완성하였다. 또한 그는 "내가 죽은 뒤 100년 뒤에는 사상의학이 사람들 사이에 널리 쓰이는 시대가 반드시 올 것이다"라고 했는데 그의 예언은 적중되었다. 그에 의하면, 주역의 사상을 인체에 적용하여 사람을 태양인, 태음인, 소양인, 소음인의 네 가지 체질로 나누어 치료한다. 사람마다 성격과 겉모습, 습관, 체질, 심리상태 등이 다르므로 병에 걸릴 확률과 치료방법이 다르다는 것이다. 이제마는 질병의 치료에만 한정되어 내려오던 중국의 의학을 우리 고유의 인간중심 의학으로 발전시켰다.
86) 김용옥, 「동양학 어떻게 할 것인가」(서울 : 민음사, 1985), 197쪽 이하.

가 있고, 하늘에 오행이 있듯이 사람에게는 오장이 있고, 하늘에 육곡이 있듯이 사람에게는 육부가 있으며, 하늘에 여덟 가지 바람이 있듯이 사람에게는 여덟 개의 관절이 있고, 하늘에 아홉 개의 별이 있으므로 사람에게는 아홉 개의 구멍이 있고, 하늘에 열두 시간이 있으므로 사람에게는 열두 경락이 있고, 하늘에 스무네 절후가 있으므로 사람에게는 삼백예순다섯 개의 골절이 있다. 하늘에 해와 달이 있으므로 사람에게는 두 눈이 있고, 하늘에 밤과 낮이 있듯이 사람에게는 자고 깨는 것이 있으며, 하늘에 우뢰와 번개가 있으므로 사람에게는 기뻐하고 화내는 감정이 있으며, 하늘에 비와 이슬이 있으므로 사람에게는 눈물과 콧물이 있으며, 하늘에 음과 양이 있으므로 사람에게는 차거나 열이 나거나 하는 현상이 있다. 땅 속에 지하수가 흐르듯이 사람에게는 혈맥이 돌고, 땅에 풀과 나무가 나듯이 사람에게는 터럭이나 머리카락이 나며, 땅에 금과 돌이 있듯이 사람에게는 이가 있다."

이러한 대우주인 자연과 소우주인 인간의 모습과 짜임새를 해설하는 근본원리가 음양오행설(陰陽五行說)이다.[87] 동양에서는 이렇게 자연의 이치를 도(道)로 하여 그 곳에 조화시키려는 인간철학이 발달되었다.

그러나 서양의 인간관은 이와 다르다. 그리스 철학자들은 인간이야말로 우주 가운데 가장 탁월한 존재로 보는 낙관주의적 견해(樂觀主義

---

[87] 참조. 「사회와 윤리」, 19쪽 이하 : 일체 만물은 음양이기(陰陽二氣)에 의해 생기며 오행 중 목화(木火)는 양(陽)에, 금수(金水)는 음(陰)에, 토(土)는 그 중간에 있어 이것들의 소장(消長)으로 천지의 이변(異變)이나 길흉화복(吉凶禍福)이 생긴다는 것이다.

的 見解, Optimistic view)를 가졌다. 그러나 히브리 사람들은 우주만물과 인간 모두 하나님의 창조물이며, 인간이란 한낱 티끌에 지나지 않는다(He is nothing but dust)는 비관주의적 견해(非觀主義的 見解, Pessimistic view)를 가지고 있었다.

인간이 과연 우주의 만물 중 가장 탁월한 존재인가? 지금까지의 전통적인 유럽의 성서해석은 그리스 철학자들의 낙관주의적 견해를 받아들여 창조의 극치를 인간의 창조로 해석하였다. 그러나 엄밀한 의미에서 보면 인간은 성경에서 창조의 순서로 볼 때 가장 늦게 창조된 피조물 중의 하나다. 그래서 최근의 신학적인 새로운 시도는 창조의 왕관을 인간의 창조로 생각하지 않고 '하나님의 안식'(安飾, Sabbat Gottes)으로 본다. "창조의 미래는 영광의 나라로 표현되며, 이러한 우주적 희망의 형상을 처음 창조가 시작되는 창조라고 볼 때 완성이 의미하는 바는 하나님의 영광이 함께 살며 기거하는 것을 의미한다." [88] 이것을 신학적 용어로 '하나님의 기거하심'(Einwohnung Gottes)이라고 한다. 하나님께서 자신이 창조하신 피조물들과 직접적인 교제를 가지시며 영원히 거하신다는 것이다. 이 곳에서 하나님의 사랑과 의에 근거한 진정한 하나님의 통치가 이루어질 것이다.

하나님의 통치를 전제하는 인간은 지금까지의 '나와 너'로 표현되는 이웃과 '나와 그것'으로 표현되는 자연과 '나와 그분'으로 이해되는 모든 관계의 구조들이 바뀌어 '나와 너 그리고 우리'라는 새로운 틀을 갖게 된다. 이러한 공동체적 구조 속에서 "내가 너라면 너는 나

---

[88] J. Moltmann, *Gott in der Schöffung, Ökologische Schöffungslehre*, Chr. Kaiser, 1985, p. 19.

이며 너와 나는 우리"라는 대등한 관계를 이루어 낼 것이다.

이러한 인간과 자연, 그리고 하나님의 공동체적 모습은 삼위일체의 신관에서 살펴볼 수 있다. 이것을 삼위일체적 관계유비(關係類比 analogia relationis)라 하며, 칼 바르트(Karl Barth 1886-1968년)가 주창하였다. 여기서 우리는 상호관계의 작용(Interaktion)을 보게 되는데, 인간은 (1) 하나님의 사랑을 받는 동시에 하나님을 사랑하며 (2) 이웃을 사랑하는 동시에 이웃의 사랑을 받으며 (3) 자연을 사랑하고 보호하는 동시에 자연의 사랑과 보호를 받아야 할 존재로 창조되었다고 표현하고 있다.[89]

그렇다면 인간은 하나님과 인간, 그리고 자연과 긴밀한 관계 속에서 살아야 할 실제적이면서도 영적인 존재가 아닐까? 지금까지 우리의 신학이 하나님과의 영적인 관계만을 논한 것은 우주에 미치는 하나님의 영적인 임재를 차단시킨 인간중심적인 해석은 아니었을까? 이는 하나님을 알 만한 것 그리고 그의 영원하신 능력과 신성이 그 만드신 만물에 분명히 보여 알게 되는(롬 1 : 19-20) 자연계시적인 사실을 부인한 결과가 된다.

지금까지 "인간이 무엇인가?"라는 질문에 대해서 명확한 대답을 한 사람은 없다. 이 물음은 결국 나에 대한 물음이며, 너에 대한 물음이며, 우리에 대한 물음이다. 그리고 종국에 가서는 하나님에 대한 물음

---

[89] K. Barth, *Kirchliche Dogmatik* III/2, p. 262ff. 바르트는 하나님의 형상을 존재유비(存在類比, analogia entis)로 이해하지 않고 위에서 언급한 대로 관계유비로 본다. 한 분 하나님이 성부, 성자, 성령의 세 인격으로 계시나 이 인격은 뗄래야 뗄 수 없는 깊은 상호관계 속에 있다. 이와 같이 인간도 이웃과 자연과의 깊은 관계 속에서 창조되어 있다.

이기 때문이다. "인간은 사회적 동물이다."라고 대답한 소크라테스(Sokrates, 기원전 469-399년)는 인간의 사회성을 인정한 최초의 윤리학자였다.[90] 이와 비슷한 이야기를 한 사람은 독일의 피히테(J. G. Fichte, 1762-1814년)로서, 그는 "인간은 인간 가운데서만 인간이다."라고 했다. 이 말은 인간은 사회 속에서 다른 존재와 관계를 가지면서 살아가는 미완성의 존재라는 말이다.[91]

이런 면에서 인간은 어떠한 본성(Natur)을 가지고 있지 않다. 인간은 육체나 영혼, 사물이나 정신이 아니다. 이 모든 것을 포함하는 드라마와 같은 사건일 뿐이다. 나는 이렇게도 할 수 있고 저렇게도 할 수 있다. 이렇게 행하면 이런 사람, 저렇게 행하면 저런 사람일 뿐이다. 그리고 이것은 다른 사람의 주관들에 의해 보여져 나라는 사람이 객관적으로 규정된다. 나는 이런 사람이므로 사람들이 이런 사람으로 본다. 그러나 나는 이런 사람인데 저런 사람으로만 보여지는 경우도 있다. 이때 나는 이런 사람인가, 저런 사람인가? 이러한 물음은 인간의 불완전함을 보여 주는 하나의 단면에 불과하다.

인간의 본성에 대해 성선설을 주장한 맹자(孟子)와 성악설을 주장한 순자(旬子)의 상반되는 이론은 인간의 본성이 되어 감(Werden, to come into existence)에 있음을 보여 주는 구체적인 예라고 할 수 있다. 맹자는 "사람의 본성이란 의지적인 확충작용에 의해 덕성으로 높일 수 있는 단서(端緖)를 천부적으로 가지고 있다."고 하면서, 그 단서

---

90) 미카엘 란트만, 「철학적 인간학 -역사와 현대에 있어서 인간의 자기해명-」, 태교훈 역(서울 : 경문사, 1979), 34쪽.
91) 국민윤리학연구회 편저, 「국민윤리학 원론」(서울 : 문우사, 1986), 24쪽.

들은 측은(惻隱), 수오(羞惡), 사양(辭讓), 시비(是非) 등의 마음이 4단(端)이며 인의예지(仁義禮智)의 근원을 이루고 있다고 보았다. 이런 면에서 성(性)은 선(善)이며 공자의 인도덕(仁道德)은 선한 성에 기반을 둠으로써 예질서(禮秩序)의 보편성을 증명하는 정치사상으로 바뀌었다. 당의 유학자 이고(李高)는 도가와 불교의 사상을 이어받아「복성서」(復性書)에서 성의 본연인 선으로 돌아가야 한다고 하였다. 유교는 성선설을 실천의 근거로 제시하는 것으로 계승, 발전시켰다.

이에 대해 인간의 타고난 본성이 악(惡)이라고 하는 순자(旬子)의 성악설(性惡說)이 있다. 이러한 순자의 사상은 전국시대의 혼란한 사회상에 바탕을 두고 있다. 사람이 태어날 때부터 갖는 감성적인 욕망에 주안점을 두면서 이것을 있는 대로 내버려두면 사회적인 혼란이 일어나기 때문에 악이라는 것이다. 그러므로 수양이란 사람에게 잠재해 있는 것을 기르는 것이 아니라, 외부의 가르침이나 예의에 의해 후천적으로 쌓아 올려야 한다고 한다. 이 사상은 정치적 권력으로 규제하려는 이사(李斯)나 한비자(韓非子) 등의 법가에 계승되었으나, 유가의 정통사상인 성선설에 압도당하고 말았다.[92]

인간에 대한 물음과 그 답은 왜 어려운가? 데까르트(R. Descartes 1596-1650년)의 명제 "나는 생각한다 고로 존재한다."(Cogito ergo sum)를 들며 인간은 생각하는 존재라고 대답하기에는 선결될 문제가 많다.[93] 우리가 인간에 대하여 아무리 연구하고 토론해도 결론에 이

---

92) 「동아원색세계대백과사전」 17권(서울 : 동아출판사, 1992). 247쪽 이하. 성선설과 성악설 참조.
93) 철학에서 인식의 문제를 다룬 데까르트의 '사유와 존재'에 관한 그의 명제가운

르지 못하는 것은 "그 자신이 질문하는 자(der Fragende)인 동시에 질문되어진 자(der Befragte) 그리고 자신을 질문하는 자(der Sich-Fragende)"[94]이기 때문이다. 어떻게 인간이 인간 본인인 인간에 대해 질문과 답을 할 수 있을까?

이러한 질문과 답에 대해 인간은 "희망하는 존재"[95] 라고 블로흐(E. Bloch)는 말한다. 인간은 언제나 새로운 것, 아직 주어지지 않은 것 그리고 지금까지 경험해 볼 수 없었던 것을 원하며 기대한다. 그것은 인간이 실제로 있어야 할 그 곳에 있지 않기 때문에 그런 것은 아닐까? 그렇다면 그 자신이 있어야 할 본향은 과연 어디일까? 물질이 넘쳐흐르며 행복이 가득한 곳일까? 공간과 시간의 제약을 받는 인간이 피조물인 인간으로 머무르는 한 그러한 곳은 이 지상의 어느 곳에도 없으며, 그것에 대한 기대가 크면 클수록 물질과 행복이 가득해야 할 곳에 생각지 않은 죽음과 삶의 무의미와 고독과 체념과 절망이 찾아올 수밖에 없다. 이런 면에서 하나님이 '스스로 있는 자'(I am who I am, 출 3 : 14)라면 인간은 '스스로 없는 자'(I am who I am not)라고 하는 것이 옳다.

데 라틴어 ergo는 사유함으로써 나의 존재가 인식된다는 것을 말한다. 결국 나는 사유(思惟)하는 실체라는 것이다. 참조.「그리스도교大事典」(서울 : 대한기독교서회, 1972), 201쪽 이하.

94) J. Moltmann, *Mensch, Christliche Anthropologie in den Konflikten der Gegenwart*, Themen der Theologie, hrsg. von H. J. Schultz, Bd. 11, 1971, p. 12 : 인간 자신이 질문하는 자인 동시에 질문되어지는 자라면 그의 질문과 답은 결론적으로 다시 자신에 대해 질문하는 그런 물음이 될 수밖에 없을 것이다.

95) E. Bloch, *Das Prinzip Hoffnung* Bd. I, Berlin, p.5.

인간은 무엇인가? 인간에 대한 답은 신비다. 그 누구도 인간과 우주에 대한 운명과 본질에 대해 확실한 대답을 한 사람이 없고 할 수도 없다.[96] 사도 바울은 나(我)라는 실존을 "인고(困苦)한 사람"(롬 7 : 24)으로 고백하면서 죄의 법 아래 있는 인간을 묘사하였다.[97] 그렇다면 인간에 대한 답을 어느 곳에서 찾아야 할까? 그것은 인간존재(Human-being)에서라기보다는 인간의 삶(Human-life)에서라고 답하고 싶다.

2. 인간의 삶

인간의 존재에 대한 명확한 답은 상기한 대로 미해결의 과제로 남아 있으나, 인간을 생물학적으로 다른 동물과 비교하여 결핍의 존재(Mangelwesen), 문화를 창조하는 존재 그리고 종교적 존재라고 말한 사람은 판넨베르크(W. Pannenberg)이다.[98] 그에 의하면 인간은 생물학적으로 다른 동물들에 비해 결핍의 존재이기 때문에 결핍을 채우기 위한 창조성을 가지며 불과 도구를 발명하고 언어와 문화와 종교를

---

96) 참조. 대학윤리교재편찬회 편, 「사회와 윤리」(서울 : 지구문화사, 1992), p. 19 : 천문학 계에서는 우리 지구가 46억 년 전에 생겼고 원시해양이 형성되기까지 5억 년이 걸렸으며 네 번의 빙하기를 거쳐 오는 동안 인간의 씨가 간간이 살아 남아 왔는데 오늘의 인간은 약 1,400만 년 전부터 생존하면서 진보되어 왔다고 본다.
97) 참조. 롬 7 : 15-25. 인간을 죄덩어리로 규정하는 루터 역시 사도 바울적인 인간이해에 근거한다.
98) W. Pannenberg, *Was ist der Mensch?*, Die Anthropologie der Gegenwart in Lichte der Theologie, Vandenhoeck & Ruprecht 1976, p. 8ff.

만들어 낸다고 볼 수 있다.[99]

　인간이라는 물음을 사회적으로 표현한 한문 人間은 '사람과 사람 사이'를 의미한다. 이 말은 하늘과 땅의 결합에 의해 생겨난 말이 아니라 지상에 매인 자라는 말이다.[100] 이것은 사회심리학적으로 볼 때 관계성을 갖는 인간의 현실성을 보여 주는 표현이기도 하다. 인간은 물질적인 것과 이웃 그리고 신과의 관계를 떠나서는 존재한다고 볼 수 없다.

　인간은 관계성 속에서만 온전해질 수 있으므로 물질이나 이웃, 그리고 신은 인간을 인간 되게 하는 중요한 요소들이기도 하다. 이런 면에서 물질이나 이웃, 그리고 신은 인간의 생활에 필요한 이용 가치적인 것이라기보다는 공동체의 개념 속에서 새롭게 보아야 한다. 또한 이웃의 개념은 인간 대 인간을 훨씬 벗어나서 모든 피조물로 이해해야 할 것이다. 이러한 관점의 변화는 인간을 자연의 일부로 생각하던 동양의 사상이 서양에게 주는 하나의 산 교훈이기도 하다.[101]

---

99) 인간은 생물학적으로 다른 동물과 비교해 볼 때 매우 유약한 존재다. 다른 동물들은 나면서부터 스스로 걷고 얼마 되지 않아 활동을 할 수 있으나 인간은 평균 8개월 이상이 되어야 겨우 걸을 수 있으며 자립을 하려면 적어도 18세 이상은 되어야 한다. 이렇게 유약한 인간이 결핍을 채우기 위해 발견한 재창조적인 유산물들은 대단하다. 인간 스스로는 결코 날 수 없으므로 새를 모방한 비행기를 만들었으며, 빨리 달리는 동물을 능가할 수 있는 자전거와 자동차 그리고 기차를 만들었다. 물고기를 잡기 위해 배를 만들었으며 인간이 물고기처럼 물속을 달릴 수 있는 것이 잠수함이다. 인간은 자연에서 많은 것을 배웠다.
100) 미카엘 란트만, 전게서, p. 24.
101) 인간이 자연의 일부라는 사상은 동양의 미술에서 돋보인다. 동양의 산수화는 자연 속에 있는 미미한 존재인 인간을 그리고 있다. 이에 반해 서양화는 인간

우리가 생각해 볼 수 있는 온전한 인간이란 인간과 물질, 인간과 이웃 그리고 인간과 신의 관계가 원만하게 이루어진 상태를 말한다. 그러나 인간은 되어 감에 있는 존재이기 때문에 온전한 인간은 이 세상에 없다고 보는 것이 옳다. 참 신이며 참 인간이신 예수(Jesus, vere Deus vere homo)에게서 온전한 인간을 발견할 수 있을까?

앞에서도 잠깐 언급한 바 있으나 동양에서는 인간의 사회성을 음양오행설로 해설하는 것을 볼 수 있다. 우주와 인간의 모든 현상을 '음양 (陰陽)이라는 이원론적 두 원리로 해석하면서 그것들의 영향을 받아 우주만물이 생성소멸(生成消滅)한다고 보는 견해다.

일반적으로 양은 동적이며 주는 것이요, 음은 정적이며 받는 것이다. 이를 더 세분하면 양중양(진양), 양중음, 음중음(진음), 음중양이 있다. 이 말은 양과 음 속에 그 반대되는 것이 들어 있을 수 있다는 말이다. 예를 들면, 햇빛은 양중양이나 손바닥은 음, 손등은 양(음중양, 여자도 앞은 음, 등 뒤는 양)이다.

이는 목, 화, 토, 금, 수(木火土金水)로 대별되는 음양의 질서와 조화를 유지하기 위한 수단으로서 자연적 현상을 있는 그대로 나열해 놓은 것이다. 오행을 오각형 위에 시계방향으로 순서대로 설정하여 앞의 것을 모체로 하는 생성관계로 이해하면, 이 속에 동양철학과 인간 삶의 도덕과 윤리 그리고 그것을 근간으로 하는 심오한 동양의학의 근본원리가 들어 있음을 발견하게 된다.

다시 하나씩 건너뛰면서 시계방향으로 상대를 정하면 그것은 상극

이나 인간의 업적을 돋보이게 하는 것이 대부분이다. 전자는 자연중심적인 가치관에서 나온 예술이라면, 후자는 인간중심적인 것이다.

의 관계다. 상극은 억제할 수 있는 힘을 가진 것으로서 생성과 상극의 관계를 이용하여 만물의 이치를 풀어 나간다. 이를 모자관(母子冠)의 법칙이라 한다. 동양의학에서는 목을 간, 화를 심장, 토를 비장, 금을 폐, 수를 신장이라 칭하는데, 받은 것을 그대로 전하지 않고 축적되는 생성관계가 성립될 경우 관(상극관계)이 작용하여 평형관계를 유지한다는 것이다. 이에 대한 첫 번째의 법칙으로 실(實)하면 아들을 덜어 주고(瀉) 관(冠)을 보(補)하라는 것이다(實側 瀉其子하고 補其冠하라). 이것을 종교적으로 표현하면 기독교의 산상수훈적인 삶과 불교의 팔정도(八正道)에 견줄 수 있다.

    생성관계의 자(子)가 약(弱)할 때는 모를 보하고 관을 덜어 주면 된다(側 補其母하고 瀉其冠하라). 이러한 원리를 의학에 적용시켜 보면 심장이 허할 경우 간을 보하고 신장을 사하면 되며, 비장이 허하면 심장을 보하고 간을 사하면 된다.[102] 물론 이에 대한 예외조항이 있기도 하다.

    이러한 원리는 의학에서뿐 아니라 우주만물의 모든 법칙에 적용된다. 자연은 대우주요 인간은 소우주이며 음양의 조화가 깨어지면 병적 현상이 일어나기 때문에 음양의 조화와 균형을 찾도록 함으로써 근본적인 치료를 하는 것은 한방의학에서 매우 중요할 뿐 아니라, 이러한 사고는 인간의 삶 속에서 새롭게 인식되어야 할 동양적인 사고

---

102) 음양에 관한 전문서적으로 유태우, 「수지치료 강좌와 음양맥진법과 보사(補瀉)」, 음양맥진출판사의 것이 추천할 만하다. 음양을 우주의 원리뿐만 아니라 기독교 신앙과 접목시키려는 시도는 전주대 사회교육원에서 강의하는 박건종 목사에 의해 이루어지고 있다. 그는 수지침 전문가로서 서양의학에서 다룬 전기침에 관한 연구를 통해 동서양을 연결하는 책을 발간할 예정이다.

다. 우리는 이것을 동양인이 발견하여 체계화시킨 '창조주 하나님께서 만드신 자연의 법칙'이라 할 수 있지 않을까?

최근에 서구에서 동양의학이 선풍적인 인기를 끌며 특히 침술을 고혈압, 류마티스 그리고 심지어 암 치료에 신비스러움을 가지고 도입하고 있다면, 신학에서도 음양의 원리를 미신적인 것으로만 간주할 것이 아니라 이에 대한 신학적인 연구와 재해석이 필요하리라 여겨진다. 이 속에 들어 있는 원리들을 신학화시킬 가치가 있다. 서구의 신학은 이것을 동양에서 해주기를 바라고 있다.

3. 인간과 관계성

인간의 기원과 본질에 대해 만족할 만한 대답을 주는 곳은 거의 없다. 잉카문명에서 보여지는 인간의 창조에 의하면, 신은 인간을 세 번 창조했다고 한다. 진흙으로 창조된 인간은 둔하고 미련해서 없애 버렸고 나무로 창조된 인간은 거칠고 심술궂어 파괴하려고 했으나 그 중 몇 놈이 도망가 버려 원숭이 부족을 만들었다고 한다. 그래서 신은 마지막으로 반죽을 만들어 그것으로 인간을 만들었는데, 영리하고 교활하기 때문에 뇌의 활동을 불투명하게 했다는 것이다. 그래서 인간은 오류에 빠지기도 하고 최종의 비밀을 알 수 없다는 이야기이다.[103]

---

103) 미카엘 란트만, 전게서, 17쪽 이하 : 이 신화를 처음 만든 사람은 인간과 원숭이의 유사성을 잘 알고 있었을 것 같다. 그는 원숭이를 인간의 불완전한 작품으로 보았으며 인간의 영리함에 주목하면서도 인간이 잘못과 실수를 범할 수 있다는 것과 모든 것을 알 수 없다는 사실에 관하여 신비스러움을 가지고 설명하고 있다.

성서는 인간의 창조에 관하여 '하나님의 형상'(Imago Dei)대로 창조되었다고 한다(창 1:26-27). 여기서 생겨나는 물음들은 하나님의 형상은 무엇이며 인간이 타락한 후에도 하나님의 형상이 남아 있는가 하는 것이다. 이러한 질문에 대해 그리스 철학과 영지주의는 인간의 영혼을 신과 같은 것으로 이해하였다. 스토아 철학에서는 이성(Logos)을 신적인 것으로 보았다.

클레멘스(Clemens)나 오리게네스(Origenes) 역시 하나님의 형상을 인간의 영혼에서 발견한다고 믿었다. 그러나 터툴리안(Tertullian)이나 락탄티우스(Lactantius)와 같은 교부들은 인간의 육체까지도 하나님의 형상과 결부시켰다. 이들은 타락한 인간의 하나님의 형상은 '형상(Imago)과 모양(Similitudo)'으로 구분된다고 보았다. 그래서 타락한 인간은 하나님의 모양을 상실했으나 하나님의 형상은 그대로 보존하고 있기 때문에, 인간은 타락한 후에도 인간의 자유의지나 이성을 가지고 있어 동물과 구별된다고 하였다. 어거스틴(Augustin)도 이러한 초대교회 전통을 따르고 있다. 타락한 인간도 타락 이전의 인간과 같이 이성(ratio)과 오성(intellectus)을 가지고 있으며 신앙은 인간의 본성(natura)에 속한다. 인간은 자신의 본성 속에 있는 능력만을 가지고는 하나님께 향하는 사랑과 신앙을 가질 수 없다. 진정한 신앙과 사랑을 얻기 위해서는 하나님의 은혜가 전적으로 필요하다.

루터와 칼빈은 형상과 모양을 구분하지 않는다. 루터는 타락한 인간을 '죄덩어리'로 보았고, 칼빈은 "하나님의 형상의 파편이 기형물로 조금 남아 있기 때문에 다른 동물과 구별된다."[104]고 이해하였다.

---

104) 참조. 김균진, 「기독교 조직신학 II」(서울 : 연세대학교 출판부), 59쪽 이하 : 루

이렇게 종교개혁자들은 죄의 심각성을 지적해 주는 것에는 공헌했으나 타락 이전의 인간과 이후의 인간이 갖는 연속성을 설명하기에는 어려운 점이 있다.

인간이 하나님의 형상을 따라 창조되었다면 하나님의 형상은 성부와 성자, 그리고 성령의 관계 속에 있는 하나님의 이해 속에서 인간의 인간됨을 발견할 수 있다. 이런 면에서 인간을 단순히 '인간과 인간의 관계를 갖는 사회적인 존재'로 보는 것은 18세기 계몽주의 이후 신과 자연을 거부하던 또 하나의 인간중심적인 해석이다. 인간은 (1) 창조주 하나님과 (2) 우리의 이웃인 다른 사람들과 (3) 인간의 동반자인 자연과 관계를 가지며 살도록 창조되었다. 관계 속에서 이루어지는 교제를 통해 이루어진 하나님의 창조는 '하나님의 좋은 것들'(bona Dei)이다.

동양적인 인간관에 의해 이해되는 인간은 음양의 상호작용에 의해 생겨난 하나의 소우주다. 인간 속에 대우주의 모든 것들이 들어 있으며, 소우주인 인간은 대우주인 자연의 법도와 순리에 적응하며 살아야 한다는 전제가 되어 있다.

서양의 인간관은 인간이 우주 가운데 가장 탁월한 존재라는 믿음을 가지고 있었다. 그 결과 인간이 우주를 지배하게 되었으며, 인간은 지

터의 하이델베르크 요리문답서(Der Heidelberger Katechismus) 제13항은 타락 이후 인간의 자유의지를 유명무실하게 보았으며 죄의 포로와 노예로 보았다. 그것은 오직 악(惡)에 대하여 자유롭다고 한다. 13항의 질문과 답은 다음과 같다. "우리는 자신을 통하여 속죄할 수 있는가? 결코 아니다. 우리는 죄를 날마다 더 크게 할 뿐이다(마 6 : 12)." Otto Weber(hrsg.), *Der Heidelberger Katechismus*, Gütersloher Verlagshaus, 1990, p. 20.

금도 하나님의 대리자라는 확고한 믿음을 가지고 있다. 히브리 사람들은 하나님 앞에서의 인간을 한 가지 더 생각하여 인간은 티끌과 같이 미미한 존재라는 신앙고백적인 말을 한다. 그러나 이 모두는 인간이 자연에 비해 우월한 존재라는 것을 전제하고 있다.

 전자의 입장에 머무는 한 인간은 숙명론적인 삶을 가지게 되며, 후자의 입장을 가지면 인간은 우주의 정복자로서 인간이 가져야 할 온전함을 파괴해 버리는 엄청난 결과를 가져오게 된다. 인간은 인간과 자연 그리고 창조주 신과의 관계 속에서 드디어 자신을 알게 된다. 하나님의 형상으로 창조된 인간은 세상의 형상으로서 하나님 앞에 설 때 참된 인간의 모습을 갖게 될 것이다.

12장 창조와 생명의 복제

우리가 살고 있는 우주 안에는 생명으로 가득 차 있다. 바다와 육지, 하늘과 땅, 물과 공기 속에는 생명이 살아 움직이고 있다. 다양한 식물과 곤충, 세균과 어조류, 동물과 인간에 이르기까지 전대의 생명체로부터 생명을 이어받아 살아 숨쉬며 부지런히 자신의 길을 가고 있다. 생명을 가지고 있는 것들 가운데 우연히 생겨난 것은 아무것도 없다.

과학자들은 지구의 나이를 46억 년으로 추산한다. 갓 태어난 지구는 운석의 충돌 에너지에 의해 뜨겁게 녹은 마그마로 덮여 있었다. 그 후 마그마는 조금씩 식고 지각이 형성되었다. 생명의 탄생은 지각이 형성된 43억 년 전 이후부터 38억 년 전까지의 사이로 본다.[105]

---

[105] 현재 발견된 가장 오래된 생명체의 근거는 서오스트레일리아 북부에 있는 35억 년 전의 지층에서 발견된 화석이다. 남조류에 가까운 것이라고도 하고 광합성을 하지 않은 황산화 세균의 화석이라는 설도 있다. 모양은 영어의 w자 모양으로 오른쪽이 손잡이처럼 길다. 참조. Newton, 「월간과학」(서울 : 계몽사, 1999), 1월호, 106쪽 이하.

생명을 단순한 물질로부터 구별하는 특징으로는 보호막을 가지고 있으며, 자기복제를 통해 자손을 남기고 진화하며 또한 신진대사를 하는 것이다. 무기물에서 생명체가 시작되는 RNA(리보핵산)와 DNA(디옥시리보핵산)가 생성되는 과정은 다음과 같다.

원시대기의 주요성분인 질소, 일산화탄소, 물 등에 강력한 에너지가 가해짐으로써 간단한 유기물이 생기고 해저의 열 수 분출공과 우주에서 쏟아져 내리는 운석에서도 아미노산 등의 유기물이 초래되었다. 바다에 녹아 들어간 유기물에서 고분자가 만들어지고 원시막 구조를 가진 구체가 생겨났다. 이 구체에 포함된 다양한 유기물이 상호작용을 하고 차츰 생명에 가까운 시스템이 형성되었다는 것이다.[106] 이러한 시스템을 읽고 분석한 것이 인간 게놈지도이며 전령 역할을 하는 RNA와 유전 정보전달의 DNA, 그리고 신진대사를 하는 단백질 등의 합성장치를 통해 생명의 합성, 세포의 재구성을 할 수 있다는 결론을 얻고 있다.

이러한 전제하에 우리는 기독교가 주장하는 창조와 신앙의 문제를 성경을 중심으로 살펴보면서 인간이 하나님의 형상임을 신학적으로

---

[106] 무기물에서 RNA가 형성되기까지는 원시대기에서 화학반응이 일어난다. 원시대기 중에 있는 일산화탄소(CO), 질소(N_2), 물(H_2O)이 시안화수소(HCN)와 포름알데이드(HCHO)가 되고 이것들이 원시해양 속에서 인산(H_3PO_4)을 만나 핵산염기와 리보오스가 된다. 그리고 다시 합성하여 뉴클레오티드가 되며 자기복제 능력을 가진 RNA와 RNA 월드가 된다는 것이다. 인간 게놈지도에서 보여지는 것처럼 수소는 흰색, 산소는 적색, 탄소는 회색, 질소는 청색, 인은 황색으로 표시하면 더 분명한 형성과정을 볼 수 있다. 참조. Newton, 전게서, 109쪽.

논하려 한다. 이어서 최근 논란이 되고 있는 복제양 돌리와 인간복제의 가능성 그리고 줄기세포의 이용과 문제점들을 지면이 허락하는 대로 논해 보려고 한다.

1. 복제양 돌리와 인간복제

영국 스코틀랜드에 있는 로스린 연구소(Roslin Institute)의 이언 월머트 박사와 케이스 켐벨 박사 팀이 1997년 2월 27일 과학잡지인 「네이처」(Nature) 지에 발표한 복제양 돌리(Dolly)의 연구결과 이후 지구촌은 인간복제에 대한 찬반논쟁에 빠져 있다. 이들의 연구결과에 대해 복제문제를 커버스토리로 다룬 독일의 「슈피겔」(Der Spiegel) 지는 "복제인간을 향한 도상에서의 과학"(Wissenschaft auf dem Weg zum geklonten Menschen)이라고 언급하면서 히틀러와 아인슈타인을 여러 사람이 복제할 가상대상으로 실었다. 그리고 한마디로 '타락'(Der Sündenfall)이라고까지 규정하였다. 「타임」(Time) 지는 "당신은 이전의 다른 당신인가?"(Will There Ever Be Another You?)라는 제목을 달아 복제양 돌리를 제시하였다. 「뉴스위크」(Newsweek) 지는 동일인물과 같이 보이는 복제된 아기들을 시험관 안에 세워 놓았다. 이들의 연구는 "복제인간이 탄생할 수 있을까?"에 대한 논란을 불러일으키면서 생명과학의 연구 전반에 커다란 반향을 일으키고 있다.

과학자들은 생명과학의 발전을 위해 인간복제 연구를 계속해야 한다고 주장하고 있으나, 교황청이나 미국을 위시한 서구 유럽 연합(EU)국가들에서 인간의 생명을 중시하는 뜻 있는 사람들은 "인간복제는 신에 대한 인간의 도전이므로 철저히 규제해야 한다."고 말하고 있다. 우리 나라에서도 종교·사회단체를 중심으로 인간복제를 금지하는 법의 제정을 촉구하는 입법청원을 내놓고 있는 실정이며, 정부 역시 이에 대한 지침을 내놓고 있다.

1) 복제와 핵 치환법

1930년대 독일의 슈페만이 "핵 속에는 생명체 형성을 위한 모든 정보가 들어 있다."라고 주장한 이래 복제에 대한 연구가 꾸준히 진행되어 왔다. 모든 세포는 핵 속에 DNA라는 유전물질을 가지고 있다.[107] 이 속에 그들의 생명체를 재생시키는 데 필요한 모든 유전정보

---

[107] 미생물, 식물, 동물 그리고 존엄한 인간마저도 똑같이 세포로 구성되어 있다. 진핵세포에는 핵이라는 세포기관이 있고 핵에는 염색체가 담겨져 있고 여기에 유전자가 있다. 과학자들은 인간 게놈 프로젝트 결과가 발표되기 전에는 10만여 개의 유전자가 있다고 생각했다. 그러나 2001년 2월에 영국의 「네이처」지에 발표된 인간 게놈 프로젝트 연구결과에 따르면 인간의 유전자는 2-3만 개에 불과하다는 점이 밝혀졌다. 치명적인 유전질환으로부터 유방암, 각종 질병, 노화 등도 이에 해당되는 유전자가 결정하며 공격성, 성범죄, 지능, 우울증 등과 같은 인성까지도 유전자에 의해 결정되며, 그것은 성적인 결합을 통해 대물림된다고 생각하였다. 그러나 인간의 신체 구조물, 생명활동, 사회행동적인 측면 모두를 유전자가 결정한다는 소위 '유전자 결정론'은 더 이상 성립되기 어렵게 되었다. 현재는 1천여 개의 유전자가 발견되었다.
유전정보는 적은 양의 샘플을 가지고 엄청난 유전정보를 얻어 낼 수 있기 때문에 샘플관리가 매우 중요하다. 유전정보는 자신이 알지 못하는 사이에 타인에 의해 분석되어 이용될 가능성이 있다. 개인의 유전정보는 자신과 혈족관계를 가지고 있는 부모 형제와도 유전정보를 공유하고 있다. 유전정보는 질병발병과 상관관계를 가진다. 그러므로 유전자 검사를 통해 발병 가능성으로 인한 차별을 받을 수도 있다. 참조. 환경운동연합, "유전자 이데올로기 현대문명의 비정함", 「함께 사는 길」(서울 : 환경운동연합, 2001) 5월호, 59쪽 이하.

가 존재한다. 체세포의 유전정보나 성세포의 유전정보가 동일하다는 것에 착안하여 체세포의 유전정보를 이용하여 성세포처럼 분열시키고 분화시키면 한 개의 개체가 될 수 있지 않을까라는 전제하에 연구를 계속한 것이다. 이를 근거로 핵치환(nuclear transfer, nuclear transplantation)이 사용된다. 초기에는 1952년 미국에서 개구리 난자를 이용한 체세포 복제실험을 시도하였다. 이어서 소나 양 같은 포유동물에서도 성공사례가 보고되었다.

핵 치환법에는 전통적인 복제방법인 수정란 복제와 새로운 방법인 성체복제가 있다. 이 과정의 대부분은 현미경에서 미세 조작기와 미세 주입기를 통해 이루어진다.

(1) 수정란 복제

1단계 : 복제 대상동물로부터 주머니 포배인 수정란을 분리한다. 4-32개 사이의 분할 소구가 형성된 난자를 분리한 후 모세 유리관으로 산을 처리해 당단백질막인 투명대에 구멍을 뚫는다. 이때 모세 유리관을 구멍 속으로 삽입해 분할 소구를 한 개씩 꺼낸다. 분할 소구가 4-16일 때 성공확률이 높다.

2단계 : 분할 소구를 삽입시킬 미수정란을 다른 동물로부터 채취한 뒤 핵을 제거한다. 여기에 분할 소구를 집어넣은 뒤 미수정란에 잘 융합할 수 있도록 바이러스를 처리하거나 순간적으로 고압 미세전류를 흘린다. 분할 소구의 세포핵이 무핵 미수정란의 세포질 안에서 자리를 잡도록 모세 유리관을 통해 핵치환을 시킨다. 원형질 융합을 통해 핵 치환된 접합자를 실험실의 배양기나 동물의 수정관에서 5~6일 간 배양한 후 동물의 자궁에 착상한다. 이것이 정상적인 개체로 자라면 성공이다.

(2) 성체복제

1단계 : 다 자란 동물의 세포를 떼어 실험실에서 배양한다. 이때 세포는 자가복제를 거듭한다. 일정 시간이 지나면 세포의 영양분을 제거해 성장을 멈추게 한다. 휴지기 상태의 체세포로부터 핵을 추출한다.

2단계 : 미리 준비한 무핵 미수정란에 융합시킨다. 핵치환된 접합자를 대리모의 자궁에 이식한다. 배양된 세포를 이용해 동물을 복제하기 때문에 복제동물을 숫자 제한 없이 생산할 수 있다.

생명과학이 발달된 지금은 생명의 복제를 대리모인 자궁에 이식하지 않고 배양기에서 인공으로 부화시킬 수 있으며 배아와 줄기세포를 얻어낼 수 있다. 미래의 유망한 첨단산업으로 줄기세포 배양은 생명과학 분야에서 기대가 되고 있다.

2) 유전정보 발현과 세포주기

지금까지 포유동물의 복제는 생식세포인 정자와 난자의 결합으로 수정란이 만들어져 분열할 때의 세포핵이나 태아의 세포핵을 채취해서 이를 미수정 무핵난모(卵母)와 결합시키는 것이었다. 그러나 복제양 돌리의 연구는 그 기술과 방법에서 과학적으로 거의 불가능한 것을 성공시킨 획기적인 결과다. 그것은 수정란의 분열세포가 아니라 동물의 체세포를 이용하는 것이었다.

이것은 동물의 피부나 근육, 혈액 등에서 아무 부위나 떼어내 세포를 추출한 뒤 이를 난모세포와 결합시켜 복제품을 만드는 것이다. 동물의 정자나 수정란이 필요 없이 생명을 만드는 가공할 만한 복제기술인 것이다.

윌머트 박사는 핵 속의 유전물질인 DNA를 이용했다. 문제는 이 유전정보가 생명체의 발달단계에 따라 각기 다르다는 것이었다. 배자단계와 성체단계에서 발현되는 유전정보는 전혀 다르다는 말이다. 이미 성체단계에 이른 성장한 세포에서는 배자를 발생시키는 데 필요한 유전정보가 발현되지 않는다.

해결의 실마리는 세포주기(cell cycle)에서 발견되었다. 세포는 여러 단계를 거치면서 스스로 분열하는데 복제를 할 동물로부터 얻은 세포의 분열단계가 이를 수용하는 난자의 분열단계와 일치해야 한다는 것이었다. 이처럼 두 가지 세포의 주기가 서로 조화를 이룰 때 유전자의 소실된 발현기능이 회복된다는 결론을 얻었다. 그렇지 못한 경우에는 염색체 기능에 이상이 생겨 배자가 이상적으로 자라거나 심한 경우 태아의 죽음을 초래한다.

윌머트 박사는 이 점에 착안하여 복제 대상동물의 세포를 배양할 때 배양액의 영양상태를 조절하여 세포가 특정한 분열단계에 놓이도록 하였다. 실험에 사용될 세포의 샘플 수를 다양하게 준비하여 이 세포들로부터 핵을 추출 사용함으로써 난자의 주기와 조화를 이루는 수정란을 만드는 데 성공하였다.

6년 생 흰 암양의 분리된 유방 체세포로부터 핵을 빼내 다른 스코트 산 검은 암양의 무핵 미수정란 속에 집어넣은 후 이를 제3의 대리모인 스코트 산 암양의 자궁을 빌려 모양이 똑같은 흰 암양 돌리가 태어나게 했다. 다 자란 포유동물의 체세포를 사용해 같은 성(性) 사이에서 생식이 일어났다는 점은 생명창조의 자연법칙을 뿌리 채 뒤흔들어 놓은 것이다. 돌리는 대리모의 몸에서 출산은 되었으나 암양의 체세포 핵과 암양의 무수정 무핵 난자가 인위적으로 결합되어 암양이 출생한 예이다. 이것은 창조의 법칙을 전면적으로 위배하는 사례다. 이

원리를 이용해 사람도 복제할 수 있을까? 「네이처」지는 인간복제의 실현 가능성을 시사하고 있다.

3) 인간복제와 문제점

성체의 세포분열 단계와 난자의 분열단계가 사람에게서도 일치할까? 이것은 전혀 미지수이다. 소나 양에게서는 이 문제가 성공했으나 성공률이 매우 낮다는 것이 또 하나의 어려움이다. 윌머트 박사는 277회의 실험 끝에 복제양 돌리를 얻었다.

인간복제가 성공한다 해도 과연 이것이 체세포를 제공한 모체와 똑같은 인간일 것인가라는 의문의 여지가 남는다. 인간의 발전에는 유전적인 면 이외에 가족과 문화, 사회환경 등의 중요한 요인들이 작용하기 때문이다.

윌머트 박사 자신도 "인간복제를 위한 연구는 비윤리적이다."라고 말함으로써 인간연구는 반대하는 입장이다. 세계 700여 개의 생명공학 회사들은 "생명공학 산업이 질병의 치료와 농업발전을 위해 이용되어야 한다."고 전제하며 인간복제에 관한 연구를 자제하고 있으나 미래의 유망산업인 줄기세포의 연구로 이어질 전망이다. 과학의 발전과 인간의 존엄성 앞에서 고민하는 인간의 양면성이 어떻게 전개될지 귀추가 주목된다.

서울대 노현모 교수에 의하면 인간복제에 대한 강력한 규제장치가 없을 경우 동네 산부인과에서도 인간복제가 가능해질 전망이라고 말한다. 여성의 난소에서 난자를 채취해 세포핵을 제거한 다음 남성이나 여성의 체세포에서 핵만을 빼내 난자와 세포융합을 시키면 체세포를 제공한 사람의 수정란이 만들어진다. 그리고 이를 여성의 자궁 속에 넣어 착상시키면 복제인간이 쉽게 태어난다는 것이다.

과학자들은 영국의 '돌리' 복제기술이 사람의 복제에까지 연결될 것인지에 대해서는 몇 가지의 검증이 필요하다고 한다. 우선 이번 실험은 유방의 유선(乳腺) 체세포로 복제에 성공했는데 다른 체세포에도 똑같은 결과가 나타날 것인지가 문제다. 또한 양뿐만 아니라 다른 포유류 동물에서도 이러한 방법의 복제가 가능한지, 그리고 표현형질(외모) 이외에 유전형질까지 복제가 되는지에 관한 규명작업이 필요하다는 것이다.

6년 된 양의 세포를 이용한 영국의 양 복제와 미국의 원숭이 태아 세포를 이용한 원숭이 복제, 그리고 대만의 돼지와 쥐 복제는 벌써 80년대 초부터 본격적으로 실시되어 온 일들이다. 우리 나라는 수정란의 분화단계에서 개체를 분리하는 방법으로 송아지를 복제하는 수준에까지 와 있다고 한다.

생명공학의 발전에 따라 지금까지 과학자들은 80년대에 올챙이, 90년대에 생쥐를 복사하는 수준에 있었기 때문에, 인간복제에 대한 우려는 요원한 일로 여기고 있었다. 그러나 금번 영국에서의 양 복제 성공은 포유동물의 복제가 현실화되었다는 것을 보여 주며, 유전적으로 인간과 가까운 영장류인 원숭이가 복제되면서 인간의 복제는 바로 눈앞의 현실임을 깨닫게 되었다. 대만에서는 이미 성공하여 복제된 돼지들이 교배하여 새끼돼지들을 30여 마리나 낳았다고 하는 발표를 하고 있다.

90년대 초 생명과학의 연구는 더 이상의 발전을 보지 못하고 침체된 분위기였다. 체세포를 이용한 복제가 근본적으로 불가능하다고 판단되었기 때문이다. 그 이유로는 복제용 세포핵과 난모세포 간의 성장 사이클이 불일치하기 때문이었다.
 그러나 로슬린 연구소는 세포의 '라이프 사이클' 연구의 대가인 케이스 캠벨 박사가 합류하면서 이 장벽을 허물기 시작하였다. 연구팀은 6년 생 암양의 젖에서 추출한 복제용 세포핵에 영양공급을 줄이고 이를 냉동 처리하면 난모세포와 증식 사이클이 일치한다는 것을 발견하게 된 것이다. 이는 인간을 포함한 동물의 냉동세포의 복제 가능성을 시사하는 핵심적인 특허기술이다.
 이 연구는 매우 큰 위험을 안고 있는 실험이었기 때문에 윌머트는 처음부터 극도의 비밀을 기하여 그의 핵심 연구원을 네 명으로 제한하였다. 그들은 실패를 거듭하였다. 1996년 1월 마지막 주까지 277회의 실험을 했는데 그 중 29개의 태아만이 6일 이상 생존했다. 이렇게 시험관 내에서 6일 간 증식된 이 융합세포를 대리모의 자궁에 심어 48일째 되는 날 초음파 검사로 태아의 존재가 확인되었다. 돌리 이외에 다른 태아들은 출생이 되기 전에 다 죽어 버렸다. 그리고 마침내 1996년 7월 5일 6.6Kg의 건강한 새끼 양이 세상에 나왔다. 인류역사상 최초로 성숙한 양을 복제한 돌리가 탄생하는 순간이었다. 그것은 윌머트 박사의 25년 연구의 결실이기도 하였다. 그가 추구한 것은 오직 신기술의 발전이었다. "나도 세상 사람들이 우려하는 것을 모르지는 않는다. 하지만 이것은 나의 일이다. 내가 평생 해온 일의 과정일 뿐이다. 인간을 복제할 목적은 아니었다. 신기술의 활용과 악용문제는 또 다른 논의가 필요하다."
 도덕적, 윤리적인 문제에도 불구하고 만약 체세포를 이용한 인간복제가 이루어질 경우 복제된 사람은 세포를 제공한 사람과 얼마나 닮을까? 서울대 수의대 황우석 교수는 복제동물은 세포를 제공한 어미의 표현형질(외모)은 빼어 닮겠으나 유전형질은 100% 따라가지 않을 것이라고 말한다. 동물의 표현형질은 주로 세포핵 속의 유전자(DNA) 지시에 따라 결정되며 성장환경의 영향을 그다지 받지 않는다. 따라서 어미의 세포핵을 그대로 물려받는 체세포 복제동물은 어미의 외모를 거의 완전히 닮게 된다.

황 교수에 의하면 복제동물의 유전형질은 성장과정이나 환경에 따라 다소 변할 수 있다고 한다. 동물의 경우 동일한 수정란의 세포로 만든 복제동물이라 하더라도 사육과정이나 환경의 편차에 따라 성장속도와 특정 유전인자의 발현능력 등에서 다소 차이를 나타내는 것이 확인되었다는 것이다.

사람의 경우 성장환경에 따라 성격이나 특정능력의 발현 등에서 더 큰 편차를 나타낼 것으로 추측된다. 일란성 쌍둥이도 성격형질은 반절 정도만 공유한다는 것이 연구의 결과다. 엘비스 프레슬리나 파블로 피카소를 복제하더라도 원래의 엘비스 프레슬리처럼 노래를 잘 부르거나 피카소처럼 세계적인 추상화가가 될 가능성은 그다지 크지 않다. 동일한 복제인간들은 서로 다른 환경에서 성장하고 다른 사람들을 만나 살아가기 때문에 사고방식마저 완전히 달라질 수 있다는 것이다. 이런 점에서 복제양 돌리가 개체발생(clone)되기는 했으나 엄격한 의미에서의 복제가 되었는지에 대해서는 의문을 제기하는 학자도 있다.

2. 생명의 조작과 인간 존엄성의 파괴

진화론적인 입장에서 돌리의 실험을 인간의 창조와 비교해 보았을 때 가져오는 의미와 암시는 무엇일까? 이 실험의 결과로 볼 때 여성은 남성의 생식세포가 없이도 자손을 번식시킬 수 있다는 것이다. 생명공학적으로 볼 때 그렇다면 최초의 인간은 남성이 아니라 여성일 수도 있으며 성경말씀대로 동정녀 마리아가 잉태해 예수를 낳을 수 있다는 것이 과학적으로도 입증된 셈이다.

그러나 이러한 과학기술의 발전이 급속히 이루어지면서 일어날 수 있는 인류의 재난에 대해서는 아무런 안전장치를 해놓지 않은 상태에서 생명의 복제가 이루어질 때 여러 가지 도덕적이며 가치 윤리적인 우려의 목소리가 높은 것 또한 사실이다.

복제인간을 주인공으로 한 공상과학 소설이나 영화 등이 이제 더 이상 허구나 환상이 아니라 현실로 대두되어 인간의 정상적인 삶을 흐트러 놓았을 때 생기는 위험성은 이루 말할 수 없이 크리라 사려된다. 이는 마치 판도라의 상자와도 같이 재앙과 죄악의 온상이 될 수도 있다.[108]

우선적으로 대두되는 것은 생명의 존엄성에 대한 문제다. 우리가 지금까지 생각해 오던 존엄한 인간의 생명이 실험실에서 인간의 조작에 의해 얼마든지 변형, 복제될 수 있다고 한다면 전통적인 생명에 대한 신비스러움을 잊게 되지는 않을까 매우 우려되는 바이다.

우리의 조상들은 인간생명의 탄생을 삼신 할머니의 점지와 초자연의 조화로 간주해 왔다. 새로운 생명의 탄생을 맞기 위해 우리의 어머

---

108) 1) 그리스 신화에 나오는 프로메테우스는 하늘에서 불을 훔쳐 인류에게 주었기 때문에 제우스 신의 분노를 사서 코카서스 산 바위에 묶여 독수리에게 간을 먹혔다고 한다. 제우스는 인류를 벌하기 위해 판도라라는 여자를 지상에 보내고 판도라는 지상에서 금기를 깨고 판도라 상자를 연다. 그리고 그 안에서 재앙과 죄악이 튀어나와 온누리에 퍼지게 되었다고 한다.

니들은 고무신을 토방에 벗어 놓고 다시 신을 수 있을까라는 조바심과 두려움 속에서 새 생명을 맞았다. 아기를 얻은 그 기쁨은 아들이건 딸이건 탯줄을 걸어 놓고 아이와 산모를 보호할 뿐 아니라 출산을 신성시하며 온 동네에 알리는 하나의 성스러운 예식으로 지켜 왔다. 유교의 가부장적 사고가 지배하던 사회와 그 시대에는 남아 선호사상이 지배적이었던 것이 사실이다.

기독교인들은 창조의 사역은 하나님의 영역에 있는 일로서 '무에서의 창조'(creatio ex nihllo)를 굳게 믿고 있다. 이러한 면에서 창조는 인간의 언어가 아니라 하나님에게 쓰는 용어다. 그런데 인간이 스스로 세포조작을 통해 인간을 만들어 낼 수 있다면 신성에 대한 모독일 뿐만 아니라 자연과 인간의 조화에서 탄생되는 우주의 질서에 대한 파괴와 범죄의 행위가 아닐 수 없다.

생명공학의 획기적인 발전이 세포의 발전과 조작, 그리고 재생과정을 통해 암 연구에 기여할 뿐 아니라 인간을 기아와 병마로부터 벗어나게 하고 개인의 삶을 풍족하게 할 수 있다면 하는 바람은 누구나 가지고 있을 것이다. 그러나 지금까지 인류문명의 방향은 원하는 바를 어떻게 성취할 것인가였으나 이제부터는 원해야 할 것이 무엇인가, 왜 원하는가를 물으면서 문제에 접근해야 할 것이다.[109]

로마 교황청은 1997년 2월 26일 인간과 생물의 복제를 하나님의 생물 창조론에 명백히 어긋나는 것으로 규정하였다. 교황청 신학자인 지노 콘세티는 "인간의 이성에 호소한다."는 제하의 사설을 통해 "유

---

109) 참조. 장회익, "온 생명 관점에서 본 생명조작과 생명윤리", 「녹색평론」(서울 : 녹색평론사, 1991), 131쪽 이하.

전자 조작 등의 실험을 통해 인간을 만드는 것은 신의 창조론에 배치될 뿐 아니라 인간의 존엄성과 결혼의 숭고함을 파괴하는 죄악"이라고 지적한 바 있다.

이러한 상황에서 우리가 할 일은 무엇인가? 먼저 복제인간의 출현을 두려워하기보다는 좀더 냉철한 입장에 서서 생명의 존엄성을 다룰 수 있는 '생명윤리위원회'를 만들어 운영하며, 정부와 학계, 종교계와 언론계 그리고 이에 관심을 가진 사회의 지도층 인사들이 대거 참여하여 이 문제를 심도 있게 다루어야 한다. 일반 국민에게도 정확한 정보를 제공하여 생명의 복제가 갖는 효용성과 부작용을 충분하게 홍보해야 함은 당연한 일이다.

3. 복제의 유용성

인간복제에 대한 과학자들의 입장은 윌머트 등 반대하는 사람들도 있으나 대개는 우호적이다. 인간복제를 포함한 복제의 유용성에 대해서는 다음과 같은 이유를 들 수 있다.

(1) 과학자들은 인간지식 탐구의 자유를 위해 필요하다고 주장한다. 인류에게 피해를 주지 않는다면 인간지식 탐구의 한계는 없어져야 하며 복제인간이 태어나더라도 인간은 그 환경에 맞게 적응하리라는 낙관론이다.

(2) 아이를 가져야 할 불가피한 상황이 발생했을 때 필요하다고 한다. 교통사고로 갑자기 아이들을 모두 잃었다거나 아기를 더 이상 가질 수 없는 불임부부들을 위해 적용될 수도 있다.

(3) 우성적인 복제와 유전자 조작을 통해 기아와 식량의 문제를 해

결할 수 있다. 우유생산이 3배가 되는 슈퍼젖소 '영롱이'와 '진이'가 구체적인 예이다. 복제를 통해 기아와 식량의 문제를 해결하면 식량 부족으로 인한 민족 간의 분쟁을 막을 수 있다. 거꾸로 새로 만드는 완벽한 복제인간은 현재 인간이 취하는 음식의 10분지 1만 취하도록 한다면 식량의 문제를 더 해결할 수 있을 것이다.

(4) 이론적으로는 복제를 통해 모든 것을 만들 수 있다. 복제는 일종의 화학반응과 결합이라는 점에서 볼 때 앞으로 지구상에서 긴요하게 필요한 물이나 숲, 에너지, 공기, 기타 다른 여타의 모든 생명체를 만들어 낼 수 있다. 이는 마치 요술 주머니에서 원하는 물건들을 내어 오는 것처럼 인간의 가상을 실현시키는 것이다.

(5) 장기이식을 위한 인간복제를 통해 인간의 건강증진에 기여할 수 있다. 인간의 복제를 줄기세포로 발전시켜 필요한 장기를 전문적으로 배양하고 사용함으로써 인간의 수명을 연장시킬 수 있다.

(6) 환경파괴로 인한 먹이사슬의 불균형을 조정할 수 있다. 유전자 조작을 통해 천적을 배양하여 환경친화적인 농업을 할 수 있다.

(7) 멸종되는 수많은 희귀생물을 복제하여 존속시키며 보호할 수 있다. 지구상에서는 무분별한 개발과 농약의 살포, 배기가스 배출 등 환경파괴로 인해 많은 생물들이 멸종당하고 있다.

이상에서 열거한 내용들은 인간복제를 통해 인간이 얻는 유용성들이다. 그러나 이 유용성들은 인간의, 인간에 의한, 인간을 위한 유토피아적 지상낙원을 세우자는 발상이다. 새로운 세기를 맞이하여 인간이 만든 완벽한 이상사회를[110] 꿈꾸는 것과도 같다.

---

110) 이상향 유토피아에 관한 대표적인 작품으로는 토머스 모어의 소설 「유토피아」

4. 복제사회와 무질서

(1) 모든 인간은 평등하다는 인권의 문제에 위배된다. 유전자 조작을 통한 인간의 복제는 모든 면에서 탁월하며 우수한 형질을 중심으로만 이루어질 텐데, 그렇다면 창조를 통해 태어난 일반인이나 지체부자유자나 정신 박약아 등 열등한 인간은 복제인간보다도 못한 필요 없는 인간이라는 모순에 도달한다. '가타카'(Gattaca)라는 영화[111]가 그 대표적인 예이다.

를 들 수 있다. 이 소설은 천연의 지형과 인간의 지혜를 모아 만든 유토피아 섬을 중심으로 전개되는 가상적인 이야기로서 완벽한 농촌과 도시를 건설하여 모든 것을 공유하며 산다는 이상적인 내용이다. 이 책에서는 여러 가지 법제도와 직업, 여행과 교역 등 전반적인 생활에 대해 다루고 있다. 이들에게도 종교의 자유는 있으나 모두가 창조와 섭리의 원인이 되시는 유일의 최고존재가 있다고 믿으며, 결국 진리는 진리 자체의 힘으로 모습을 나타내고 빛을 발할 것이라고 한다. 참조. 토머스 모어, 「유토피아」(서울 : 대양서적, 1985), 155쪽 이하.

[111] 이 영화의 부제는 'There is no gene for the human spirit'이다. 생명공학 기술을 이용하여 인공적으로 우수한 유전자를 가지고 태어나는 아이들과 부모의 성행위를 통해 아무런 조작 없이 태어나는 '신의 아이들', 이렇게 두 종류의 인간이 존재하는 세상에서 신의 아이로 태어난 주인공이 우수한 유전자를 가진 인간들만의 특권인 우주 비행사가 되기 위해 유전정보를 돈으로 사서 자신을 숨긴 채 살아가는 이야기다. 인공적인 아이들이 우주를 지배하며 정상적인 아이들은 지배를 당하지 않기 위해 필사의 노력을 해야 한다는 것이다. 이 영화에서 관심을 끄는 것은 손가락 끝 혈액을 추출하여 기존의 유전정보 데이터와 비교하여 신원을 확인하는 장면이다. 경찰이 주민등록번호를 이용하여 신원을 확인하는 것과는 전혀 다른 큰 문제점이 있다. 참조. 환경운동연합, 「함께 사는 길」(서울 : 환경운동연합, 2001), 3월호, 38쪽 이하.

(2) 인간의 복제는 하나님의 창조행위라기보다는 창조된 인간을 인간이 조작(maniplation)하는 것이다. 하나의 창조의 과정을 위반하는 행위로서, 이 결과로 태어난 인간이 인간사회에 도움을 주지 못하고 오히려 전쟁이나 범죄, 청부살인 등에 사용되는 경우 생겨나는 피해는 보통 심각한 것이 아닐 것이다.

(3) 복제인간으로부터 장기이식을 하는 경우 복제인간을 인간으로 인정할 것인가, 아니면 고부가가치를 갖는 만능세포로 볼 것인가에 관한 논란이 많다.[112] 난자에 체세포가 이식된 후 14일이 경과한 인간의 배아는 사실상 연구를 금지하고 있다. 복제인간에 대한 구별을 확실히 하며 연구를 계속할 수 있을까? 그리고 인간의 생명을 신비가 아니라 하나의 상품처럼 간주하여 일련번호인 바코드(bar code)를 통해 식별해야 하는가?

(4) 무질서와 대 혼란의 사회가 될 것이다. 인간이 포악해지며 곳곳에서 복제인간을 유용하게 쓰기 위해 사냥(hunting)하는 일이 벌어질 것이다. 유용하게 쓰기 위해 복제인간을 만들었다면 인간이 복제인간을 이미 노예화한 것이다.

(5) 복제인간은 모든 면에서 우수한 형질만을 복제하여 만든 인간이기 때문에 이들이 바라는 사회는 이상사회지만, 현실이 이것을 뒷받침해 주지 못할 경우 생기는 좌절감은 범죄와 전쟁으로 이어질 전망이 매우 크다.

(6) 무엇보다 큰 문제는 원래의 자연출생적인 인간과 복제인간 사

---

112) 임종식, "인간 배아 연구와 수정 후 14일", 「녹색평론」(서울 : 녹색평론사, 2000), 3-4월 통권 제51호, 66쪽 이하.

이의 경쟁문제다. 복제인간은 처음에는 소수에 머물지만 시간이 지날수록 이 지구상에서 진짜 인간은 우수한 형질을 가진 복제인간에 밀려 자취를 감추게 됨으로써, 결국 인간은 인간에 의해 멸망을 초래할 수밖에 없다는 결론에 이르게 된다.

(7) 복제인간에 대한 정상인간의 인정 문제다. 아무리 사회에 봉사하며 우수한 형질을 가진 인간이라 할지라도 복제인간은 복제인간이기 때문에 인간들이 복제인간을 인정하려 들지 않을 것이다. 이렇게 되면 지구상에 존재해야 할 평화의 공존과 공동체의 유지에 큰 타격을 입게 된다. 정상인간과 복제인간 사이의 갈등문제는 지구가 가지고 있는 어떤 문제보다도 큰 생존대결의 문제가 될 것이다.

5. 신학적 문제

앞에서도 언급한 바대로 유전자 조작과 인간의 복제는 신학적으로 많은 문제를 내포하고 있다.

(1) 하나님의 창조질서를 위배하는 것이다. 지금까지 우리는 남자(male)와 여자(female) 사이에서 생명이 탄생하는 것으로 알고 있었는데 남자 없이도 인간의 생명이 출생할 수 있다는 이러한 전통적인 사고가 무너져 버린다.

(2) 우리의 생명은 하나님으로부터 온다는 신앙고백적이며 성서적인 가치관이 무너져 버린다. 이것은 분명 하나님의 권위에 대한 도전이며 성경말씀에 대한 위배행위다.

(3) 원래의 인간과 복제인간 사이의 진위(眞僞)문제에 대한 가치관의 혼란이다. 복제인간 역시 영과 육이 결합된 진짜인간인가? 아니면

가짜인간인가? 인간의 출생은 깔뱅의 '예지예정'의 틀에서 볼 때 이미 만세 전에 택함을 받은 하나님의 계획과 섭리 속에서 이루어지는 사건인데 이와는 반대적인 결과가 된다. 인간의 조작에 의한 특정한 날이 한 인간의 출생을 결정한다.

(4) 여기서 생겨나는 심각한 문제는 인간복제의 경우 영혼의 문제가 발생한다는 것이다. 그들에게도 영혼이 있을까라는 문제가 생겨난다. 본래의 인간은 예수를 믿지 않고 죽었으나 복제된 인간이 회개하고 예수를 믿을 때 본래의 인간도 구원받을 수 있을까? 하나님은 복제인간도 자신이 창조한 인간으로 간주하실까? 신학적으로 볼 때 그렇지 않을 것 같다. 복제인간은 인간에 의해 만들어진 복제인간이기 때문이다.

6. 생명윤리위원회 공동선언[113]

한국천주교회와 한국기독교 생명윤리연구회가 2001년 5월 23일에 발표한 인간복제에 관한 천주교·개신교 공동선언은 다음과 같다.

---

113) 「생명복제, 현대 인류의 바벨탑」(서울 : 바오로딸, 2001), 19쪽. 이 책은 생명복제를 반대하는 홍보용 책자로서 박영대 글과 박흥렬 그림의 만화책이다. 여기에는 생명복제와 관련된 기관과 홈페이지를 실어 놓았는데 http : //를 생략한 홈페이지 주소는 다음과 같다. 과학기술부 생명자문위원회 : www.kbac.or.kr, 생명안전윤리위원회 : kabb.ksdn.or.kr, 유전자조작식품반대생명연대 : my.dreamwiz.com/antigmo, 참여연대 시민과학센터 : cdst.jinbo.net, 박병상박사 : inha.net/phdlet, 이동익 신부 : www.catholic.ac.kr/donglee 홈페이지등이다.

우리 천주교와 개신교는
1. 수정과 동시에 인간 생명이 시작되며,
1. 인간은 하느님의 형상을 따라 창조된 존엄한 목적적 존재이며,
1. 생명의 시작, 삶 그리고 죽음 등 생명의 주권은 하느님께 있음을 고백하면서,
현재의 생명공학 및 의학연구에 대한 인간존엄성 훼손을 우려하며 다음과 같이 선언한다.

1. 14일 이전 배아 역시 인간 생명체이기에 인간 배아 복제 및 인간 배아 실험은 인간을 수단화하는 반인륜적 행위이다.
1. 인간 개체 복제는 하느님 주권에 대한 도전이며 신성한 가족관계를 파괴하는 행위이다.
1. 인간 유전자에 대한 인위적인 조작행위는 하느님의 창조에 대한 중대한 도전이다.
1. 인간 배아 복제 및 인간 배아 실험을 중단하고 질병치료의 다른 대체 치료책을 개발할 것을 촉구한다.
1. 인간 배아 및 인간 복제를 금지하고 배아를 보호하는 내용을 골자로 한 '인간복제 금지에 관한 법률'(가칭) 제정을 촉구한다.
여기서 요구되는 것은 무엇보다 생명공학을 다루는 과학자들의 윤리의식과 생명의 존엄성에 관한 사고의 대전환이 이루어져야 한다는 점이다.

생명공학은 그동안 녹색혁명을 통해 식량문제를 해결하고 의료혁명을 불러일으키는 등 인류의 복지에 크게 기여해 온 것만은 사실이

다. 그래서 각국마다 미래의 국가경쟁력을 좌우하는 첨단기술로 치열한 경쟁을 벌이고 있다. 특히 이번의 복제기술은 축산분야에서 생산성을 높이는 데 기여하리라 본다. 또한 복제를 통해 동물로부터 새로운 의약품을 생산하고 멸종 위기를 맞고 있는 희귀동물의 유전형질을 보존하는 등 생물의 다양성 확보에도 큰 도움을 주리라 전망된다. 이 일을 책임진 과학자들에게 먼저 생명의 존엄성과 경외사상을 갖도록 하는 것은 복제를 무분별하게 사용한 것에 대해 사후처벌을 하는 규제장치보다 훨씬 중요한 일이다.

우리가 21세기를 살면서 디지털 혁명이 가져온 편리함 위에 DNA(유전인자) 혁명이 인류의 건강과 풍요를 가져오리라는 희망을 버릴 수는 없으나, 복제양과 복제원숭이를 거쳐 복제인간이 태어난다는 전제에 대해 어떻게 대처할 수 있는가가 우리의 근본적인 물음이기도 하다.

기독교와 과학 간의 갈등은 오랜 역사를 가지고 있다. 특히 창조설과 진화설은 아직도 사회일각에서 날카롭게 대립되고 있다. 이 두 진영 사이의 관계에 대하여 판넨베르크는 보충적으로 이해하고 있다. "창조설과 진화설은 지속된 창조(creatio continua)라는 개념을 통해 화해가 가능하다고 본다. 성경에서 말하는 창조는 결코 그 옛날 몇 일만에 끝나고만 일회적인 행위가 아니다. 또 과학자들이 말하는 진화는 아무 목적 없이 그저 기계적으로 진행되는 필연적인 과정이 아니다. 오히려 과학자들은 전혀 새로운 것이 갑작스럽게 출현하는 이른바 창발적 진화(emergent evolution)를 주장한다. 마찬가지로 신학자들은 하나님이 지속적으로 새 것, 즉 예기치 못한 것을 새롭게 창조하시는 분이라고 강조한다. 바로 이러한 창발적-지속적 창조개념을 통해 두 진영은 공감대를 확인할 수 있다."[114]

하나님의 창조물을 이야기할 때 신학적으로 두 가지의 전제가 있어야 할 것 같다. 그 한 가지는 무에서의 창조요, 다른 하나는 계속적인 창조다. 복제된 인간은 무에서의 창조라는 하나님 주권적인 신앙에 위배되며 동시에 계속적인 하나님의 창조질서에 어긋난다. 하나님께서 인간을 만드신 것은 하나님의 근원적인 창조행위이지 인간이 무엇을 재형성한다든지 만든다는 그런 차원과는 전혀 다른 것이다.

이 세계를 무로부터 구별하여 존재하게 하신 하나님의 돌보심은 창조의 보존(conservatio)이라는 섭리에 머물게 되는데, 이것을 우리는 '계속적 창조'(creatio continua)라고 한다. 그의 창조의 능력은 지금도 활동하고 있으며 피조물의 세계가 존속하는 것은 바로 이 능력 때문이다.

이러한 점을 감안하여 한국과 중국 등 남아를 선호하는 아시아 국가의 무분별한 산아조절 결과를 보더라도 인간의 의도적인 출산조절은 절대적인 여자의 부족으로 배우자 선정의 문제점 등 향후 심각한 사회적 문제들을 자초하고 있다.

인간의 복제 역시 남자와 여자의 사랑의 결과로 출생되는 그러한 생명의 창조라기보다는 인간이 계획하고 의도하는 목적을 위해 만든, 인간의 조작에 의해 태어나는 것이기 때문에 신앙적인 의미에서 하나님의 창조물이라고 말할 수 없다. 마치 오래된 책을 보전하기 위해 책

---

114) 참조. 조선일보 11월 5일자 문화면 판넨베르크 교수 초빙 인터뷰 내용. 한국학술원, 대우 재단, 조선일보가 공동으로 판넨베르크 교수를 초빙하여 11월 7-10일까지 2001년 석학 연속강좌를 개최하였다.

을 복사하여 제본하는 것과 무엇이 다를까? 내용도 같고 외형도 같으나 원본과 복사본의 차이는 분명히 있는 것이다. 원본은 원본이며 복사본은 복사본일 뿐이다. 여기서는 하나님의 형상으로서의 인간을 찾아볼 수가 없다.

인간의 복제기술과 생명과학의 발전과 함께 인간 생명창조의 비밀 설계도인 게놈 프로젝트가 완성되면[115] 급속한 의학의 발전에 기여하여 우리가 상상할 수 없을 만큼 인간의 수명이 연장될 것이다. 인간의 평균 나이가 100세가 넘는 시대를 맞이할 것이다. 그러나 장기이식이나 노화방지를 통해 인간의 생명이 무한정으로 연장되고 심지어 불로장생할 수 있다는 것을 가정할 때,[116] 하나님께서 허락하신 인간의 유

---

115) 인간을 달에 보냈던 아폴로 계획에 비유하여 생명공학계의 아폴로 계획은 인간 게놈 프로젝트라고 한다. 미국, 영국, 프랑스, 독일, 일본, 중국 등 6개국으로 구성된 국제 컨소시엄인 인간 게놈 지도작성(HGP, Human Genome Project) 팀과 미국 벤처기업인 셀레라 지노믹스 사가 각각 독립적으로 수행한 연구를 통해 인간게놈의 염기서열을 약 99%정도 밝혀 냈다고 한다. 참조.「과학동아」, 2001년 3월호, vol. 183, 82쪽 이하.

116) 2001년 11월 25일 미국 메사츄세츠 주의 생명공학 회사인 Advanced Cell Technology사가 인간 배아 복제 성공을 발표함으로써 난치병을 치료하는 새 장이 열렸다. 기증자의 난자에 환자의 체세포에서 추출한 핵을 이식한 후 전기충격과 난자 활성화 물질을 투여하면 인간 배아 복제가 된다. 그리고 4-5일 후 세포 안에 내부세포 덩어리가 형성된다. 심장, 근육, 혈구, 간장, 신경 등 인체의 모든 세포와 조직으로 성장할 잠재력을 가진 이 내부세포 덩어리를 미세조직으로 떼어내 실험실에서 키운 것이 줄기세포이다. 이것을 떼어내지 않고 자궁에 이식하면 인간복제가 이루어진다. 줄기세포는 260여 가지로 분화할 수 있으며 5~10년 이내에 줄기세포를 이용한 의료시장은 연간 3,000억 달러에 이를 것으로 전망된다. 참조.「과학동아」, 2001년 7월, vol. 187, "인간 배아 · 줄기세포 · 유전자 변형", 98쪽 이하.

한한 생명을 대치(substitution), 조작(maniplation)하는 행위는 창조물을 논하기 전에 인간이 매우 위험한 유토피아를 꿈꾸는 인위적인 행위일 뿐이다.

하나님의 창조 이후 인간이 지구상에 존재하는 이유는 기독교 신앙적으로 볼 때 하나님의 창조물들을 관리하며 하나님께 영광을 돌리기 위한 것이라고 볼 수 있다. 그런데 복제인간은 인간의 필요에 의해 인간을 위해서 만들어졌다는 것이 근본적으로 창조의 신앙과 대치되는 부분이다.

미국이나 기타 다른 선진국에서는 생명에 강한 애착을 가진 사람들이 불치의 병에 걸렸을 때 수많은 경비를 들여 의학이 발달할 때까지 시한부적으로 자신의 시체를 냉동시켜 치료를 기다리는 사람들이 있다고 한다. 그러나 설령 이들이 오랜 시간이 지난 후 치료를 받아 깨어난다고 하더라도 새로 변화된 사회에 적응하고 사는 것은 기대한 만큼 되지 못할 것이 뻔한 일이다.

인간의 삶은 유한한 것일수록 좋다. 우리가 지구상에서 살고 있는 한 우리의 삶은 하나님의 창조질서에 순응하는 것이 자연스러우며, 그것이 인간에게 행복을 가져온다. 하나님께서 주신 지혜를 가지고 인간이 이룩해 놓은 과학문명의 발전은 인간에게 최상의 편리함과 이익을 제공하는 첨단과학에까지 이르렀다. 우리가 더 이상 또 어떤 것을 기대한단 말인가?

필자는 과학 배타주의자는 아니지만, 인간의 과학과 기술문명이 발달한 만큼 지금에 와서 옛날과 비교해 볼 때 모든 삶이 편리하고 여유가 있고 신속하게 일처리가 가능해졌기 때문에 행복한가라는 질문에 대해서는 부정적인 소견을 가지고 있다. 세계가 지구촌이 되어서 세계의 일이 손끝 하나로 처리되는 세상에 살게 되었는데, 이러한 일들이 불가능하던 그 때와 비교해 볼 때 "과연 인간이 만족한 삶을 영위하고 있는가?"라는 물음에 대해서 "그렇다."라고 속 시원하게 대답할 사람이 별로 없는 시대에 우리는 살고 있다. 문명의 이기를 져버리고 자연의 품으로 돌아가자는 것이 소박한 인간의 꿈이 되어 가고 있다.

인간이 자연 속에 산다는 것은 하나님이 주신 또 하나의 행복이다. 자연의 품에서 왔다가 자연의 품으로 돌아가는 인간의 유한한 생을 복제를 통해 연장시키고 재생하려는 욕망은 창조의 법칙을 거스리는 불확실한 인간의 유토피아적 꿈일 뿐 현실과는 너무나 거리가 멀다.

세상 사람들이 복제를 해도 좋다고 하는 제1순위의 사람들 중에 마리아 테레사나 에이브라함 링컨 그리고 마틴 루터 킹 목사 등을 복제했다고 해보자. 과연 그들이 다시 이 세대에서 필요한 사람들일까라는 문제는 심각하게 제기해 볼 만한 문제다. 시대가 사람을 필요로 하고 한 시대가 새로운 사람을 만드는 것처럼, 복제인간은 시대가 필요로 하는 사람이 아닐 수도 있다는 것이다. 지금 이 세대가 필요로 하는 사람은 오히려 빌 게이츠나 그 이외에 정보화 시대에 적응하는 창조적 전문인이다.

물론 예외가 있을 수도 있다. 불치의 병에 걸렸을 때 장기이식을 한다든지 갑작스러운 교통사고로 인한 대치기관의 사용이라고 할 수 있겠으나, 이것 역시 최근에 일반화되고 있는 장기기증 운동이 정착되고 확산되면 이 문제를 해결할 수 있다.

복제된 인간은 인간인 것은 사실이다. 그러나 하나님의 창조질서를 통해 출생된 것이 아닌, 인간의 의도적인 결과에 의한 인간이기 때문에 하나님의 창조물은 아니다. 위에서도 언급한 바대로 복제된 인간이 일반화될 때 원래의 인간과 복제인간의 구별문제는 하나의 큰 쟁점이 될 것으로 예상된다. 복제인간이 "나도 하나의 인간이다."라는 말은 옳다. 그러나 하나님의 예지예정과 섭리에 의해 태어난 사람은 아니다.

기독교인들은 창조의 사역을 하나님의 영역에 있는 일로서 '무에서의 창조'(creatio ex nihllo)로 굳게 믿고 있다. 무에서의 창조는 "하나님이 창조의 사역에 부분적으로 참여하신다거나 창조의 반대자이거나 원료와 물질을 전제하는 창조가 아님"[117]을 말하는 것이다. 그러한 면에서 창조는 인간의 언어가 아니라 하나님에게 쓰는 용어다. 그런데 인간이 스스로 세포조작을 통해 인간을 만들어 낼 수 있다면 신성에 대한 모독일 뿐 아니라 자연과 인간의 조화에서 탄생되는 우주의 질서에 대한 파괴와 범죄의 행위가 아닐 수 없다.

복제된 인간은 창조에서 나온 인간이 아니라 복제인간이라는 한계에 부딪치며 주어진 자신의 생명을 영위하기 위해 자기 나름대로 최선을 다할 것이다. 그것이 인류의 평화에 도움이 될지 해악이 될지는 누구도 예측할 수 없다.

하나님이 만드신 처음의 창조는 좋았으나, 인간에게 주어진 이성을 무한정으로 사용하여 인간의 편리함과 장수를 꿈꾸면서 인간복제와 줄기세포를 무분별하게 만들어 인간 자신의 편리만을 위해 사용하는 것은 창조를 거스리는 행위일 뿐이다. 여기서도 인종과 성의 차별, 생태계와 생명의 파괴, 인권침해와 탄압이라는 새로운 형태의 빈익빈,

---

117) Christian Link, *Schöpfung, Schöpfungstheologie in reformatorischer Tradition*, HST 7/1(Gütersloh : Gütersloher Verlagshaus, 1991), p. 236.

부익부 현상이 생겨날 것이다.[118] 복제인간이나 줄기세포의 이용이 과연 가난한 자와 소외된 자의 것이 될 것인가는 의문시된다.

창조의 주관자이신 하나님이 바로 생명의 주인임을 믿는 우리는 인간 배아 복제를 금지하도록 적극적인 교육과 홍보를 해야 한다. 동시에 생명윤리에 관한 기본법이 제정되어 활용되도록 시민운동을 전개해야 한다. 생명복제와 줄기세포의 이용으로 인간의 생명을 인위적으로 연장한다는 환상에서 벗어나 헌혈과 장기기증 등 생명을 나누는 일에 동참할 때 인간의 존엄성이 회복되고 생명을 조작하는 산업이 최소화되지 않을까 사려되는 바이다. 더욱이 인간의 삶을 결정하는 모든 삶의 윤리적 결단과 행동들을 하나님의 위임명령으로 본다면 생명의 복제와 줄기세포의 사용은 두렵고 떨리는 마음으로 접근해야 할 문명의 이기와도 같다.[119]

---

118) 이러한 문제들은 세계교회협의회(WCC)가 주관하는 신학의 주제들이다. 1990년 서울에서 열렸던 정의, 평화, 창조의 보전 서울대회(JPIC Convocation, Seoul, 1990)는 20여 개국의 나라들이 공동으로 제안한 10개의 신앙고백을 채택하였다. 이것들은 모두 생명과 연관이 있다. 즉, 그것들은 정치권력, 빈곤, 인종차별, 성차별, 주권침해, 평화, 생태계 파괴, 원주민 학대, 청년문제, 인권 등이다. 한국은 수단과 함께 여섯 번째 문제인 "예수 그리스도의 평화를 고백한다"는 내용을 다루었다. 이것은 1997년 아프리카의 케냐 나이로비에서 열렸던 생명의 신학대회(Theology of Life Conference of WCC-Unit III)에서 채택되었다. 참조. 이삼열 엮음, 「생명의 신학과 윤리」(서울 : 숭실대 기독교사회연구소, 1997), 36쪽 이하.
119) 여기에서 말하는 문명의 이기는 인간의 삶에 유용하게 이용되고 있으나 인간의 삶 자체를 위협하는 것들을 말한다. 예를 들면 불과 화약, 다이나마이트, 원자핵, 방사선, 세균배양, 바코드 등이다.

 몰트만의 성령에 대한 새로운 이해와 비판

여의도순복음교회 국제신학연구원이 독일 튀빙엔 대학의 신학부 몰트만 교수를 2000년 5월 중순에 초청하여 '성령과 교회'라는 주제를 가지고 신학에 관한 공개강연을 하면서 그들의 성령신학을 몰트만의 신학에 접목시키려 한 것은 약간 의외의 일이었다. 지금까지 순복음의 신앙과 신학은 은사중심의 성령과 체험적인 개인신앙을 강조해왔는데, 금번 몰트만의 신학강좌를 통하여 성령의 공동체적 은사와 역할에 대해 새로운 전기를 마련했다고 해도 과언이 아니다.

본 논거를 통해 필자는 몰트만의 성령이해를 지금까지의 전통적인 성령이해와 비교하면서 몇 가지 문제점을 제기하려 한다.

1. 기능적인 삼위일체에서의 성령의 이해

우리가 말하는 소위 전통적인 신학은 성령의 주도적인 역사를 우리가 경험하고 있는 현재 교회의 시대에 국한하는 것을 볼 수 있다. 구약의 시대는 성부 하나님이 주도적으로 창조사역을 이루셨으며, 신약의 시대는 예수 그리스도가 속죄의 사역을 그리고 우리가 살고 있는 현 교회의 시대는 성령이 주도적으로 구원의 사역을 이루신다는 것이 일반적인 삼위일체에 대한 이해이며 바르트의 견해이기도 하다.

교회사적으로 볼 때 터툴리안은 자연으로부터 삼위일체에 관한 여러 유비를 이끌어 낸다. 그는 성부와 성자와 성령을 나무에서 뿌리와 관목과 수목으로 비유했으며, 수원과 하천 그리고 강에 비유하기도 하였다. 여기서는 생명의 원천으로서의 성부의 역할이 강조되지만 종속설이 자리잡고 있음을 보게 된다. 아들과 성령이 낮은 신적 본질을 가지는 파생적 존재에 지나지 않는다는 것이다.[120] 그 이외에 삼위일체를 설명할 때 세 잎을 가진 클로바와 개인이 갖는 신분인 나 자신과 아들로서의 나 그리고 아버지로서의 나를 말함으로써 세 직분을 동시에 말하기도 하지만, 이는 왠지 미흡하다. 삼위일체의 교리가 신비 중의 신비라고 표현한 어거스틴의 말에 공감이 간다.

바르트는 하나님은 창조주, 예수 그리스도는 속죄주 그리고 성령은 구원주라고 서슴없이 말한다. 바르트가 삼위의 하나님을 사역이 다른 이름으로 구분하려 하는 것은 삼위의 각기 다른 기능과 역할에 중점을 둔 해석이기도 하다. 우리가 믿는 삼위일체 하나님은 창조주로서 아버지가 되시며 속죄주로서 아들이 되시며 구원주로서 영원한 영이 되신다[121]는 것이 그의 이해다.

이것을 그림으로 그리면 다음과 같다.

---

[120] J. L. 니이브, 「기독교 교리사」(서울 : 대한기독교서회, 1965), 177쪽 이하.
[121] K. Barth, *Die Lehre vom Wort Gottes* I,1(Zürich : Theologischer Verlag, 1981), p. 404ff.

몰트만의 성령에 대한 새로운 이해와 비판 227

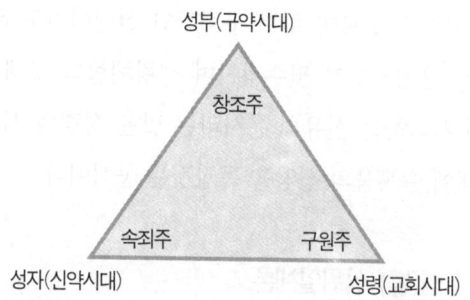

 이 그림에서 나타나는 문제점은 종말이 오기까지의 전(全) 역사와 시대를 세 개로 구분하여 구약시대와 신약시대, 그리고 교회의 시대로 나누어 생각하는 것이다. 또한 창조의 사역을 과연 바르트처럼 하나님의 주체적인 일로만 규정할 수 있으며 예수 그리스도와 성령은 창조의 사역에서 보조적인 역할을 했다고 할 수 있는가라는 점이다. 신약의 시대에는 예수 그리스도가 주체적이며 교회시대에는 성령이 주체적인 사역을 감당한다고 할 때, 결국 그가 말하고자 하는 것은 기능 중심적인 삼위일체론을 주장한 결과가 되었다.
 기능중심적인 삼위일체론에서 성령은 성령의 감화와 은사 중심의 역할이 강조되고 부각될 것이다. 성령은 능력의 영으로서 죽은 자를 살리며 병든 자를 고치며 귀신을 쫓아내는 강한 영이다. 이 영은 초은사적인 신앙경험을 통해 임재하며 그리스도를 구주로 고백하게 하며 하나님을 아버지로 믿게 하시는 영이다.
 순복음의 성령체험과 이해는 이러한 기능적인 성령이해에서 성령을 인격이라기보다는 힘과 능력(dynamis)으로 규정해 온 것이 사실이다. 그래서 성령을 인간 개인의 신앙적 노력과 신비적인 신앙체험을 통해 받아들일 수 있다고 믿어 왔다. 순복음에서 주장하던 삼박자 구원은 이를 단편적으로 보여 주는 구체적인 실례이기도 하다. 성령체험을 위해서는 금식기도가 필수적이며 성령체험의 구체적인 결과는 방언으로부터 시작하는 신유의 은사라는 말은 성령의 시대라고 규정되는 교회시대에 순복음의 신앙을 특징짓는 공식이다.

2. 몰트만의 영(靈) 삼위일체론

몰트만의 삼위일체론은 기능적인 삼위일체론과는 거리감이 있는 영(靈) 삼위일체론이라고 규정할 수 있다. 그가 즐겨 인용하는 "창조주 영이시여, 오시옵소서."(Veni, Creator Spiritus)라는 말에서부터 그는 삼위일체와 영을 함께 사용하기를 즐겨 한다. 몰트만에게 하나님은 '영의 하나님'이시다. 하나님이 계신 곳에는 영이 계시며 영이 계신 곳에는 하나님이 계신다. 하나님과 영의 임재는 서로 뗄래야 뗄 수 없는 깊은 관계를 가진다.

몰트만은 이 하나님의 영을 바르트처럼 창조에 국한시키지 않고 '생명의 원천'(fons vitae)으로 규정한다. 이 생명은 인간이나 생명체가 갖는 추상적인 '생명'(life)이라기보다는 온 우주 안의 피조물들이 갖는 '생명력'(vitality)이라고 보는 것이 옳다. 결국 하나님이 계신 곳에는 하나님의 영이 계시며 그 곳에는 생명력이 있게 된다는 결론이 나온다.

성경은 "창조의 놀라운 장엄함을 거듭 찬양하고 모든 피조물에게 생기를 불어넣는 생명의 숨결에 대해 감사하며 하나님이 선한 창조에서 보여 주신 섬세한 지혜가 처음부터 존재함"[122]을 말하고 있다. 몰

---

122) 래리 라스무센, "생명의 신학과 에큐메니칼 윤리", 「생명의 신학과 윤리」, 이삼

트만은 이러한 생명의 영으로서의 성령의 이해를 가지고 창조와 구원의 범위를 전(全) 우주적으로 해석한다.

지금까지의 전통신학은 창조의 극치를 인간에게 두어 하나님의 형상으로 창조된 인간을 중심으로 하는 성경해석을 해왔다. 전통신학에서 다른 피조물의 창조는 인간의 창조를 위한 전주곡에 불과하다. 모든 창조는 인간의 창조를 위한 보조물의 창조로 해석한다. 몰트만은 우선 이러한 인간중심적인 창조를 거부한다. 그는 창조의 순서로 볼 때 인간의 창조는 가장 뒤늦게 이루어졌으며, 이런 면에서 인간은 지구상에 찾아온 손님이지 주인이 아니라는 피조물의 입장에서 인간의 창조를 재해석한다. 인간은 창조의 역사에서 하나의 피조물의 구성원인 것이다.[123] 몰트만은 인간이 갖는 하나님의 위임명령을 거부하는 것은 아니다. 하나님으로부터 이 땅을 관리하라는 위임명령을 받은 인간은 다스림보다는 관리자로서 그의 역할을 감당하는 것이 중요하다고 한다.

몰트만은 그리스도의 사역을 단순히 신약시대를 대별하는 것으로 표현된 바트르의 견해를 뛰어넘어 영적인 그리스도의 모든 사역으로

열 엮음(서울 : 숭실대 기독교사회연구소, 1997), 271쪽 : 라스무센은 이 책에서 히브리인들이 믿는 하나님은 노예의 상태에서 그들을 해방시킨 하나님임을 강조한다. 그리고 새로운 하나님의 백성으로 태어난 히브리 민족은 자신들이 속한 공동체와 세계에 대해 하나님이 원하시는 정의와 자비의 세계가 되도록 하는 책임을 부여받았다고 해석한다. 이러한 사상은 새로운 계약 공동체인 기독교인들이 가져야 할 에큐메니칼 윤리이기도 하다.

123) J. Moltmann, *Gott in der Schöpfung*(München : Chr. Kaiser, 1985), p. 193ff.

이해함으로써 하나님의 영과 연결시킨다. 그리스도의 사역은 그의 전 생애를 통해 영적인 하나님의 사역이라고 말하려는 듯하다. 그리스도의 잉태와 탄생, 광야에서의 시험, 세례, 십자가와 죽음, 부활의 사건에 이르기까지 그의 사역은 순전히 영적인 그리스도의 사역이다. 이를 통해 몰트만이 말하려는 것은 단순한 기독론이 아니라 영(靈) 기독론이다.

교회의 시대를 특징지어 주는 성령의 시대를 몰트만은 '그리스도의 영'이라는 틀에서 이해하고 있다. 바르트처럼 성령을 하나님의 영원한 영이라고 표현하기보다는 '그리스도의 영'이라고 구체적으로 말함으로써 영의 역할이 바로 그리스도의 사역임을 강조하는 것이다. 여기에는 '영적인 그리스도의 사역과 그리스도의 영적인 사역'을 중보의 사역으로 보면서 중보의 구원선상에서 그리스도를 보려는 강한 신학적인 의지가 들어 있다고 여겨진다. 바르트에게서 구별되는 신약시대와 교회의 시대가 몰트만에게서는 구별되지 않고 '영-그리스도'로 통합되어 나타난다.

몰트만의 신학이 갖는 특징은 종말론이다. 영적인 그리스도의 사역과 그리스도의 영적인 사역이 끝나면 종말론이 등장한다. 재림주로 오시는 하나님이 직접 다스리시는 하나님의 나라가 종말의 나라다. '오시는 분'(ὁ ἐρχόμενος)에 의한 희망의 종말론이다.[124] 종말이 희망이 되는 것은 과거 묵시사상에 기초한 전통신학이 갖는 종말의 특성인 대환난과 파괴, 죽음과 고통, 세상 끝 그리고 심판이라는 것을 뛰

---

[124] J. T. Beck, *Vorlesungen über christliche Glaubenslehre*, Bd. 2(Gütersloh : Güterslöcher Verlag, 1887), p. 679.

어넘어 새 하늘과 새 땅을 전제로 하기 때문이다.

종말의 주인은 하나님을 대적하는 사단이 아니라 전적으로 영원한 우리의 아버지이신 하나님이시다. 즉, 하나님에 의해 주체적으로 이루어지는 영광스러운 종말론이다. 이는 이미 영적인 그리스도의 사역에서 전제(prolepse)되어 나타났다. "하나님의 존재는 되어 감(Werden) 속에 있지 않고 오심(Kommen) 가운데 있다. 만일 그것이 되어 감 속에 있다면 그것은 지나감(Vergehen) 속에 있을 것이다."[125] 그의 오심을 통해 영원한 나라가 세워지며 그 속에 영원한 생명과 영원한 시간이 있게 된다.

몰트만은 그의 대표적인 저작 「희망의 신학」에서 종말을 보다 적극적인 표현인 '기다림'으로 표현한다. "기다림은 삶을 더 좋게 만든다. 기다림은 인간 자신의 모든 현재를 받아들이게 하며 기쁨 속에서뿐 아니라 고난 속에서도 기쁨을 갖게 한다. 행복을 행복 안에서뿐만 아니라 고통 속에서도 발견하게 한다. 희망은 행복과 고통을 넘어서게 한다. 왜냐하면 희망은 지나가는 자와 죽어 가는 자, 그리고 죽음에 직면한 자에게도 미래를 하나님의 언약 속에서 보여 주기 때문이다."[126]

바르트에게는 하나님의 사역을 시대적인 구분 안에서 본다면 창조

---

[125] 위르겐 몰트만, 「오시는 하나님」, 김균진 역(서울 : 대한기독교서회, 1997), 59쪽 이하 : 희망의 하나님은 오시는 하나님이다(사 35 : 4, 40 : 5). 하나님이 그의 영광과 함께 오실 때, 그는 온 우주를 그의 영광으로 가득 채울 것이다. 모든 사람이 그를 볼 것이며 그는 죽음을 영원히 삼킬 것이다.

[126] J. Moltmann, Theologie der Hoffnung(München, Chr. Kaiser, 1980), p. 27.

와 속죄, 구원으로 나누어 보겠으나, 몰트만은 그의 영 삼위일체론을 주장하면서 창조와 구원의 사역 그리고 새 창조로 나눈다. 구원의 사역에는 그리스도의 영적인 중보의 역할이 중심적이다. 이것을 도표로 나타내면 다음과 같다.

하나님	영	그리스도	영
영	그리스도	영	하나님
구약시대	신약시대	교회시대	종말
하나님의 창조	**중보의 구원(십자가와 부활)**		**영의 새창조**

이 도표에서 강조되는 중심점은 '그리스도의 십자가와 부활'이 갖는 전제(prolepse)이다. 몰트만은 그리스도의 십자가와 부활의 사건을 '만물을 하나님과 회복시키려는 우주적인 사건'(골 1 : 20)으로 본다. 십자가를 그리스도의 십자가로만 보게 되면 죄악으로 말미암아 하나님과 원수 된 인간의 회복과 구원을 당연히 말하는 것 같으나 '영-그리스도'의 직책은 모든 만물의 생명의 원천으로서 우주적인 구원을 이루는 하나님의 영이라는 점이다.

모든 것이 하나님으로부터 나왔으며 우리에게 화목케 하는 직책을 주셨다고 할 때(고후 5 : 18), 영-그리스도론이 강조하는 바는 인간중심의 구원을 주로 이야기하던 신학의 틀에서 벗어나 온 만물의 구원과 회복을 말하고 있는 듯하다. 전통적인 신학은 이것을 받아들이기에는 선결할 문제들이 많다.

몰트만은 그의 종말론에서 "피조물이 썩어짐의 종노릇에서 해방되어 하나님의 자녀들의 영광의 자유에 이르기를 바란다."(롬 8 : 21)는 말을 들면서 십자가와 부활을 실존적으로 이해하려 한다. 그에게 십자가는 하나님의 영이 없는 현실이다. 그러나 부활은 하나님의 영이 존재하는 현실을 말한다. 하나님의 영은 그리스도의 영으로서 만물과 함께 하신다. 여기서 말하는 현실은 모든 피조물을 포함하는 생명 공동체다. 생명 공동체는 지구상에서 함께 살아야 할 동, 식물을 포함하여 우리가 말하는 정치, 경제, 사회, 문화 등 인간의 문화와 역사도 포함하며 "이스라엘의 지혜문학이 말하고 있듯이 하나님의 영이 온 땅을 가득 채우고 있다."는 것이다.[127]

그렇다면 하나님의 영은 온 땅에 편재한다는 것인가? 이러한 물음에 대해 그는 "하나님의 영은 모든 살아 있는 것들을 새롭게 하는 영"이라고 말한다. 하나님의 영은 오순절 신앙 공동체를 새롭게 했으며, 만물은 하나님의 생명의 호흡으로 존재하며 생명을 활성화하는 생명 공동체 안에 존재한다. 생명 공동체라는 이 모임을 벗어난다든지 이 모임이 파괴되면, 모든 만물은 생명을 잃게 된다. 이런 면에서 생명은 공동체이며 공동체는 생명을 살리는 힘이다.

앞에서 본 바대로 영-삼위일체를 주장하는 몰트만의 신학에서는 하나님-영-그리스도가 연속적으로 하나님의 창조와 구원 그리고 새 창조를 이루는 것처럼, 새 하늘과 새 땅으로 표현되는 새 창조에서는 영의 하나님과 인간 그리고 자연만물이 '서로 꿰뚫어 봄과 거함'(wechselseitige Durchdringung und Wohung)이 이루어진다고 보는 것이다. 이러한 상태를 신학적으로 표현한다면 범내재신론 (panentheism)이라고 할 수 있다.

---

127) 몰트만, 「성령과 생명의 신학 강연집」(서울 : 장신대, 2000), 13쪽.

몰트만은 자신이 경험한 제2차 세계대전이라는 시대적 상황과 경험을 통해 희망의 신학을 신앙고백적으로 전개했으며 이러한 신학적 폭을 가지고 생태계의 문제와 제3세계의 인권과 평화, 불평등한 세계의 경제와 차관 그리고 여성의 문제에 과감한 신학적 도전을 제기할 수 있는 폭넓은 신학자다.

몰트만이 말하는 바 "우리가 경험할 수 있는 가장 위대한 사건이 성령의 은사와 현존"이라면, 성령은 하나님과 그리스도의 영으로서 창조와 구원과 새 창조를 이루는 생명력으로 이해함이 구체적일 듯하다.

앞에서 언급한 대로 몰트만은 "모든 생명에서 보여지는 영의 부으심"을 말함으로 일반계시의 폭을 넓힌 것이 사실이다. 그는 영의 부으심을 통해 만물이 신적인 요소를 갖는다고까지 말한다. 이것은 사도 바울의 자연신학적인 표현(롬 1:20)이기도 하다. 문제는 그리스도를 통한 특별계시와 그리스도의 사역의 중요성이 몰트만의 영-그리스도론에서는 매우 약화된다는 점이다. 그리스도가 구체적으로 행하신 '참 신이자 참 인간'(vere Deus vere homo)으로서의 역사성을 영적인 차원에서만 보는 결과가 된다.

또한 하나님의 영이 있는 곳에 생명이 있다면 인간의 생명과 다른 피조물의 생명에 대한 가치의 문제가 제기된다. 생명이라는 점에서는 양자의 생명이 같으나 질적으로는 전혀 다르지 않을까? 이 점은 분명하게 차별화되어 해석해야 한다.

결론적으로 그는 성령 안에서 사는 것은 '오시는 하나님을 기대하는 신앙적 삶'이며 믿음의 공동체를 교회에만 국한시키지 않고 하나님이 만드신 우주만물이라는 생명 공동체까지 확산시키는 일을 해나

가는 하나님의 선교에 참여하는 구체적인 삶이라고 말하고 있다. 몰트만의 성령은 하나님의 영이며 생명의 영이며 그리스도의 영이며 온 우주에 있는 세계의 영(靈)도 되는 것이다.

14장 철학이란 무엇인가?

I. 어원

철학이란 고대 희랍어 애(philo)와 지(sophia)의 결합에 의해 생겨난 말이다. 이 말은 지식에 대한 사랑, 즉 애지(愛知)를 의미한다. 문헌상으로 보면 기원전 5세기경 헤라클레이토스(기원전 535-475년)가 철학자(Philosophos)라는 말을 사용했고, 헤로도토스(기원전 484-425년)는 철학하면서(philosophein)라는 말을 그리고 플라톤은 철학(phiosophia)이라는 말을 처음으로 사용하였다. 여기서 지식을 애호하며 탐구하는 애지학이 철학임을 알 수 있다.

철학이란 인간이 무엇이며 우주의 의미가 무엇인가를 물으며 자신이 도달한 결론이나 신념이 올바른가를 다시 검토하고 진리를 찾아나가는 정신적 활동이라고 볼 수 있다. 그러므로 인간의 정신적 활동이 있는 곳에는 철학이 있다고 할 수 있다.

2. 철학의 기원과 정의

철학은 기원전 6세기경 밀레도의 탈레스(Thales)에게서 시작되었다. 탈레스는 하늘의 별을 바라보며 천체의 운행에 대해 깊은 사고를 하였다. 즉, 그는 우주를 구성하는 근본물질이 무엇인가를 객관적으로 생각하였다. 이 객관적 사고가 지금까지의 우주 안에 있는 모든 것을 신화적으로 생각하던 틀을 깨고 철학의 기원을 장식한 것이다.

고대 헬라인들은 번개와 우뢰를 매우 두려워하였다. 그들은 제우스(Zeus)라는 신에 의해 그것들이 주어지는 것으로 이해하였다. 그래서 제우스에게 경의를 표하기만 하면 번개와 우뢰가 비켜 가리라 믿었다. 우주를 감정적, 주관적으로가 아니라 객관적, 합리적으로 본 것이다.

플라톤과 아리스토텔레스(기원전 384-322년)는 철학을 학문 일반과 동일시하였다. 존재자로서의 존재자의 근본원리를 연구하는 철학을 제1철학(proto phiosophia)이라고 하여 철학 일반과 구별하였다. 키케로가 철학은 처세술, 즉 삶의 기술(ars vitae)이라고 한 것은 그 시대의 철학적 성격을 적절하게 표현한 것이다. 처세의 방법으로서 스토아 학파는 금욕(apatheia)을, 에피큐로스 학파는 쾌락(hedone)을, 회의학파는 판단중지(epoche)를 주장하였다.

이렇게 처세술로서 윤리적인 경향을 갖던 철학이 고대 말기에 이르러서는 다시 종교화되었는데, 프로클로스(410-485년)는 "철학은 신학이다."라고 단정하였다. 이후 철학은 신학의 시녀(ancilla theologiae)로서 중세라는 세월을 지나면서 기독교의 교리를 체계화하는 데 큰 공헌을 하였다.

15-16세기의 문예부흥기를 거쳐 17세기에 이르러 철학은 교회의 굴레를 벗어나 종래 학문 일반을 의미해 오던 철학에서 여러 가지 과학이 분리되면서 독자적으로 발달하기 시작하였다.

한편, 철학의 개념을 한정시킬 필요가 생겨났는데, 칸트(I. Kant, 1724-1804년)는 이러한 시대적 과제를 수행한 사람이다. 그는 철학을 이성적 인식(Vernunfterkenntnis)이라고 규정함으로써 경험적 인식(empirische Erkenntnis)과 구별하였다. 경험적 인식 즉 과학이 보편필연적 인식으로서 성립하려면 선험적 원리가 필요한데, 이 과학의 선험적 원리의 인식이 바로 이성적 인식이다. 칸트에 의하면 "철학은 모든 경험적 인식의 선험적 원리를 연구하는 학문"이라고 할 수 있다.

피히테(Fichte, 1762-1814년)는 철학을 모든 지식의 기본원리를 연구하는 학문이라는 의미에서 지식학(Wissenschaftslehre)이라고 했으며, 헤겔(Hegel, 1770-1831년)은 절대이념의 변증법적 과정을 연구하는 학문이라는 점에서 절대학(Wissenschaft von Absoluten)이라고 규정하였다.

19세기 후반에 이르러 철학의 개념은 변화되었다. 철학은 일반적 지식을 모순이 없는 하나의 체계로 결합시킨 보편학이 되었다. 이를 대표하는 학자들은 마흐(E. Mach, 1838-1916년)와 분트(Wundt, 1832-1920년)다.

19세기 말부터 20세기 초에 이르러서는 "칸트로 돌아가자." (Zurück zu Kant!)라는 신 칸트학파 운동이 일어났다. 이것을 대표하는 빈델반트(Windelbant, 1848-1915년)는 철학을 "보편타당적 가치에 관한 비판적 학문"으로 규정하였다. 철학은 곧 가치학이라는 말이다.

현상학파의 대표자인 허셀(Husserl, 1859-1983년)은 철학을 본질학이라고 했다. 그리고 이를 대상의 본질을 연구하는 존재학(Ontologie)과 의식의 본질을 연구하는 현상학(Phenomelogie)으로 구분하였다. 하이덱거(M. Heidegger, 1889-1976년)는 "모든 철학의 문제는 어디서 와서 어디로 가는지를 연구하는 실존분석으로서 현존의 해석에서 출발하는 보편적 현상학적 존재학이다."라고 말함으로써 실존철학을 현대철학의 새로운 장으로 열었다. 또한 야스퍼스(K. Jaspers, 1883-1969년)는 철학을 "인간이 자신을 확인할 수 있는 심연으로 파고 들어가는 모험"이라고 실천적인 규정을 하였다.

철학은 이와 같이 시대의 진행과 함께 역사 속에서 다양한 의미를 갖고 있기 때문에 그 이념에 의해 규정하고 해석해야 한다.

3. 철학의 방법

철학을 순수한 이성적 학문으로 보는 사람들은 연역법(deduktive Methode)을 사용한다. 그 대표적인 사람이 스피노자다. 그러나 철학을 경험적인 학문으로 보는 사람들은 귀납법(induktive Methode)을 사용한다. 그 대표적인 사람이 하르트만(Hartmann, 1842-1906년)이다.

신 칸트학파처럼 형이상학을 부인하고 철학을 단지 인식론이나 가치론에 국한시키려는 사람들은 비판적 방법(kritische Methode)을 사용한다. 철학을 과학과 구분하여 하나의 체험으로 보는 사람들은 직관적 방법(intuitive Methode)을 주장한다. 이를 대표하는 사람은 베르그송(H. Bergson, 1895-1941년)이다.

철학은 존재 전체의 근본적 원리를 파악하려는 학문이다. 철학은 주어진 것, 즉 소여(das Gegebene)를 궁극적인 근거로 환원시키는 학문이다. 따라서 철학은 원인에서 귀결로 가는 연역이 아니며, 귀납법에 의해서 도달하는 보편적인 것이 될 수 없기 때문에 그것도 아니다. 비판 역시 존재의 본질적 근거를 확립할 수가 없다. 이런 면에서 볼 때 철학의 방법은 원인과 귀결을 오가는 환원법(reduktive Methode)에 귀착된다고 할 수 있다.

4. 존재의 의미

1) 존재와 무

철학은 존재자가 무엇인가를 묻고 있다. 이 물음은 존재자의 존재를 구명할 때 그 답이 주어진다. 있는 것이 어떻게 있는가를 알아야 한다. 존재자에 대해서 존재자가 있느냐와 존재자가 무엇이냐의 물음은 존재와 본질의 문제로 나누어진다. 본질의 문제는 존재의 문제가 해결될 때 가능하다. 내가 무엇이냐를 묻기 전에 내가 있느냐를 먼저 물어야 한다는 것이다.

고대의 존재론은 존재의 규명이 없이 본질문제를 다루었기 때문에 본질존재론이었다. 칸트 이후 현대철학은 인식론적 반성을 거쳐 존재의 분석 이후 본질 파악을 하고 있다. 이것이 고대와 현대의 차이점이다.

그럼 존재(Sein)란 무엇인가? 그것은 존재자의 근본적인 규정이다. 존재자가 존재자가 되기 위해 없어서는 안 되는 존재자의 필연적인 규정을 말한다. 존재자는 다수이나 존재는 모든 존재자에게 공통되는 것이다.

존재는 정의하기가 어렵다. 우리가 한 개념을 정의하려면 그 개념보다 상위의 보편개념이 있어야 하는데, 존재는 그 자체가 최상의 개념이기에 플라톤이나 하이덱거는 존재를 알지 못해 당황해하며 결코 알 수 없다고 말한다.

존재는 여러 가지 인식의 대상인 특수한 형태를 통해 인식할 수 있다. 대상이란 글자 그대로 인식작용에 대립하는 것이며, 인식은 작용과 대상 사이에서 성립하는 하나의 관계다. 대상은 작용에 대립하여 독립성을 갖는다. 그러므로 무엇이 존재한다는 것은 그것이 우리의 의식에 대립하고 있다는 것을 의미한다. 그렇지 않은 것은 그것이 존재한다고 할 수 없다.

나 --- 의식 ←--- 인식작용 ---→ 대상 --- 형태(존재)
대립

존재와 대상을 동일시하거나 무엇이 존재하기 위해서 먼저 대상이 있어야 한다는 것은 아니다. 존재의 의미가 의식의 대상에서 개시된다는 것을 의미하는 것이다. 대상은 존재의 인식수단이다. 우리는 대상을 통하여 존재를 파악하는 것이다.

존재를 규정할 때 사물성이나 소여성, 실체성 등의 특수한 존재범위를 설정하면 존재자를 존재자로 보는 것이 아니라 존재자를 그 특수한 존재형태에서 보는 결과가 온다. 이것은 완전한 것이 아니다. 존재를 그것과 정반대되는 것과의 대치를 통해 규정하는 것이 더 완전할 것이다. 이러한 방법을 대치법(Verfahren a Contraris)이라 한다. "무는 없다."는 이 명제 속에는 존재의 의미가 부정적인 형식으로 표현되고 있다고 볼 수 있다.

존재는 비존재의 부정이며 무의 부존재이다. 즉, 무의 부정이 유다. 다시 말하면 무가 아닌 모든 것이 존재인 것이다. 이와 같이 존재는 무가 아닌 모든 것을 의미하는 것이기 때문에, 그것은 우리가 생각할 수 있는 모든 것이며 가장 보편적인 것이다.

무에는 절대무(absolute Nichts)와 상대무(relative Nichts)가 있다. 절대무는 존재일반과 대립되는 무를 말하며, 상대무는 현존재(Dasein)와 대립되는 무를 말한다. 존재의 절대적 부정이 절대무이며, 그때 거기에는 있었으나 지금 여기에는 없는 것이 상대무이다. 예를 들면, 시각능력을 가진 존재자에게 이 시각능력의 결여(privation)가 상대무이다.

철학적으로 무는 있을 수 없다. 무는 존재의 부정이며 이 존재의 부정은 우리의 판단에서 성립된다. 무라는 것은 단순한 사고의 산물이며 일종의 사상적 존재(ens rationis)라고 말할 수 있다. 그래서 헤겔은 유와 무를 동일시하였다.

2) 존재의 한정

존재의 개념규정은 불가능하다. 그러나 존재 이외의 개념과 대치시켜 한정(Beschränkung)함으로써 존재의 규정성을 간접적으로 얻을 수는 있다. 고대철학에서는 존재를 되어 감(Werden)과 대립시켜 한정했고, 근세철학에서는 존재를 의식(Bewuβtsein)과 대립시켰으며, 현대철학에서는 존재를 당위(Sollen)와 대립시켜 한정하였다.

(1) 존재와 되어 감(Sein und Werden)

되어 감이라는 것은 한자어 성(成)으로 표기된다. 이것은 아직 존재하는 것이 아니며 존재하는 것은 되어 갈 필요도 없다. 파르메니데스

(6세기 말-5세기 초)는 존재를 되어 감과 대립시켜 생성이나 소멸이 없고 일체의 운동변화가 없는 영주적인 것이라고 규정하였다. 이에 대해 헤라클레이토스는 이 세계에 고정된 것은 하나도 없고 모든 것이 유동한다는 소위 만물유전(萬物流轉, panta rehi)설을 주장하였다. 그는 존재를 부정하고 되어 감만을 긍정한 것이다. 이들의 철학사상은 정반대이나 존재를 되어 감과 대립시키는 점에서는 같다.

그러면 되어 감이란 도대체 무엇인가? 되어 감에는 두 가지 측면이 있다. 하나는 그 무엇이 있게 하는 측면과, 다른 하나는 없게 하는 측면이다. 전자를 생성, 후자를 소멸성이라 부른다. 없는 것이 있게 되고 있는 것이 없게 되는 것이 되어 감이다. 그러므로 헤겔은 되어 감은 유와 무를 내포하기 때문에 그것들의 진상을 표현하는 개념으로 보았다.

하르트만(N. Hartmann)은 되어 감이란 존재와 대립하는 것이 아니라 그 자체를 존재의 특정형태로 보았다. 모든 존재는 부단한 생멸의 과정에 놓여 있으며, 이러한 존재의 존재형태를 취급하는 것이 현대 존재론의 중요한 과제가 되고 있다. 존재론을 논할 때 결국 정적인 존재냐 동적인 존재냐라는 선택의 기로에 놓여 있다는 말이다.

(2) 존재와 의식(Sein und Bewuβtsein)

의식이라는 것은 본질에 있어서 그 무엇에 대한 지향성(Intentionalität)을 말한다. 의식에는 의식내용(Bewuβtseinsinhalt)과 의식작용(Bewuβtseinsakt)이 있는데, 일반적으로 의식은 내용 즉 표상(Vorstellung)을 파악하는 것을 말한다. 의식에는 글자 그대로 알려진 존재(Bewuβt-sein)라는 의미가 들어 있다. 여기서 우리는 의식과 존재의 대립을 본다.

근대철학의 아버지인 데까르트(Descarts, 1596-1650년)는 의식과 존재의 대립을 비연장적인 것과 연장적인 것의 기본적인 대립으로 보았다. 의식(cogitatis)은 내적인 세계이고 존재는 외적인 세계로서 서로 의존관계가 없다는 이원론적인 입장을 취하였다. 이것은 향후 근세철학의 중심주제가 되었다. 존재는 의식의 내용이라는 관념론(Idealism)과 존재는 의식을 초월한 일체의 객관적, 독립적인 것으로 보는 실제론(Realism)이 대립하게 된다.

라이프니쯔(Leibniz, 1646-1716년)에 의해 의식과 무의식의 구별이 생겨나면서 의식도 그 자체가 일종의 존재형태임이 인정되었다. 이렇게 보면 의식은 존재와 대립하는 것이 아니라 존재의 특수한 형태로서 존재 속에 속하는 것으로 볼 수 있다.

(3) 존재와 당위(Sein und Sollen)

있는 것(Sein)과 있어야 할 것(Sollen)의 대립은 칸트 이래 현대철학의 중심과제이다. 그는 존재를 수학적, 물리학적으로 규정되는 자연으로 보면서 자연의 법칙에 도덕의 법칙을 대립시켰다. 자연의 법칙은 "그러해야 한다."(Es muβ so sein)는 존재의 법칙이며 도덕의 법칙은 "너는 마땅히 그렇게 행동해야 한다."는 당위의 법칙이다. 당위의 법칙은 규범명령(kategorische Imperativ)의 형태를 취한다. 존재의 윤리성을 강조한 것이다.

신칸트 학파의 철학자들은 그 당위(das Sollen)의 근거를 가치(Wert)로 보았다. 그 이유는 그 자체가 가치 있는 것이어야만 명령의 권리를 가질 수 있기 때문이다. 그러나 가치는 존재자의 사실적인 존재에 대립해 있는 것인 만큼 그 자체가 존재는 아니다. 그래서 신칸트 학파는 가치를 타당(gelten)한 것으로 여기지 결코 존재한다고 말하지 않는다. 가치는 있어야 하는 것으로서 있는 것과는 전연 다른 차원에 속하는 것이다. 가치의 실현이 역사다.

인류의 역사가 가치의 현실적 존재라고 한다면, 가치 자체는 가능적 존재라고 할 수 있다. 쉘러(M. Scheler)나 하르트만(N. Hartmann)은 가치도 넓은 의미에서 존재의 한 특수형태로 본다. 존재를 존재이외의 다른 개념과 한정시켜 보는 과정에서 얻은 결론은 존재의 한정이 아니라 존재의 확장을 논하는 결과가 되었다.

5. 있다와 이다 (Dasein und Sosein)

1) 있다 (Dasein)

일반적으로 사람들은 눈으로 직접 사물을 보는 경우에 그것이 있다는 말을 사용한다. 인간이 오감을 통해 지각(知覺)할 때 존재한다는 말을 사용한다. 이는 버켈라이(Berkeley, 1658-1753년)의 "존재한다는 것은 지각하는 것과 같다."는 말과 일맥상통한다. 그러나 인간의 속마음은 지각되지 않으면서도 존재하며 금강산의 존재가 지각에 대한 전제이지 금강산의 지각이 그 존재의 전제가 될 수는 없다.

밀(J. S. Mill, 1806-1873년)은 "존재는 지각"(esse est percipi)이라는 구도를 "존재는 지각 가능"(esse est percipi posse)이라고 수정하였다. 지각 가능한 것이 존재라는 것이다. 그러나 지각되지 않는 것도 존재한다. 예를 들면, 칸트가 말한 물 자체(Ding an sich)는 지각되지 않으나 그 존재를 부인할 수 없으며, 사물과 그 사물을 있게 하는 다른 사물은 각기 지각되지만 그 관계는 지각되지 않는다. 이때 그 관계를 존재하지 않는다고 말할 수 있을까?

있음을 의식의 내용인 지각이나 지각 가능으로 보는 사상을 주관적 관념론(subjektiver Idealismus)이라고 부르며, 다른 것은 객관적 관념론(objektiver Idealismus) 혹은 이론적 관념론(logischer Idealismus)이라고 부른다. 파르메니데스와 헤겔이 그 대표자이다. 이들에 의하면 있다는 것은 우리의 사상내용에 편입되어 생각되는 것이라고 한다. 생각되는 것은 있다고 보는 것이다. 우리의 사상체계는 이유와 귀결과의 논리적 필연성에 의해 지배된다. 헤겔은 "모든 현실적인 것은 합리적이며 합리적인 것은 현실적이다."라고 함으로써 합리주의(Rationalismus)를 주장하였다.

2) 이다(Sosein)

'이다' 라는 것은 있는 것이 다른 있는 것과 공통되거나 구별되는 모든 규정성을 말한다. 하르트만에 의하면 한 사람이 있다고 할 때 '있다' 는 그 사람의 Dasein이고 그 사람의 성명, 년령, 성격, 태도 등은 그 사람의 Sosein이라고 한다. '이다' 는 상태(Beschaffenheit)를 말하며 '있다' 는 아리스토텔레스가 말한 상태의 실체(ousia)에 해당되는 것이다. 그러나 그는 상태와 실체를 완전히 구별하였다. 중세 스콜라 철학에서는 '있다' 를 실존(Existentia)으로, '이다' 를 본질(Essentia)로 보았다. 본질은 보편적이고 필연적인 개념이며 무엇이다를 의미한다. '이다' 는 개별적이고 우연적인 규정까지를 포함한다.

"A는 B이다."라고 할 때 '이다' 는 술어다. '이다' 는 존재자의 논리적 측면이기 때문에 Sosein은 관념적 측면(ideale Seite)이며, '있다' 는 존재자의 실제적 측면(reale Seite)이다. 어떤 사물에 무게가 있다면 그것은 '있다' 고 말할 수 있다. 지구가 있다면(Dasein) 지구의 무게 역시 있는 것이다(Sosein). 만일 지구의 무게가 '있다'(Sosein)를 가지지 못한다면 지구는 '있다'(Dasein)를 가질 수 없다. 이와 같이 '있다'와 '이다'는 상호 보완적인 것이다.

3) '있다'와 '이다'의 관계

'있다'와 '이다'의 관계는 논리 존재적 관계다. 무엇이 있다는 것은 있다판단(Daseinsurteil), 무엇이 이다는 이다판단(Soseinsurteil)으로 구분된다. 양자를 논리형식으로 표시하면 전자는 주어만 있는 A ist, 후자는 주어와 술어를 가진 A ist B이다. 그러나 사실 전자는 ist가 술어의 의미를 겸하고 있다. 이것을 분리하면 A ist seiende이다. 그렇다면 있다판단은 실제적으로 이다판단이 된다. 있다판단이 이다판단으로 그리고 이다판단이 있다판단으로 환원된다.

A ist B는 A에게는 B가 있다(B ist am A)라고 한다. 이 책은 성경책이다라는 이다판단은 이 책에는 성경책이 있다는 있다판단으로 환원된다는 것이다. 이와 같이 있다판단(Daseinsurteil)은 이다판단(Soseinsurteil)과 구분되는 것이 아니라 서로 환원된다.

실체가 없는 상태가 있을 수 없고 상태가 없는 실체가 있을 수 없는 것과 마찬가지로 '있다'를 떠나서는 '이다'가 있을 수 없다. 이것은 불가분의 관계를 갖는다.

6. 칸트와 그의 철학

(1) 철학은 이미 만들어진 지식체계라기보다는 인간의 궁극적인 문제에 관하여 진리를 추구해 나가는 정신의 활동이다. 칸트(I. Kant

1724-1804년)는 철학의 근본문제를 ① 나는 무엇을 알 수 있는가?(Was kann ich wissen) : 순수이성 비판, 지식, ② 나는 무엇을 해야 하는가?(Was muss ich tun) : 실천이성 비판, 도덕, ③ 나는 무엇을 바랄 수 있는가?(Was darf ich hoffen) : 판단력 비판, 예술로 보았다. 칸트는 순수이성 비판에서 칸트 이전의 경험론과 이성론이라는 두 철학의 조류를 합류시켰다.

(2) 나는 무엇 때문에 사는가? 죽은 다음에 우리의 운명은 어떻게 될까? 신은 있는가? 내가 살고 있는 우주는 어떤 것이며, 나에게 어떤 의미가 있는가? 이렇게 철학하는 정신은 우주의 근본구조와 내 생명의 의의를 알고 싶어한다. 이런 문제들은 인간의 근본적 관심거리로 형이상학 내지는 존재론에 속하는 문제들이다. 쇼펜하우어(Schopenhauer)는 인간을 형이상학적 동물(animal metaphysicum)이라고 하였다.

(3) 이러한 인간의 궁극적인 물음들에 대하여 여러 가지 상반되는 해답이 나왔다. 그렇다면 어느 주장이 옳은가가 문제시되었으며, 그것은 다시 진리라는 근본적인 물음을 제기케 한다. 인간의 지식은 어떻게 성립하며 어떤 때에 참되고, 또 인간은 어디까지 알 수 있는가라는 문제가 철학에서 탐구되기에 이르렀다. 이러한 인간의 지식형성과 타당성, 그리고 그 한계를 문제 삼는 것을 인식론, 진리론, 넓게 말하면 논리학이라 한다.

(4) 인간에게 중요한 것은 어떻게 사느냐이다. 인간이 정신 있는 존재로서 행동할 때는 반드시 선택과 결단에 있어서 더 좋은 것에 대한 판단이 필요하다. 우리의 행위에 있어서 선을 추구하는 것이 윤리학이다. 그러므로 형이상학, 인식론, 윤리학은 철학의 세 가지 주요 분

과다. 철학은 결국 진실한 것을 찾고 사랑하며 진실하게 살아가는 정신의 활동이다.

(5) 칸트는 루소(J. Rousseau, 1712-1778년)와 흄(D. Hume, 1711-1776년)의 영향을 받았다. 인간이 다른 사람들의 의견에 굴종하는 것으로부터 해방되어 자기 자신의 독립적 이성을 행사할 마음의 준비가 되어 있던 계몽주의 시대에 루소는 감정을 이성보다 높게 평가하였다. 이성은 너무나 일정하고 고정적이어서 무엇이든지 현재 행해지고 있는 것을 고수하는 데 급급하다. 사람들이 문명이라 부르는 것도 사람들을 노예상태로 이끌어 가는 것이 아닌가? 오직 심성의 본래적인 충동에 의지함으로써 인간은 보다 나은 것에 이를 수 있다고 보았다. 이렇게 그는 종교나 도덕에서 높은 철학의 원리들로부터 여러 결론을 끌어내려 한 사람들에게서 염증을 느꼈다.

흄은 칸트로 하여금 독단적인 형이상학의 꿈에서 깨어나게 하였다. 영국의 경험론자 흄은 인간정신의 모든 지각을 두 가지 상이한 인상(impression)과 관념(idea)으로 구별하였다. 인간의 마음에 최초로 나타나는 모든 감각, 감정, 정서 등은 인상이며, 관념은 사유나 추리에서 나타나는 인상의 감정이 현재 마음에 있는 상태 즉 인상의 재현, 잔상, 영상 등이다. 눈으로 직접 방을 보는 것은 인상이며, 눈을 감고 방에 대해 생각하는 것은 관념이다. 모든 관념은 인상에서 온다. 따라서 인상은 모든 지식의 기초다. 그는 종교가 이성보다 공포, 경외심, 희망 등의 감정에 의해 발생된다고 하여 종교의 심리적, 사회학적 연구의 선구자가 되기도 하였다.

(6) 칸트의 코페르니쿠스(Kopernikus)적 전회 : 칸트 이전에는 우리의 모든 인식이 대상에 따른다고 생각해 왔다. 그러면 대상이 우리에

게 주어지기 전에 우리가 어떻게 그 대상에 대한 선천적 지식을 가질 수 있었는지를 설명할 수가 없다. 이것은 모든 천체들이 관찰자를 중심으로 회전한다는 가정하에서는 천체들의 운동현상을 보다 잘 설명할 수 없듯이(천동설이 지동설로 바뀜) 칸트는 대상이 우리의 인식에 따른다고 하면 형이상학의 과제가 좀더 수월하게 해결되지 않나 하고 시도해 보았다. 그 결과 인식이 대상에 따른다고 보는 경우, 우리가 도저히 해결할 수 없었던 문제, 즉 어떻게 해서 대상에 대한 선험적 지식을 가질 수 있느냐는 문제가 해결되었다. 왜냐하면 대상의 인식에는 오성개념이 참가하는 바, 이 오성은 대상이 주어지기 전에 선천적으로 우리 자신이 가지고 있는 것이며 인식의 모든 대상이 필연적으로 따르지 않으면 안 되는 선천적 개념이기 때문이다. 여기서 객관적인 대상이 주관적인 인식에 따른다는 코페르니쿠스적인 사고방식의 혁명이 이루어졌다고 하겠다. 이것을 도표로 그려보면

직관 ---------- 개념 ---------- 오성
시간, 공간 ---------- 사물 ---------- 인식으로 이해된다.

칸트의 「실천이성 비판」은 실천에서 인간을 올바로 인도할 수 있는 원리들을 고찰한 저술이다. 종교는 그 기초를 과학이나 신학에 둘 수 없으므로 신앙은 이성의 한계 내에 머물러야 한다. 그러기 위해서 종교의 도덕적 기초는 절대적이다. 의심스러운 감각적 경험이나 근거가 빈약한 추리의 귀결에서 끌어내서는 안 된다. 우리가 종교의 기초로 필요로 하는 도덕적 명령은 절대적 명령, 즉 정언적 명령이어야 한다. 우리가 유혹에 굴복한다 할지라도 도덕의식은 남아 있다. 내가 거짓

말을 할 수 있으나 거짓말을 하는 것이 보편적 법칙이 되기를 바라는 것은 불가능하다. 그렇게 되면 약속이 전혀 있을 수 없기 때문이다. 우리의 마음속에 있는 도덕법칙은 무조건적이며 절대적이다. 우리의 과거, 현재, 미래의 모든 행동을 강제적, 선천적으로 규정하는 이 도덕법칙에 따르는 것은 선한 의지다.

신은 결코 직관대상의 실체가 아니다. 직관대상의 신은 가상일 뿐이다. 우리의 머리로 어떤 존재가 존재한다고 해서 그 존재가 정말 존재하는 것은 아니다.

15장 하나님의 존재 증명

하나님이 계시다는 것(하나님의 존재)을 어떻게 알 수 있는가? 하나님은 영(靈)이시기 때문에 돌이나 나무처럼 증명할 수 없으며 더욱이 인간의 죄악으로 인해 이성적 사고와 판단력이 부패하고 악해져서 (Total depravity) 하나님의 존재나 기독교의 진리를 헤아려 알 수가 없다. 그러므로 하나님의 존재는 믿음으로 전제하고 증명하는 것이 타당하다(Credo, ut intelligam Deum). 이러한 신학적 태도는 하나님의 절대주권과 인간의 죄성(罪性), 그리고 이로 인한 인간의 무능력을 인정하는 것이다.

성경은 하나님을 완전히 이해할 수는 없으나(욥 11 : 7, 사 40 : 18) 알 수 있음을 말한다(요 17 : 3, 요일 5 : 20, 사 11 : 9, 롬 1 : 19-20, 28 참조). 인간이 하나님을 완전히 아는 것은 불가능하다. 그러나 하나님에 관한 부분적인 지식을 가질 수는 있다. 하나님에 관한 지식 (Knowledge of God) 가운데는 선천적인 것(Innate)과 후천적인 것 (Acquired)이 있다. 전자는 생득적인(Inborn) 인간의 감각과 이성, 도덕을 통해 얻어지는 지식을 말하며, 후자는 일반계시와 특별계시를 통해 보여지는 하나님 지식이다.

하나님의 존재를 인간의 이성적 사고로 증명하려던 유신논증(The Arguments for the existence of God)은 어떤 것이었을까? 이 논증은 가능의 가능성(신앙간증이나 체험담)과 가능의 불가능성(계시와는 상반됨)을 가지고 있다.

1. 우주론적 논증(The Cosmological Argument for the Existence of God)

우주론적 논증은 가장 단순하면서도 오랜 역사를 가진 논증이며, 우주를 하나의 결과로 보고 그 원인으로서의 하나님의 존재를 추구하는 것이기 때문에 인과논증(The Cause Argument)이라고도 한다. 우주론적 관점에서 우리는 우주의 창조와 그 보존에는 하나님의 능력과 지혜를 필요로 한다. 이것이 아리스토텔레스, 토마스 아퀴나스, 스피노자, 라이프니쯔 그리고 존 록크의 신존재 증명이다.

1) 아리스토텔레스

아리스토텔레스는 우주의 원인을 소급하여 올라가면 맨 처음의 원인이 되는 원인, 즉 제1원인(prima causa)이 있다고 한다. "우주의 원인들을 소급해 올라가면 자체의 원인은 없으나 영원하고 순수한 본질적 원인, 즉 최종원인인 동적정력(動的靜力)이 있다. 이것은 선과 사랑을 근거로 동작한다"(아리스토텔레스의 형이상학 XII, 7장). 이 세계에 존재하는 만물들이 생성변화의 원인을 가진다면 생성변화를 가능케 하는 우주의 초월적 존재, 즉 제1원인으로서의 신의 존재를 전제해야 한다는 것이다. 이 이론은 단순하면서도 명료하기 때문에 많은 사람들의 지지를 받아 왔다.

2) 토마스 아퀴나스

중세의 신학자 토마스 아퀴나스는 아리스토텔레스의 우주론적 논증을 '부동의 동자'(The Unmoved Mover)라는 용어를 사용하면서 삼단논법으로 좀더 부연설명하였다. "모든 존재는 변화한다. 변화에는 원인이 있다. 그 변화에 대한 원인이 되는 어떤 존재, 즉 자체는 변화하지 않으나 다른 것들을 변화시키는 영원한 원인인 부동(不動)의 동자(動者)가 있다."

3) 스피노자

스피노자는 우주의 각 순간의 상태는 양태(樣態)이며, 신은 일정불변하게 확립된 자연의 체계로서 자연계에 나타나는 만물의 근원이라고 본다. 그에 의하면, 신은 세계라기보다는 세계의 이법(理法)이다. 일정한 순간에 세계의 모습은 세계의 이법에 따라 결정된다. 이 곳에서 보여지는 것은 비인격적 자연의 체계로서의 신이다. 모든 유한적 존재는 신과 자연 안에 잠재하는 가능성을 보여 준다.

4) 록크와 라이프니쯔

록크와 라이프니쯔는 비존재는 존재를 생산할 수 없으며, 그렇다면 우주를 생산한 존재가 어딘가에 존재해야 한다고 본다. 즉, "가장 능력이 있고 지혜로운 존재, 그가 곧 신이다."라고 보는 것이다.

이들에 의하면, 이 세상의 어떤 물체도 자체가 원인인 것은 없다.

그것들은 존재하기 위한 외부적 원인을 갖지 않으면 안 된다. 의존적 존재물들의 무한성을 생각할 수 없으므로 최초의 동자와 제1원인, 즉 하나님이 계시지 않으면 안 된다. 많은 과학자들과 떼이야르 드 샤르뎅(Teilhard de Chardin) 같은 고생물 학자들은 이 우주론적 증명을 받아들인다. 우주는 참으로 복잡한 것이어서 초인간적 지혜에 의해 만들어지지 않을 수 없는데, 우리는 그 지혜를 하나님이라고 부른다. 단순한 우연에 의해 이 세계가 생겨났다고 말할 수는 없다.

이 논증에 반대하는 사람들을 들어보면 데이비드 흄(1711-1776년)이나 존 밀(1806-1873년), 그리고 실증주의자 꽁트(1798-1857년) 등이 있다. 흄은 인과율이란 인간이 고안해 낸 주관적인 법칙으로서 자연현상계에서 객관적인 작용을 하고 있지 않다고 본다. 즉, 그것은 인간의 마음이 연상을 한 것이라 한다. 밀은 현대과학을 들어 물질의 제1원소들은 영원부터 상존하는 물질의 기본단위들이며 우주를 하나의 결과로 보면서 그 원인을 추구하고 증명하려는 시도를 거부한다. 실증주의자들은 우주를 자연법칙에 따라 움직이는 시작도 끝도 없는 물질적 변화의 과정이라고 한다.

이렇게 볼 때 우주론적 논증은 현상계나 경험계에 있는 만물이 인과적이며 의존적이어서 연쇄관계를 갖는 자기원인, 즉 우주를 단계적으로 고찰하면서 유추에 의해 가장 높은 신의 존재를 이끌어 낸 것이다. 그런데 그것을 어떻게 인식할 수 있느냐가 문제이며 인과의 범위가 과연 인간의 마음의 연상인 감성계에만 있느냐는 한계성을 가진다. 모든 존재하는 것에는 원인이 있다면 신의 존재는 과연 무엇이며 인격적인 신을 어떻게 이해해야 하느냐는 질문이 남는다.

2. 목적론적 증명(The Teleological Argument for the Existence of God)

목적론적 증명은 우주와 우주 안에 존재하는 만물에는 질서와 조화와 목적이 있으며, 이것에 근거하여 전지전능한 창조자로서의 신을 추구하려는 시도다. 우주론적 논증이 우주의 제1원인을 증명한다면, 목적론적 논증은 그 제1원인이 우주를 계획, 경영하는 이지적이며 인격적인 존재임을 증명하는 것이다. 한 개의 시계가 존재하려면 그 제작자가 있어야 하는 것처럼, 이 복합적 세계는 신적 창조자를 필요로 한다는 것이다.

하나님에 대한 목적론적 증명은 창조는 목적성을 나타낸다는 사상 위에 세워져 있다. 자연에는 무수한 작은 규모의 계획과 전체를 포괄하는 우주적 계획들이 있다. 기생이나 습생(악어와 악어새), 그리고 인간의 신체구조를 보더라도 '전망하는 적응성'(perspektive adaptation)은 자연에는 하나의 목적이 있다는 견해를 지지한다. 이 설계된 행위는 하나님의 전반적인 목적의 한 부분이다. 스탠리 쟈키(Stanley Jaki)는 그의 기포드 강연(Gifford Lectures)에서 과학 자체는 자연에 하나의 합리적인 계획이 있다는 기독교 신앙에 근거하고 있다고 주장하였다.

칸트(I. Kant)는 도덕율의 필요조건에 근거하여 신존재에 대한 도덕적 증명을 발전시켰다. 선을 행한 사람들이 언제나 현세에서 그 보상을 받는 것이 아니고 행악자들이 언제나 벌을 받는 것이 아니므로 정의가 내세에서 실현되도록 하기 위해서는 영혼불멸을 자명한 것으로 하지 않을 수 없다는 것이다. 즉, 순수이성이 아니라 실천이성의 필요조건으로서 도덕율의 실시를 보장하기 위해 하나님의 존재를 필요로 한다.

칸트는 하나님은 단순히 자연의 일부일 수가 없다고 본다. 그렇게 되면 하나님은 위에서 언급한 많은 실패를 저지르게 되기 때문이다. 하나님은 '자연의 조화의 원리'를 지니고 있는, 즉 자연과는 구별되는 모든 자연의 원인이시지 않으면 안 된다. 칸트는 모든 도덕적 의무의 토대로서 하나님의 존재를 가정하는 것은 도덕적으로 필연적이라는 결론을 내린다. 모든 인간은 양심의 권위를 인정한다. 하나님의 공의에 관한 신앙은 도덕적 객관성을 보장하며, 이러한 사고에는 진리와 선의 기준이 되는 '마음'(mind)의 존재를 인정하지 않으면 안 된다.

3. 존재론적 논증(The Ontological Argument for the Existence of God)

하나님의 존재에 대한 최초의 체계적인 논의는 안젤름(1034-1109년)에 의해 제기되었다. 그의 논증은 삼단론법 형식을 갖는다. "인간의 사고 속에 있는 하나님은 완전자이다. 완전자는 완전자이기 때문에 존재하지 않을 수 없다. 그러므로 하나님은 존재한다." 이 논증은 귀납적이며 경험론적인 우주론적 논증과는 달리 연역적이자 선험적이며 형이상학적이고 관념주의적이다. 머리 속에 존재하는 것(in intellectu)과 실재하는 것(in re)이 전혀 다를 수도 있다. 이 논증은 데까르트, 라이프니츠, 헤겔에 의해 발전되었다.

1) 안셀름

안셀름은 신이란 최고, 완전, 절대이기 때문에 신의 관념이 있다는 것을 누구도 부정할 수 없다고 본다. 그는 두 단계로 그것을 발전시켰는데 "최대로 가능한, 가장 완전한 존재"로서가 아니라 우선 "그보다 더 큰 것이 생각될 수 없는 것"(aliquid quo nihil maius cogitari potest)이라고 전제한다. 실재하는 한 존재는 생각 속에만 있는 존재보다는 더 위대하다는 것, 바로 그 존재 즉 더 위대한 존재를 더 이상 생각할 수 없는 분, 곧 하나님이 단순히 이해에 있어서가 아니라 실제로 존재하지 않으면 안 된다는 것이다.

제2단계의 존재론적 증명은 "반드시 있어야 할 존재는 어쩌다 우연히 있는 존재에 비하여 훨씬 우월하다."는 것이다. 우리가 하나님을 '더 위대한 어떤 존재도 생각해 낼 수 없는 분'으로 생각한다면 거기에는 두 가지의 가능성이 있다. (1) 하나님은 존재하신다. (2) 하나님은 존재하시지 않는다. 그러나 만일 (2)의 논리가 생각될 수 있다면 그때 우리는 존재하지 않는다고는 생각할 수 없는 존재로서의 하나님의 정의에서 벗어나는 것이다. 존재하지 않을지도 모르는 신은 설령 그가 존재한다고 할지라도 이는 우연에 불과하다. 따라서 (2)의 논리는 맞지 않고 하나님은 필연적으로 존재하신다. 이것은 논리적 술어와 실제적 술어의 구별을 혼동하는 오류를 범하고 있다.

2) 데까르트

데까르트는 인간은 불완전과 유한의 의식을 갖고 있으며, 완전과 무한의 관념은 불완전과 유한의 의식에 포함되어 있다고 본다. 그리고 불완전은 완전의 빛에서만 알 수 있는데, 인간이 이렇게 느낄 수 있는 것은 그의 마음 한 구석에 완전과 무한의 관념이 존재하기 때문이라고 본다. 그래서 그는 이와 같은 완전과 무한의 관념을 산출하는 완전 무한자로서의 하나님이 존재해야 하지 않느냐고 한다. 또한 하나님의 관념은 하나님의 존재를 내포한다고 주장한다. 이는 마치 삼각형의 세 각이 이직각과 같다는 것이 삼각형의 관념에 포함된 것과 같다고 한다.

안젤름의 논증에 대한 중요한 반대이론들은 다음과 같다.

(1) 하나님의 관념은 시대와 장소에 따라 가변적이다. 모든 사람이 동일한 하나님의 관념을 가질 수는 없다. 구미 선진제국의 신과 원시인이 생각하는 신, 천주나 상제로서의 신개념은 다르다.

(2) 중세교회의 수도사이며 안젤름의 친구인 가우닐로는 "아름답고 자원이 풍부한 섬을 머리 속에 그린다고 해서 그것의 존재에 관계없이 섬의 존재를 믿어야 하느냐? 그것은 어리석은 일이다."라고 지적한 바 있다. 이에 대해 안젤름은 "하나님은 특수관념이기 때문에 사유로부터 존재로의 진행이 가능하다."고 했다. 하나님은 존재하시는 분이며 존재하시기 때문에 사유가 가능하다는 말이다.

(3) 임마누엘 칸트(1724-1804년)의 논증 : 우리의 머리로 어떤 존재(하나님까지도)를 생각한다고 해서 그 존재가 정말로 존재하는 것은 아니다. 삼각형이 이직각이 된다는 것은 삼각형의 관념이 존재한다는 전제하에서 성립할 수 있는 공리일 뿐이다. 하나님의 관념과 하나님의 존재는 봉투와 봉투 속에 들어 있는 물품과 같은 것으로서 봉투를 소유하면 물품도 가질 수 있으나 봉투를 버리면 물품도 버리는 것과 같이 상호의존적이다. 십만 원짜리 수표의 개념과 그것을 소유한 것은 무관한 것이며, 이와 마찬가지로 신의 관념이 있다는 것과 신의 실

제는 다른 것이다. 신의 실제에서 신의 관념이 나온다는 결론이다.

하나님의 실제에 대한 두 가지 경험적 증명도 있다. 원시사회나 진보사회에서 그 모든 문화에는 초자연자에 대한 신앙이 있다는 사회학적 증거가 있다. 칼빈은 이를 '종교의 씨앗'(The seed of religion)이라고 부른다(기독교강요 제1권 3장). "And they who in other aspects of life seem least to differ from brutes still continue to retain some of religion. So deeply does the common conception occupy the minds of all, so tenaciously does it inhere in the hearts of all! Therefore, since from the beginning of the world there has been no religion, no city, in short, no household, that could do without religion, there lies in this a tacit confession of a sense of deity inscribed in the hearts of all." 인간은 선천적인 오만함을 버리고 하나님을 위해 가장 낮은 곳까지 자신을 낮출 때 변화하는 것이다.

다른 하나는 개인적인 종교적 체험에 의해 하나님의 실재하심을 예증할 수 있다. 신비주의자들은 그분의 임재하심을 느낀다.

16장 기독교와 신비

1. 신비주의란?

기독교 신비주의란 신비한 지식을 추구하는 철학이나 영원한 것을 묵상하는 능력(the power of contemplating eternity)이 아니다. 신비주의는 일반적으로 하나님과의 직접적인 접촉을 경험한다든지, 절대적인 실체(Absolute Reality)인 하나님과 영혼이 연합하는 것을 말한다. 이러한 경험들은 우선 심리적인 것이며 다양한 방법과 모습을 갖는다.

신비스러운 경험은 주관-객관(subject-object)이 뚜렷하게 분리되지 않고 하나 속에 융합되며, 그 속에서 자아가 객관과 동일시되는 경험을 갖는다. 이때 개인의 영혼은 자신이 추구해 오던 것을 만난 기쁨으로 인해 생동감이 넘치며 크나큰 자유함을 얻게 된다.

기독교 신비주의의 기초가 되는 형이상학은 소크라테스, 플라톤, 아리스토텔레스 그리고 플로티누스의 합리주의적 형이상학에 근거한다. 신은 물질과는 전혀 혼합되지 않은 변화의 잠재성이나 가능성이 없는 절대적 실체요, 순수한 존재요, 완벽한 형상이다. 신은 하나이고 영원하며 변하지 않고 발전이나 생성 등으로부터 자유로운 절대적으로 존재하시는 분(ThaR which absolutely is)이다.

인간의 영혼 가운데는 절대자로부터 분리되지 않은 근본적으로 실체 자체인 것이 존재한다. 이것들은 이성과 마음, 의식과 영혼의 중심 등이다. 영혼은 초경험적 실체를 알 수 있는데 영혼이 가장 깊은 중심에 내려갈 때 그 실체와 하나가 된다. 영혼이 연합되기를 추구하는 궁극적 실체인 신은 구체적이고 유한한 모든 존재 위에 초월하여 존재한다. 영혼 역시 현재의 상태와 변화를 초월하고 감정과 사고 그리고 야망과 행동을 초월하여 올라가거나 내려가는 부정의 길(via negativ)을 가야 한다. 여기에는 영혼중심의 절대실체와의 접합점인 유일자에게로의 비약이 필요하다.

유일자에게로의 비약은 가파르고 고독하고 험난하고 힘든 길이다. 그것은 사다리와 층계와 비탈길이다. 이 길에 대한 단계와 수준은 정화(purgatio)와 조명(illuminatio), 그리고 신비적 합일(unio mystica)이다.

하나님의 임재를 명상에 의해 감지할 수 있다는 것이 신비적 합일이며, 그 단계는 기도와 마음의 평정, 완전한 합일, 무아경 그리고 영적인 결합이다. 신약성경에서 영적 합일을 대표적으로 보여 주는 것은 요한복음 15장에 나오는 포도나무 가지의 비유와 바울이 여러 가지 다른 표현으로 160회 이상 사용한 '그리스도 안에서'라는 표현이다. 신자는 그리스도를 떠나서는 열매를 맺을 수 없고 살 수도 없다. 신자는 그리스도의 몸의 지체들로서 각기 다른 은사들을 소유하고 있다(고전 12장). 이 모두는 한 성령에 의해서 이루어지며, 그리스도인이 그리스도 안에 있듯이 그리스도는 신자 안에 계신다. 신자는 이러한 관계 속에서 새로 태어난 피조물이기도 하다.

2. 구약의 신비주의

구약성서의 신비주의는 선지자들의 환상의 경험들에 근거를 둔다. 이사야의 환상인 "하나님의 옷자락이 성전에 가득하였다."든지 에스겔의 보다 높은 통찰로서의 황홀경 등은 조명의 한 본보기가 되기도 한다. 시편 기자들은 아름다운 자연 속에서 하나님의 신성을 보았다 (시 104 : 3-4, 139 : 1-13).

하나님을 열정적으로 갈망하며 그에 대한 하나님의 보답을 남녀관계로 표현한 곳도 있다(시 73 : 25, 렘 31 : 3). 이를 남녀간의 사랑의 신비주의(erotic mysticism)라고 한다. 여기에는 사랑의 열망이 무한적으로 표현되어 있기도 하다.

3. 신약의 신비주의

그리스도 자신의 말과 행동인 개인적 경험은 하나님과의 긴밀하고도 직접적인 교제로 이루어졌다. 그의 탄생으로부터 시작하여 세례와 사단의 시험, 기적을 행하심, 변화산에서의 변형, 십자가의 죽음과 부활은 모두 신비적인 모습을 갖는다. 그의 윤리학인 산상수훈은 기도 체험과 밀접하게 연관되어 있다. 하나님을 인격적으로 체험한다는 내면적인 사실은 그의 모든 가르침을 통해 나타난다. "이는 내 사랑하는 아들이다"라는 하나님의 인정은 아바(Abba) 경험으로 이어지며 아들만이 아버지를 안다(마 11 : 27)는 내적 사랑의 경험을 갖게 한다.

공관복음에서는 "두세 사람이 내 이름으로 모인 곳에는 나도 그들 중에 있느니라."라는 하나님의 임재에 관한 집단경험이 있으며, 이는 사도행전의 성령의 임하심으로 연결된다. 사도 바울은 하나님의 임재 경험을 개인적으로 서술하고 있다(갈 1 : 15, 2 : 20, 고후 3 : 18, 4 : 6, 12 : 1-4, 롬 8 : 2 엡 3 : 14-21). 하나님을 영으로 보는 그의 신개념은 스토아의 영향을 받은 것으로 보인다.

기독교의 신비는 하나님의 약속과 비밀이 그리스도의 십자가와 부활을 경험하는 것으로서, 사랑의 영을 창조해 낼 수 있는 능력을 공급해 준다. 기독교 신비주의는 하나님의 사랑을 자신의 삶 속에 온전히 성취시키려는 영적인 행위나 신앙생활이다(E. Underhill, *Mysticism*, Dutton & Co 1961, p. 81). 이러한 영적 신비주의는 버나드(Bernard de Clairvaux, 1090-1153년)와 엑하르트(Meister Eckhart, 1260-1327년)에게서 대표적으로 찾아 볼 수 있다.[128]

버나드의 하나님은 사랑(Deus Caritas est, 요일 4 : 8)이며, 엑하르트의 하나님은 존재(Esse est Deus)이다. 버나드는 "예수 그리스도가 하나님께 이르는 유일한 길"로 이해했으며, 그리스도의 십자가의 수난과 부활을 묵상함으로써 자신의 참 모습을 깨닫고 겸손(humility)을 본받으며 하나님의 사랑(love)의 단계로 나아간다고 하였다. 인간의 이성과 의지를 겸손과 사랑으로 가득 채우면 진리와 존재 자체이신 성부 하나님께 이르게 된다는 것이다. 사랑을 통해 겸손을 완성하고,

---

128) 노종해, 「중세 기독교 신비신학 사상 연구」(서울 : 도서출판 나단, 1991), 115쪽 이하.

묵상(contemplation)으로 하나님의 뜻에 이른다는 것이다. 이것을 그는 영적인 결혼(mystical marriage)이라고 하였다.

엑하르트는 "신은 오직 한 분이신 유일자로서 모든 존재를 넘어서는 존재이시다. 신에게 존재(Being)는 움직이는 존재(Beinging)다. 움직이는 신으로부터 유출되고 되돌아오는 선(善)과 미(美)가 신성을 가지며, 신은 동적인 존재다."라고 하였다. 엑하르트는 신과 신성을 구별하여 삼위일체를 말하는데, 그에게 신은 유일자이시다. 또 신성의 특징은 신과 하나가 되려는 인간 영혼의 심층에 탄생하여 오시며, 그 실례는 예수 그리스도시라고 한다.

이들의 공통점은 신앙인인 인간에게 신을 만나는 요인이 있다는 것과, 그 길은 자기 자신의 내면세계로 가는 것이다. 이들에게서 보이는 신은 부동의 동자(The unmoved mover)다. 버나드는 신을 부동의 존재로, 엑하르트는 존재의 유일성으로 보았는데, 그 차이점은 버나드의 신에 이르는 길은 삼위일체적이라는 것이다. 그리스도의 십자가를 통하여 이성이 회복되어 겸손에 이르고, 성령을 통하여 의지가 회복되어 사랑에 이르러 신지식에 이른다는 것이다. 이것은 그리스도 중심적 신비신학(Christicentric-mystical theology)이다. 엑하르트의 신은 유일자 한 분으로서 삼위일체의 일치성을 강조하여 신중심의 신비신학(Godcentric-mystical theology)을 주장하였다. 이들에게 삼위일체는 아버지-아들-영이라는 종속개념을 갖는 것이 뚜렷하게 나타난다.

버나드는 신인식에 있어서 그리스도를 통한 사랑의 실천적이며 행동적인 특성을 갖는 데 비해, 엑하르트는 하나님의 존재에 대해 깊이 사색적이며 지성적인 특성을 갖는다. 문제는 버나드가 성부, 성자, 성령이라는 삼위일체를 사랑과 겸손, 의지로 표현한 점이며, 엑하르트는 성부를 유일자 신으로 규정한 후 성자와 성령을 신적인 모습을 갖는 신성으로 표기한 점이다. 버나드가 주장하는 겸손과 의지를 통해 사랑의 단계에 이른다는 것은 하나의 심리적인 신이해 방법이며, 엑하르트의 신성을 통해 신에 이른다는 것은 "그리스도가 참 신이자 참 인간"(Christus est vere Deus et vere homo)이라는 신학적 명제를 약화시키는 것이다.

버나드는 인간에게 있어서 하나님의 형상(창 1 : 26-28)을 형상(image)과 모양(likeness)으로 구분하여 이해하였다. 인간의 죄로 말미암아 모양은 상실되었어도 하나님의 형상은 남아 있다는 것이다. 그러므로 인간은 하나님의 모양을 되찾아 자신의 존엄성을 알고 하나님의 형상을 온전히 이루어야 한다. 지성을 통한 의지에 강조점을 두고 겸손을 통해 사랑에 이르고 사랑을 통해 신지식에 이른다는 것이다. 이러한 버나드의 신비신학은 요한적이다.

엑하르트는 인간을 육과 영인 겉사람(outward man)과 속사람(inner man)으로 구분하였다. 그리고 속사람을 하나님의 씨앗(the seed of God)으로 보았다. 그는 인간의 영혼 속에는 신적 본질(divine nature)이 있으며 이것은 멸절시킬 수 없다고 말한다. 그러므로 영혼의 심층에서 인간은 신을 만나며 그와 합일하게 된다. 엑하르트의 신학은 사도 바울적이다.

이들의 차이점은 버나드가 실천적인 지성을 통한 의지에 강조점을 두어 그리스도가 인간의 심층에 탄생하시는 하나님의 은총과 믿음을 통해 사랑의 하나님의 모습을 회복시킨다고 말하는 반면, 엑하르트는 영혼 그 자체가 신적인 본질을 갖는다는 지성적인 신관에 기초하고 있다는 것이다.

　근세기 최대의 신학자인 칼 바르트는 존재론적인 논증을 형이상학적이며 관념주의적이기 때문에 반대하면서도 안젤름의 유신론적 논증과 그 신앙은 기독교를 믿지 않는 이방인들에게 지적인 차원에서 전하려 했던 '지적, 선교적 논증'이라고 인정하고 있다. 폴 틸리히는 존재론적 논증은 이성과 실제를 존재론적 구조 속에 공통적으로 존재하는 무조건적인 요소(The unconditional element)로 보았다고 평가하였다. 이러한 결과는 존재는 이성이며 이성은 존재라는 헤겔(1770-1831년)의 범신론적 주지주의에 동조하기 때문이다.

　하나님은 존재하시는가? 오늘날 '오직 믿음만으로'(sola fide)라는 생각을 받아들일 사람은 매우 적다. 위에 언급한 하나님에 대한 논리적 증명은 하나님을 믿고 사랑하고 신뢰하게 되는 것이 아닐 수도 있으나, 만일 이성과 모든 합리적 증거들에 근거한 신존재 증명을 포기한다면 많은 사람들은 무신론적인 사고에 빠져 그들의 종교적 신앙을 포기할 것이다. 이런 면에서 하나님의 존재 증명은 계속 되어야 하며, 인간의 삶에서 하나님에 대한 신앙을 잃는 날이 오면 이 세계는 무질서와 파멸로 떨어지고 말 것이다(H. Küng).

4. 신비신학의 특징

　버나드에게 하나님은 사랑이시다(Deus Caritas est). 그리스도는 하나님께 이르는 길로서 말씀으로 인간의 이성을 회복시켜 겸손에 이르는 진리의 첫 단계에 도달하게 한다. 그리스도의 고난과 부활을 묵상하는 데서 자기의 참 모습을 깨닫고 겸손을 본받고 사랑의 단계로 나아가게 된다. 성령은 하나님의 영과 의지를 회복시켜 사랑을 이루게 하여 이웃을 알고 원수까지도 사랑하게 한다. 이성과 의지를 겸손과 사랑으로 회복시키면 하나님의 모습이 회복되어 진리와 존재 자체이신 성부 하나님께 이르게 된다. 겸손은 사랑에 필수적이며 사랑을 통해 겸손을 완성하고 묵상함(contemplation)으로써 하나님의 뜻에 이른다 : 그리스도 중심적(christcentric-mystical theology), 신비의 실천신학.

그리스도의 수난에 기초한 겸손과 사랑으로 시작되는 묵상은 신비적 결혼(mystical marriage)이며, 이성과 의지가 완성된다. 이 일은 하나님이 먼저 사랑하셨기 때문에 하나님의 일이지 인간의 일이 아니다. 묵상의 결과는 하나님의 뜻과 온전히 합하는 데 있다.

엑하르트의 하나님은 존재이시다. 신은 유일자로 모든 존재를 넘어서는 존재이시다. 존재(Being)는 움직이는 존재(Beinging)이시다. 유출되고 되돌아오는 동적인 존재라는 점에서 신은 모든 선과 미 그 자체이시다. 여기서 신과 신성(Godhead)이 구분되며, 강조되는 것은 유일자다. 신성의 특징은 하나가 되려고 하는 것으로 인간 영혼의 심층에 탄생하여 온다는 것이다 : 신중심의 신비신학(God-mystical theology), 사변적이며 지성적 신학. 그의 신비적 방법은 초연(disinterest)으로 무와 공을 만드는 것이다. 인간을 모든 유한한 피조물과 자기중심적인 것에서 제거하여 무(nothing)와 공(empty)을 만드는 것이다. 이 방법은 초연이다. 이 초연은 겸손이나 사랑, 자비보다 더 높은 단계다. 왜냐하면 온전히 하나님께 향하는 것이며 이 곳에서 신성이 탄생하기 때문이다.

버나드의 신비적 일치는 신적 존재와 인간 존재를 일치시키는 본질의 결합이 아니라, 의지의 완전한 일치를 기반으로 하는 유사성의 방법으로 일치를 말했다. 그러나 엑하르트는 초연으로 인한 무의 상태에서 영혼의 심층에 신성과의 일치가 이루어진다는 점이 중요한 차이점이다. 그는 하나님이 존재요 존재가 하나님으로, 본질이 신적 존재의 근원임을 주장하여 일치(unity)를 말하였다.

틸리히(Tillich)는 버나드의 신비주의를 그리스도 신비주의, 엑하르트의 신비주의를 지성적 신비주의라 하였다. 엑하르트에게서의 지성과 이성처럼 칸트에게서도 순수이성과 이해가 사유에 영향을 미친다고 보았다. 그러나 문제점은 역사 속에서의 하나님의 역할과 사랑 속에서 성육신하신 그리스도의 역할을 흐리게 하는 것이 아닌가? 어떻게 피조물이 신성의 심층에 이르게 되는가? 이는 범신론이 아닌가? 이것은 계시관이 약하며, 영혼의 심연과 인간 내부에 있는 신적인 불꽃에서 하나님을 찾는 내재사상은 신적인 것과의 차별을 애매하게 하여 결국 인간을 신성시하는 위험이 있다.

버나드는 신적 존재와 인간 존재의 본질적으로 완전한 일치가 아니라 의지의 일치를 기반으로 하여 인간의 이성과 의지가 파괴되지 않는 영적 결혼을 말하는 그리스도의 계시 중심이기 때문에 기독교적이라고 구스타프 아울렌은 말한다. 그러나 엑하르트에게서 보여지는 인간 영혼의 무와 공의 상태에서 신성이 탄생된다는 것은 신과 신성을 구별하여 하나님 존재를 넘어선 존재로 보았고, 인간 영혼의 심층인 내면의 세계에서 신과 만난다는 것은 교부들의 신학이기도 하다. 진리의 지식방법으로 초연을 통한 무와 공의 길을 제시했는데 절대적 무와 동양적 무는 어떤 관련이 있을까? 공허한 허무주의가 심층에 깔려 있는 오늘 우리의 시대에 역사의식과 윤리의식 없이 신비적 환상을 좇는 열광적 신앙에 대하여 올바른 방향을 제시하고, 기구화되고 조직화되어서 열기가 없는 교회를 새롭게 갱신하며, 과학 물질문명에 지친 현대인의 인간의 존엄성과 위대성을 회복시켜 주지는 않을까? 신비주의적인 한국 문화의 심성 속에 파고드는 신학의 토착화를 이루어 선교의 과제를 이루어 내는 것은 우리에게 남겨진 과제이기도 하다.

5. 하나님의 본성

우리가 지금까지 살펴본 것처럼 기독교 정통주의는 성서의 인격주의와 철학적 절대주의를 혼합한 것이었다. 철학의 하나님은 절대, 영원불변, 초월의 존재이시다. 이에 반하여 성서의 하나님은 인간과 친밀하게 관계하시며 그들의 요구에 응답하시는 인격의 주이시다. 그 하나님은 인간에게 말씀하시고 도움을 청하는 인간의 부르짖음을 들으신다. 철학자들이 말하는 하나님의 속성은 자존성(Aseity)으로 하나님의 자체 완전성, 세상으로부터의 절대 독립성, 피조세계의 만물에 대한 전적 무관심 등이다. 브룬너의 세계 빼기 하나님은 영(zero), 하나님 빼기 세계는 하나님이라는 말은 하나님의 자존성을 강조하는 바, 신약성서의 사랑의 하나님과는 거리가 멀다.

성서의 하나님은 매우 인격적인 분으로 묘사되어 있다. "나는 스스로 있는 자다."(출 3 : 12)에서 발견되는 하나님은 항상 주체이시며 자존자이시다. 모세의 인격신은 이스라엘 조상의 야웨(YHWH) 하나님으로 재해석되었다. 아브라함과 이삭과 야곱의 하나님은 유대 역사 가운데 인격적 관계를 갖는 분이시다. 신약성서에서도 하나님은 인격의 하나님이시다. 그 하나님은 아바(Abba)이시다. 신약의 성도들에게도 하나님은 매우 인격적인 신이시다. 하나님은 그리스도와 같은 분이시다. 스스로를 주시며 희생시키시는 사랑의 하나님으로 자신을 예수에게 계시하셨다.

17장 엑하르트와 신비신학

마이스터 엑하르트(Meister Eckhart)의 이름은 원래 요한네스 엑하르트이며 1260년 독일 호크하임에서 태어났다. 그의 생애에 대해서 거의 알 수 없는 것은 자기 자신을 거의 잊으려는 그의 특징 때문이라고 블랙크니(Raymond B. Blakney)는 말한다. 그가 살던 13세기는 학문과 스콜라 철학이 절정을 이루어 파리와 옥스포드는 신학으로, 볼로냐 대학은 교회법과 민법으로, 살레르노 대학은 의학으로 유명하였다. 이러한 가운데 신비적인 경향도 강하게 나타났다. 엑하르트는 15세 때 도미니칸 수도원에서 9년 동안 사제를 위한 공부를 했으며, 1302년에는 파리에서 학위를 받아 그 후 마이스터 엑하르트로 알려지게 되었다.

그는 1303년에는 도미니칸 교단의 감독교구를 만들었고, 1307년에는 설교와 저작에 몰두하였다. 그 당시 그는 「하나님의 위안」(The Book of Divine Comfort)이라는 유명한 책을 썼다. 이 책은 헝가리 공주 아그네스를 위해 쓴 책으로 그녀의 부모와 친척이 죽었을 때 "하나님은 인간의 고난 속에 오셔서 해결하시는 분으로서 신의 근원, 유일자, 신과 인간의 합일"이라고 쓰고 있다. 한편, 엑하르트는 1313년에는 슈트라스부르크에서 설교자와 수도원장이 되었다. 60세 때인 1320년에는 콜로냐 대학의 교수로 수준 높은 설교를 하면서 그가 죽은 해인 1327년까지 그 곳에 있었다. 그의 말년에 주장된 '신인합일 사상'은 프란시스칸 교단의 공격을 받았다. 1329년 교황 요한 2세는 그의 저작 중 28개를 정죄했고 그 중 17개는 이단적인 것으로 판결하였다. 그러나 그의 사상은 타울러(Tauler)와 수소(Suso)에 의해 전해져 내려왔으며 '하나님의 친구'(The Friends of God) 운동을 통하여 신비신학에 큰 영향을 주었다. 그의 사상은 독일 관념론의 조상이라는 평가를 받으며, 신비신학의 체계를 이루게 된다.

그는 인간존재를 두 가지 구조로 본다. 즉, 육의 속성을 '겉사람'(the outward man)이라고 했고, 영의 속성을 '속사람'(the inner man)이라고 하였다. 전자는 영혼보다 육체에 접하여 눈 귀, 혀, 손 등의 여러 가지 협력기능에 의존한 자로서, 성서는 옛사람, 지상적 사람, 외적 인간, 원수(the enemy), 종(the servant)이라고 하였다. 후자는 새 인간, 하늘의 사람, 젊은 사람, 친구, 귀족(the aristocrat)이라고 하였다. 모든 인간은 선한 영인 천사와 함께 선이나 덕, 신이나 천상적인 것, 영원한 것으로 향하나, 악한 영인 악마는 인간을 현세적인 것과 고통을 향하도록 충고하여 유혹하여 죄를 짓고 악하고 흉악하게(devilish) 되도록 한다. 그래서 육과 영은 서로 계속해서 투쟁하며, 육은 악에게 충고하고 영은 하나님의 사랑과 화평과 기쁨 등의 선을 권하며, 육에 순종하면 죽음으로, 영에 순종하면 영생으로 이끌림을 받는다.

그의 특이한 점은 속사람을 '하나님의 씨앗'(The seed of God)으로 보는 점이다. 이 씨앗은 하나님의 아들이며 하나님의 말씀이다. "배씨는 자라서 배나무가 되고 밤씨는 자라서 밤나무가 되듯이, 하나님의 씨앗은 자라서 하나님에 이른다." 만일 선한 씨를 어리석고 악한 농부가 가지고 있다면, 잡초가 그 씨와 함께 자라서 그것을 뒤덮고 무성하여 빛도 못 얻고 자랄 수 없다. 그러나 멸종시킬 수는 없다고 한다. 이 하나님의 씨앗이 우리 안에 있으며 그 결실은 신성(God-nature)이며 속사람의 결실이다. 이 씨앗이 자라서 신지식과 신존재에 이르게 된다. 하나님의 아들인 신본질의 씨앗은 가려질 수는 있어도 면할 수는 없다. "구름에 태양이 가려져 빛이 없는 것 같아도 태양이 있듯이, 인간 존재 속에는 신성이 거주한다."

그는 속사람을 형성하는 데 여섯 가지 단계가 있다고 한다. ⑴ 선한 사상과 거룩한 사람들을 따라 사는 어린 단계, ⑵ 더 이상 선한 사람의 예를 따르지 않고 하나님의 교훈이나 신적 지혜를 추구하지도 않으며 하나님의 무릎 아래로 기어나가는 단계, ⑶ 가슴에서 떠나 그의 돌보심을 피하여 두려움에 빠져 무정하고 잔인하게 되어 만족함이 없는 단계, ⑷ 하나님의 사랑에 뿌리 박고 고난도 기쁘게 받으며 즐거워하는 단계, ⑸ 자신이 화평하게 되어 '극도의 지혜'(Unspeakable wisdom)에 거하는 단계, ⑹ 신의 영원한 본성으로 변화되어 형체도 잃고(disform) 완전에 이르는 단계다. 현세의 생활을 잃고 하나님의 형상(the likeness of God)을 이루어 하나님의 자녀가 되는 것으로 이보다 더 높은 단계가 없고 이것을 초월하는 것도 없는 영원한 안식이며 축복의 단계다.

하나님의 발자국에 불과한 피조물 세계에서 하나님께 돌아갈 수 있는 것은 영혼뿐이며, 우리의 영혼이 하나님의 뜻으로 충만해지도록 하기 위해서는 유한한 모든 것을 제거시켜 무와 공을 이루어야 한다. 그에게 완전이란 하나님의 뜻에 합당하게 하는 것이 아니라, 모든 유한성에서 자기를 제거시키는 것이다. 참된 사랑은 하나로 만드는 것이다.

이러한 신비주의를 오토(R. Otto)는 내성의 신비주의(the mysticism of Introspection)라고 한다. 즉, 외적인 모든 것에서 자기 자신의 영혼 깊숙한 곳으로 파고들어 자기 자신을 향하도록 하는 것으로, 자아의 심층에서 무한한 것 혹은 신을 발견하기 때문이라고 한다. 이러한 점에서 엑하르트는 전통적인 신비의 3단계인 정화(the via purgativa), 조명(illumiativa), 신비적 합일(unio mystica)을 인식하였다.

18장 세상 끝과 예수의 오심
【종말의 새로운 이해(계 22 : 20)】

　우리가 살고 있는 이 세대는 확실히 불확실한 시대다. 자연환경의 파괴와 공기오염, 심각한 식량부족과 식수난, 다량소비로 인한 쓰레기의 처리문제, 지능화된 범죄의 급증, 인간 도덕성의 파멸과 비인간화 등은 인류를 송두리째 죽음의 심연으로 이끌어 갈 것처럼 보인다. 일부 지식인들은 과학을 통해 이러한 문제들을 해결할 수 있다고 장담해 왔다. 서기 2000년의 세대를 낙관적으로 예견한 주장들은 벨(D. Bell)의 '서기 이천 년을 향한 전진작업'과 칸(H. Kahn)의 '서기 이천 년' 그리고 타임지의 '서기 이천 년을 전망함' 등이다. 이들 낙관론에 대한 반대로서는 메도우즈(D. Meadows)의 '성장의 한계'와 메사로비치(M. Mesarovic)의 '기로에 선 인류' 등이 있다.[129]
　시간이 지날수록 그 재해는 기하급수적으로 커갈 뿐 근본적인 해결의 실마리를 찾기가 어려운 형편에 우리는 서 있다. 마치 인간은 절벽

---

129) 참조. 이원설, "A.D. 2000년을 향한 한민족의 비전", 「현대종교」, 1997년 9월호(서울 : 현대종교사), 23쪽.

의 벼랑 위에 서 있는 것과도 같다.

한 가지 기대되는 것은 21세기라는 새로운 세기를 맞이하여 인간이 갖는 낙관적인 세계관이다. 18세기 중엽 영국에서의 산업혁명 이후 농업사회가 공업사회로 변하면서 인간은 과학기술의 발전이 자원의 부족과 환경의 문제를 해결해 줄 수 있다는 믿음을 지금도 갖고 있는 듯하다. 예를 들면, 방사능 산업 폐기물들은 우주산업의 발달에 의해 지구 밖으로 내보내고 유전공학에 의해 오염물질을 먹어치우는 미생물을 개발함으로써 화학적 오염물질을 처리한다는 것이다.

이러한 대응책은 인간이 갖는 소박한 기대감으로서 하나의 희망이기는 하지만, 우리 앞에 전개되는 새로운 세기에 대해 알 수 없다는 것이 현재의 상황이다. 미래의 시대는 정보고속도로와 디지털의 세계이기 때문에 지구촌에서 멀티미디어로 우리의 상상을 현실화시킬 수 있는 자동화의 세계가 될 것인가? 모든 것이 손끝으로 해결되는 세계에서 인간은 과연 지금까지 느끼지 못하던 행복을 느끼지 않을까? 이러한 것들을 생각하면 인간은 극에서 극을 맛보며 사는 것이 된다. 과연 이것이 가능한가?

우리의 현실을 보면 낙관적인 것보다 비관적인 것이 더 앞서는 것 같다. 과소비에 젖어버린 인간이 인간의 삶에서 절대적으로 필요한 공기의 원천인 열대우림을 가축의 사료를 얻어내기 위해 불로 태워버리고 좋은 원목만을 얻기 위해 무절제하게 베어 내버린다면, 신선한 공기가 없는 인간의 삶은 어떻게 될 것이며 공기와 물, 땅과 나무 등 천혜의 자연자원이 없어도 과연 편리한 세계가 올 것인가라는 회의가 앞서게 된다. 이러한 세계 비관주의(Weltpessimus)는 지구의 종말이라는 말을 현실화시키는 것이 되기도 한다. 창조의 순서로 볼 때 인간은 지구상에 제일 늦게 찾아온 손님이다. 그런데 종말의 시대에는 그 인간이 종말을 재촉하는 주체적인 역할을 하다가 죽음을 자초하는 존재일 것이 분명하다. 이는 인간의 자연환경을 사회적 환경과 분리하는 현상에서 온 결과다. 몰트만은 자연 속에 일부분으로 존재하는 한 인간을 강조한다. 이러한 것의 대표적인 표현은 동양의 산수화에서 찾아 볼 수 있다고 한다. 자연이라는 산과 강, 그리고 그 속에 그려진 조그마한 사람으로서의 인간이 자연과 사회적인 관계를 갖는 인간의 자연환경이다. 산수화에서의 인간은 자연의 품속에서 삿갓모자를 쓰고 어딘가를 향하여 길을 걷든지 배를 타고 가는 것을 볼 수 있다. 이것은 인물중심의 서양 그림과는 매우 대조적이라고 한다.[130]

우리 한국은 1992년 10월 28일이라는 세기말적인 열병을 앓은 바 있다. 당시 세대주의 종말론에 빠진 사람들은 일손을 놓은 채 유럽 공동체의 적그리스도설과 666의 출현, 예수의 공중재림과 성도들의 휴거, 걸프전쟁과 아마겟돈 전쟁을 공공연하게 외쳐 댔다. 계시록 13 : 18에 나오는 666을 세대주의 사람들은 다니엘 7 : 24과 연결시켜 문자적으로 짐승과 열 개의 뿔을 가진 나라라고 해석한다. 그 짐승은 구체적으로 유럽 경제공동체(European Economic Community)라고 한다. 이 열 나라가 세계경제를 지배하고 장악하기 위해서 대형 컴퓨터를 만들었으며, 컴퓨터의 고유번호인 666이 기재되어야 다른 컴퓨터가 작동하고 그 곳에서 발급되는 666이 표시된 카드를 가져야 은행거래를 할 수 있다고 한다. 현재 유럽 경제공동체에 소속된 나라의 수는

---

130) 참조. J. Moltmann, *Gott in der Schöpfung, Theologische Schöpfungslehre*(München : Chr. Kaiser, 1985), p. 37.

15개국이며, 이는 더 증가 추세인데 국가의 수와 666을 연관시키는 인위적인 해석은 무리다. 세대주의에 관한 책들은 1980년대에 많이 출간되었다.[131]

일부 사람들이 그것에 현혹되어 흰옷을 입고 그날 휴거준비를 했던 것은 본인들의 종교심에도 책임이 있으나, 한국사회의 정치와 사회, 경제, 문화 심지어 종교마저 극단적인 부를 추구하며 타락의 징조를 보이고 있었기 때문에 그것으로부터의 탈피를 위한 돌파구였다는 점을 지적하지 않을 수 없다.

필자는 이러한 전제하에 본 논거를 통하여 휴거와 세대주의 종말론을 규정해 본 후, 묵시와 종말이 어떻게 연관되어 있는가를 밝혀 보려고 한다. 이어서 종말과 하나님의 나라에 대한 다양한 이론들을 든 후에 몰트만의 오시는 하나님의 종말론을 새로운 종말론으로 제시하려고 한다. 몰트만의 종말론은 유대주의와 베크의 우주적 종말론에서 온 것이기 때문에, 그의 종말론을 쉐히나(שכינה, 하나님의 거주하심)의 신학으로 규정해 보면서 유기적인 종말론으로 연결시켜 보기로 하자.

1. 휴거와 세대주의 종말론

예수의 공중재림과 성도들의 휴거를 1992년으로 설정한 것은 무엇

---

131) 참고도서들은 다음과 같다. 마빈 포드, 「죽음 저편」, 이장림 역(서울 : 도서출판 평화사, 1987); 옥정남, 「지금 선택이 영원을 좌우」(서울 : 한돌출판사, 1991); 김수영, 「666을 이긴 사람들」(서울, 소문출판사, 1991), 정곤태, 「교회사에 나타난 짐승의 수 666」(서울 : 도서출판 요나미디어, 1997).

과 관련된 것일까? 그 이론적인 배경은 무엇인가? 그것은 세대주의 종말론(dispensational eschatology)이라고 답하는 것이 옳을 것이다. 세대주의는 통속적 세대주의와 학문적 세대주의로 구분하는 경우도 있다. 학문적 세대주의는 달라스를 중심으로 하는 보수주의자들이 주장하는 것이다.

세대주의가 본격적으로 등장한 것은 영국에서 존 다비(John. N. Darby, 1800-1882년)의 플리머스 형제운동(the Plymouth Brethern Movement)을 통해서이다. 존 다비는 예수 그리스도에 의한 은혜의 체험을 한 후 이스라엘과 교회, 율법과 은혜의 시대를 구분하여 계약신학자들과 맞섰다. 이 운동은 스코필드(C. I. Scofield)가 펴낸 「스코필드 관주성경」(Scofield Reference Bible)의 출판과 함께 급속하게 퍼져 나갔다.

세대(dispensation)란 말은 관리한다는 뜻을 갖는 헬라어 오이코노메오(οἰκονομέω)를 라틴어 성경인 불가타에서 세대(dispensatio)라고 번역한 것이다(눅 12 : 42, 16 : 1, 롬 16 : 23, 고전 4 : 1, 갈 4 : 2, 벧전 4 : 10). 이것은 영어로는 스튜어드(steward), 한글로는 청지기, 직분, 경영, 주인의 재산관리, 경륜으로 번역된다. 이 말이 사용된 의미를 보면 (1) 하나님께서는 자신의 종에게 청지기의 사명을 주신다. (2) 청지기는 그 사명을 충성스럽게 행해야 한다. (3) 마지막 때에 청지기의 일을 결산한다는 것이다. 즉, 하나님께서 구원을 이루시기 위한 계획인 경륜(economy)과 사람이 구원을 이루기 위한 청지기로서의 사명이다. 계시역사의 진전에 따라 각 세대마다 하나님께서 다른 경륜을 계시로 주시고, 청지기들은 각 세대마다 이루어야 할 사명이 주어졌다는 것이다. 한 세대가 실패했을 때 하나님께서는 다음 세대에 다른 구원의 방법과 청지기의 사명을 주신다는 것이다. 천년왕국에서도 심판을 받은 후 영원한 왕국이 건설된다는 낙관주의적인 천년왕국설이다.

이들이 주장하는 일곱 세대의 구분은 통일성이 없다. 이들은 세대를 일곱으로 구분하고 각 세대를 대략 1000년으로 본다. 이는 베드로후서 3 : 8의 "주께는 하루가 천년 같고 천년이 하루 같다."는 말씀을 인용해서 하나님께서 일하신 6일 간의 천지창조를 1000년으로 계산하여 각 세대를 대표하는 것으로 해석하였다. 창조에서 타락, 타락에서 노아, 노아에서 아브라함, 아브라함에서 모세, 모세에서 예수의 초림, 초림에서 재림 그리고 하나님께서 제7일째에 쉬신 것과 같이 7000년에는 천년왕국이 이어질 것을 계산한다. 또한 일곱 세대의 구분을 (1) 무죄 혹은 자유의 시대(창 1 : 28-3 : 6), (2) 양심시대(창 4 : 1-8 : 14), (3) 인간 통치시대(창 8 : 15-11 : 9), (4) 약속시대(창 11 : 10-출 18 : 27), (5) 율법시대(출 19 : 1-행 1 : 26), (6) 은혜시대(행 2 : 1-계 19 : 21), (7) 천년왕국시대(계20장)로 구분하기도 한다. 그리고 각 시대마다 하나님께서 인류를 구원하시기 위한 새로운 언약을 주셨다고 한다.

이들이 계산한 성경의 계보를 보면 예수님이 나시기 전까지가 4000년이며, 그 이후 2000년이 세상의 마지막이라 한다. 이들이 1992년을 예수님의 공중재림으로 계산한 것은 7년 대환난을 넣었기 때문이다.[132]

이러한 해석은 우화적인 해석(Allegorical)으로 성경에 어떠한 곳도 천지창조의 하루를 1000년이라고 언급한 곳이 없다. 각 세대가 1000

---

132) 한정건, 「현대 종말론의 성경적 조명」(서울 : 기독교문서선교회, 1991), 9쪽.

년이 되지 못하는 곳도 있다. 천지창조에서 예수의 초림까지 4006년을 계산해 낸 것은 중세의 대주교 어셔(Ussher, 1581-1656년)인데, 성경의 저자는 계보의 구조적 조화를 우리에게 말하려 했을 뿐이지 연도에 대한 구체적인 정보를 주려고 한 의도는 없었다. 이러한 성경기록들을 근거로 재림의 날짜를 계산한다는 것은 매우 위험스러운 일이다. 예수의 재림의 "그 날과 그 때는 하늘의 천사들도 아들도 모르고 오직 아버지만 아신다."(마 24 : 36)는 것이 성경적이다.

예수의 재림연대를 계산한 사람들은 몇 명 있었다. 「신약성서의 지침서」(Gnomon Novi Testamenti)를 저술한 독일의 교육학자이자 경건신학자인 요한 알브레히트 벵엘(1687-1752년)은 계시록 13 : 18을 근거로 해서 예수의 재림을 1836년으로 계산해 냈다. 한국 초대교회의 부흥사이셨던 길선주 목사는 그의 「말세론」(1926년)에서 1974년을 예수의 재림의 시기라고 말하였다.

세대주의자들은 각 시대와 언약을 단절시키는 것을 볼 수 있다. 그러나 신구약 성경을 그리스도를 통한 구원을 이루기 위한 약속과 성취라고 본다면, 세대주의의 성서해석은 비판받을 점들이 있다. 아브라함에게 제시한 구원의 경륜이 실패해서 모세에게 전혀 다른 구원의 방법을 제시한 것이 아니라, 모세의 언약은 아브라함에게 주신 언약의 약속인 땅과 자손과 복의 근원의 실현으로 보는 것이 타당하다.

2. 묵시와 종말

성경에서 인류와 세상의 끝날과 종말에 대한 이야기는 묵시(apokalypsis)라는 말로 표현된다. 묵시라는 말은 계시(revelation)와 비슷한 말로서 지금까지 신의 뜻 가운데 인간에게 전혀 알려지지 않고 감추어지고 숨겨졌던 비밀스러운 것들이 벗겨지고 드러난다는 것이다. 묵시라는 말에는 묵시사상과 묵시문학 그리고 묵시운동이 모두 포함되며, 이것들이 하나의 연결고리를 형성하고 있다.

묵시사상을 다른 말로 표현하면 묵시적 종말론이라고 할 수 있다. 한 시대의 상황을 도덕윤리적으로 그리고 신앙적인 눈으로 보면서 접하는 탄식의 소리들이 묵시사상을 가져온다. 역사가 더 이상 인류의 역사가 아니라 야수와 사단의 역사라고 표현될 때 묵시사상이 출현한다. 그리고 이러한 묵시사상이 글로 표현되는 것이 묵시문학이다.

묵시문학의 전성기는 신구약의 중간시대인 기원전 200-기원후 100년 사이로 보인다. 이스라엘 백성들이 극심한 종교적 탄압을 받고 있을 약 300년 간의 기간이었다. 희랍의 안티오커스 에피파네스 4세(기원전 175-163년)가 유대인 종교말살 정책을 쓰기 시작했던 때가 그 절정에 이른다. 그는 안식일 폐지와 할례금지, 성전에 제우스신 설치, 돼지고기의 희생제물 사용 등을 법으로 규제하여 실시하였다. 이 어려운 시대에 유대인들은 현실에 적응하려는 헬레니스트(Hellenist)들과 죽음을 무릅쓰고 신앙을 수호하려는 경건한 자들인 하시딤(הסידים)으로 구분되었다. 그리고 경건한 무리들인 하시딤들을 위해 쓰여진 신앙수호의 책들이 묵시문학이다.

묵시문학의 내용을 보면 (1) 하나님의 정의가 승리한다. 아무리 악한 세력도 종국에는 하나님의 초월적인 힘에 물리침을 받게 된다. (2) 신앙인들은 끝까지 변절하지 말고 신앙을 지켜야 한다. (3) 임박한 종말 앞에서 희망과 용기를 가지라는 것 등이다. 묵시문학에는 에녹서, 모세의 승천서, 제4에스라서, 바룩서, 레위 언약서, 희년서, 열두 족장 유언, 10주의 묵시서 등 다양한 것들이 있었다. 이중 유일하게 구약성경에 기록된 것은 다니엘서이다.

묵시문학은 환상과 상징의 방법으로 상상력을 동원해서 쓰여졌다. 아무리 악한 세력이 성행해도 결국 하나님의 정의가 승리한다는 것을 묵시적으로 보여 준다. 예를 들어, 계시록은 요한의 묵시록이다. 신앙 때문에 에베소 교회의 장로인 요한이 유배되어 밧모 섬에서 쓴 것이다. 계시록의 기록연대는 도미티안 박해가 끝나는 기원후 95년경으로 본다. "세상 나라가 우리 주와 그리스도의 나라가 되어 그가 세세토록 왕노릇 하리라."(계 11 : 15)는 말씀이 역사적인 증거가 되는 말씀이다.

묵시사상을 가진 사람들의 삶은 개인적으로나 집단적으로 볼 때 살아가는 모습이 다르다. 이것은 묵시운동으로 연결된다. 여기에는 소극적인 태도와 적극적인 태도가 있다. 전자는 이원론적인 생각을 가지고 사는 삶의 모습에서 나온다. 악의 세력은 악하므로 대항하지 말고 악을 피해서 은둔하며 주님이 오실 날만을 손꼽아 기다리는 것이다. 후자는 악이 더 이상 좋아지지 않으리라는 판단이 들어 악이 최고조에 이르렀을 때 악의 세력을 무찌르기 위해 직접 나가 전쟁도 하고 싸우는 태도까지를 포함한다.

소극적인 종말론은 기원후 156년경 소아시아의 몬타누스에게서 시작된다. 그는 요한복음 14장에 약속된 보혜사 성령이 자기에게 나타나 예언을 할 수 있다고 스스로 믿었다. 자기 자신 이후에는 더 이상 예언자가 없어 계시의 시한이 다 되었기 때문에 계시의 단절과 함께 서기 200년에 예수께서 오신다고 예언하였다.

성령에 의해 계시된다는 이 종말론은 교회의 세속화에 대한 새로운 개혁운동이기도 하였다. 감독들의 권위 아래서 지배당하고 있는 교회를 원래의 상태로 회복하기 위하여 엄격하고 철저한 윤리적 실천을 강조하고 성결한 자들만이 진정한 교회를 만들 수 있다고 믿었다. 이것은 터툴리안에 의해서 재정립된다. 그 내용은 엄격한 금식과 철저한 순교의 각오 그리고 세상으로부터의 성별과 심지어는 결혼을 반대하는 것 등이었다.[133]

그 외에 교회의 역사를 보면 끊임없이 재림과 휴거에 관한 잘못된 예언들이 있어 왔다. 최근 우리 사회를 매우 어지럽게 했던 이장림과 다미선교회의 1992년 10월 28일 24시 재림과 휴거설은 그 대표적인 것 중의 하나다.

적극적인 종말론을 대표하는 사람은 독일의 토마스 뮨처(Thomas Münzer)다. 그는 루터와 동시대의 사람으로서 진정으로 중요한 것은 기록된 성경이 아니라 성령의 현재적 계시라고 하는 성령적 교리(spiritualistic doctrine)를 주장하면서 자신을 예언자와 사도라고 칭했다. 그는 성령에 의해 중생한 사람들이 하나님의 왕국을 실현하기 위해 신정정치적 공동체에 참여해야 한다고 믿었다. 그의 주장은 종교적인 영감 속에서 1524년 농노반란으로 이어져 농노들은 그들이 만든 '12헌장'(Twelve Articles) 속에 경제적, 종교적 요구들을 내세우게 되었다. 이들은 천년왕국이 곧 이른다고 믿었으며, 피의 세례를 받아서 그 시대를 맞이하도록 철저하게 준비를 하다가 탄로되어 10만 명 이상의 농민들이 학살당하게 되었다.[134]

초대교회 이후 잘못된 재림에 대한 여러 예언들은 성경에 대한 잘

---

133) 니이브, 「기독교 교리사」(서울 : 대한기독교서회, 1965), 서남동 역, 107쪽 이하.
134) 유스토 L. 곤잘레스, 「종교개혁사」(서울 : 은성, 1989), 서영일 역, 73쪽 이하.

못된 주관적 해석에서 나온 것들이다.

지금까지 종말론은 '마지막 사물에 대한 이론' 혹은 '세상의 끝'(Weltende)이라는 말을 신학적 용어로 '끝'(ἔαχατον)이나 '마지막 사건들'(Novissimus, the last thing, Die letzten Dinge)이라는 관점에서 이해해 왔다. 종말론은 세상 마지막에 일어날 사건과 현상들 그리고 한 세대의 종말과 새로운 세대의 도래 등을 다루는 교리 내지 가르침을 말하는 것으로서, 유대 묵시문학과 초대교회의 묵시사상 그리고 묵시운동과 깊은 연관이 있다.

19장 신학의 형성과 방법론
[슐라이어마허와 바르트를 중심으로]

I. 슐라이어마허와 바르트의 생애

　신학자의 신학 형성과 사상을 알기 위해서는 그의 생애를 간략하게 살펴보는 것이 필요하다.

　슐라이어마허(F. Schleiermacher, 1768-1834년)는 계몽주의가 한창 꽃을 피우던 18세기에 태어나 활동하였다. 그는 독일 브레스라우(Breslau)에서 헤른후트파인 경건한 군목의 아들로 태어났다. 어렸을 때는 고전을 공부했으며, 그리스도의 수난과 죄인이 받을 형벌의 문제로 많은 고민을 하였다. 그는 15세 되던 1783년에 니스키(Niesky)에 있는 모라비아 학교에 입학하여 그 곳에서 그리스도의 사랑 안에서 즐기는 감정적 기쁨을 경험하였다.

　슐라이어마허는 1785년 바르비(Barby) 신학교에 입학했으나 철학적 토론에 몰두하다가 퇴교당했으며, 할레(Halle) 대학에 가서 그리스 철학과 칸트 연구에 전념하였다. 그리고 1790년에는 신학시험에 합격하여 개혁파 칼빈주의 교회(Reformed Calvinistic Church)의 설교자가 되었다. 그는 그 당시의 관습에 의해 백작의 가정교사 일을 하면서 교양 있는 부인들의 모임을 만들어 참여하기도 하였다. 그의 설교는 도덕주의적인 그리스도를 선포하는 것이었다. 한편, 그는 1793년 교사자격을 획득한 후에는 베를린(Berlin)으로 이주하여 자선병원에서 6년 간 설교를 하였다.

슐라이어마허는 1798년 「종교를 멸시하는 교양인을 위한 강연」이라는 책을 무명으로 저술하였다. 이 책은 그가 생각하고 있던 신앙적 윤리의 문제들이었다. 그는 쉴레겔(F. Schlegel)과 노발리스(Novalis) 등과 함께 낭만주의(Romanticism)의 입장에 서서 자연적 본능과 생명, 자유, 개인적인 취미, 자발적인 창조와 명상 등 인간성 본연의 모습을 신학적으로 서술하려고 하였다. 그는 생명의 신비로움을 가지고 자연과 인생을 보았으며, 권위를 무시하고 개인적인 자유를 강조하는 운동에 앞장섰다. 그의 평생의 과제는 자신이 자란 경건주의적인 종교적 감정과 자유스러운 사고와 비판주의를 어떻게 결부시킬 것인가였다.

한편, 그는 베를린을 떠나 슈톨페에서 2년 간 은둔하며 궁중목사로서 일을 하였다. 그 곳에서 플라톤 번역을 시작했으며 프러시아의 루터파와 칼빈파를 접근시키기 위한 소책자들을 출간하였다. 그리고 1804년에는 할레 대학의 교수로 초청을 받아 강의를 시작하였다. 그는 구약학을 제외한 전 과목을 강의하였다. 그의 강의들은 신학전반, 변증법, 철학사, 윤리학, 교육학, 국가학 등이었다. 이때 강연집과 플라톤 번역 그리고 디모데전서의 비판적 논문을 발표했는데, 디모데전서는 영어로 번역되었다. 그의 설교는 많은 사람들을 감동시켰으며, 비스마르크(Bismark)로 하여금 견신례에 참여하도록 하였다.

그러고 나서 1807년 슐라이어마허는 베를린으로 돌아와 헬라철학에 관한 강의를 시작했으며, 1810년에는 베를린 대학이 개교되면서 지도적인 교수의 일을 시작하였다. 그는 성 삼위일체교회(Holy Trinity Church)의 설교자가 되어 이 강단을 통해 사람들에게 많은 감명을 주었다. 그는 정열에 불타는 애국자이기도 하였다. 프랑스에게 점령당하고 있는 동안에는 프랑스 대장 다보스(Davoust)에게 불려가 경고를 받은 적도 있다.

그는 오랜 세월 동안 저술과 설교와 하루에 3시간의 강의를 계속하면서 종교와 과학주의를 융화시키려고 노력하였다. 종교와 지적 생활이 분리되는 것을 원치 않았으며, 경건이라는 말이 무지라는 말로 대치되는 것을 반대하였다.

그는 몇 분 간의 묵상으로 강연준비를 끝낼 만큼 탁월한 자유주의적 성격 때문에 교수의 직을 박탈당할 뻔하기도 하였다. 1822년에 출간된 그의 「신앙론」(Der Christliche nach den Grunds tzen der evangelischen Kirche im Zusammenhang dargestellt)에서는 칸트와 헤겔의 철학과 기독교 신앙을 조화시켜 합리적인 것으로 만들어 그 시대에 소개하려 하였다. 그의 사후 편집된 저술들은 신학이 13권, 설교집이 10권 그리고 철학의 분야가 9권이다.

바르트(K. Barth, 1889-1968년)는 스위스 베른의 신약신학자 프르츠 바르트의 아들로 태어났다. 그는 베른, 베를린, 튀빙엔, 마부르크에서 수학하고 자펜빌(Safenwil)에서 1911-1921년까지 10년 간 농촌목회를 하였다. 그는 삶과 성서의 문제에 깊은 관심을 가졌으며 1919년 「로마서 강해」를 출판하여 세계적인 신학자가 되었다. 1921년부터는 괴팅엔, 뮌스터를 거쳐 1930년에는 본(Bonn) 대학의 교수가 되었으며, 히틀러가 집권하여 교회까지 장악하려 하자 고백교회에 참여하여 교회투쟁 지도자의 한 사람이 되었으며, 독일 민족주의와 히틀러에 반대하는 신앙고백서인 「바르멘 선언」을 기초하였다. 그는 독일에서 스위스로 돌아와 바젤 대학에서 교수생활을 하다가 82세의 나이로 세상을 떠났다.

2. 신학의 방법론

신학의 방법론에는 두 가지가 있다. '위로부터의 신학'(Theologie von oven)과 '아래로부터의 신학'(Theologie von unten)이 그것이다. 전자는 선지자들로부터 시작하여 오늘에 이르기까지 신앙가들의 신학적인 방법론으로, 하나님의 말씀 속에 나타나는 계시와 하나님의 뜻이 중요하다. 후자는 시대주의 신학자들의 신학적인 방법론인데, 이들은 신학이란 그 시대의 산물이어야 한다고 말하면서 하나님의 뜻이나 성경의 내용보다는 그 시대의 정신(Zeitgeist)을 가지고 성경을 해석하려 하였다.

슐라이어마허는 '아래로부터의 신학'에 속하는 최초의 개신교 신학자이다. 그래서 사람들은 그의 신학을 자유주의 신학, 시대정신의 신학, 인본주의 신학이라고 한다. 바르트는 슐라이어마허를 깔뱅 이후 최대의 신학자요 가장 영향력 있는 사상가라고 평하면서도, 그의 신학을 '의식의 신학'이라고 하여 이를 거부하며 극복하려고 노력하였다. 그에 대한 부정적인 평가로서는 범신론자, 주관주의자, 19세기의 대 이단자라는 것이었다.

그가 사용한 우주의 개념을 보더라도 '세상 모든 것'(Weltall)으로 보는 것이 옳다. 인간성의 진수, 숭고한 세계정신, 영원한 사랑, 응보, 운명, 신성 등 우주는 시간적으로나 공간적으로 동일시할 수 있는 경험적인 것이 아니라는 것이다. 그에게 우주는 자연과 인간 사건의 다양성과 대조되는 불변성과 전체성을 말한다. "모든 것이 변할 수 있는 곳, 어디서나 불변하는 것을 찾고, 무한한 것과 유일한 것 이외의 어느 곳에도 신뢰를 두지 않는 것, 바로 그것이 종교다."[135] 이것은 신화와 고대 세계관에서 보는 하나님 개념에 대한 거부다.

미국에서는 그를 긍정적으로 보고 재평가하려는 운동이 일어났는데, 그 대표적인 사람들은 리차드 니이버(R. Niebuhr)와 윌리엄스(R. R. Williams), 게리쉬(B. A. Gerrish) 등이다. 이들은 슐라이어마허를 루터와 깔뱅의 합법적인 상속자로 규정하고 이를 입증하려 하였다. 이런 면에서 우리는 자유주의 신학의 시조라고 불리는 슐라이어마허를 재평가하는 것이 필요하다.

바르트의 신학은 '위로부터의 신학'으로 시작된다. 그는 신학을 모든 인간학적 전제로부터 해방하고 오직 하나님의 말씀과 계시 위에 세우려 하였다. 그에 의하면 인간이 하나님을 알 수 있는 유일한 길은 하나님이 자신을 인간에게 알려 주시는 계시의 일이다. 계시는 하나님이 그의 말씀을 통해 자신을 드러내심이다.

바르트의 신학적 첫 작업인 「로마서 1판」 연구를 하던 당시 그가 즐겨 쓰던 신학적 명제들은 다음과 같다. "하나님은 하나님이지 세계가 아니다. 세계와 인간과 역사와 문화와 종교와는 전혀 다르다. 세계는

---

[135] 마르틴 레데커, 「슐라이에르마허 생애와 사상」, 주재용 역(서울 : 대한기독교출판사, 1985), 45쪽.

세계이지 하나님이 아니다. 하나님은 심판을 통해 말씀 속에서 세계와 인간을 만나신다."136) 여기서 그는 하나님의 긍정과 부정 속에서 심판과 은혜를 경험하는 인간의 무능력을 말하고 있다.

하나님의 말씀은 바르트에게는 세 가지 형태를 갖는다. 즉, 그것은 기록된 성서의 말씀과 그리스도 안에 계시된 말씀과 선포된 설교의 말씀이다. 세 가지 형태는 모두 하나님을 계시하는 면에서 하나다. 인간은 하나님의 계시를 오직 하나님으로부터 오는 믿음을 통해서 받는다.137)

그는 하나님의 절대주권과 초월을 강조하고 이성을 가지고 있는 인간의 모든 능력이 범죄 후 타락하여 악화되었기 때문에 자연신학은 불가능함을 말하였다. 또한 신의 계시는 오직 그리스도에게 있고 하나님의 말씀이 인간과 유일한 교제의 수단이라고 하였다.

이러한 이유로 인해서 그는 신학의 구성을 위한 과학, 문화, 예술에 대한 실증적인 태도를 거부했으며, 신비주의와의 공감이나 감정의 종교를 수반하는 종교철학과의 오류 등으로부터 신학을 해방시켰다. 신학은 하나님의 절대적인 주권과 성경의 가르침에 기초해야 한다는 것이다.

이에 대한 반론도 만만치 않다. 살아 계신 하나님의 말씀에의 봉사(ministerium verbi Dei)라는 관점에서 보면, 신학은 역사와 사회 즉 세계 속에서 하나님을 증언하기 때문에 역사적이고 역동성을 갖는다

---

136) 헤르만 뎀보브스키, 「변증법적 신학의 이해」, 양화자, 임태수 역(천안 : 한국신학연구소, 1995), 23쪽 이하.
137) 오인수, 「오늘의 신학사조」(서울 : 대한기독교출판사, 1977), 50쪽 이하.

고 본다. 교회 안의 말씀을 전제하면 '하나님으로부터'(von Gott her)이며 세계 속의 교회로 보면 '하나님에게로'(zu Gott hin)가 동시에 가능해진다는 것이다.[138]

바르트는 1932년부터 그의 생애의 말기까지「교회 교의학」(Kirchliche Dogmatik)이라는 신학적 대작을 썼다. 이 책은 사도신조의 구조인 '하나님, 그리스도, 성령 그리고 교회'라는 네 가지의 주제를 가지고 쓴 개신교 신학의 역사에서 불후의 신학적 대작이다. 이것은 교회가 하나님의 말씀을 제대로 전하고 있는가를 판가름해 주는 교회의 책이라고 할 수 있다. 바르트가 현대 개신교 신학에 미친 영향은 절대적이며, 바르트를 이해하지 못하고서는 현대신학을 이해하지 못할 정도의 영향력을 갖고 있다.

3. 초기의 신학 형성

1) 슐라이어마허

슐라이어마허에게 영향을 준 사람들은 칸트와 플라톤, 스피노자, 라이프니쯔, 피히테, 쉘링 등이다. 특히 칸트와 플라톤 철학이 그의 사상형성에 큰 도움을 주었다. 그는 플라톤에게서 종교는 '무한자에

---

138) 바르트학회,「말씀과 신학」, 칼 바르트 논문집 I(서울 : 대한기독교서회, 1995), 5쪽 이하. 이 책의 머리말에서 박순경 교수는 바르트의 신학 기준을「교회교의학」(Kirchliche Dogmatik)이 출간되기 시작하던 1932년 전후로 보면서 초기문서는 그리스도론적인 하나님의 말씀이 중심이었으나 후기문서에는 하나님의 말씀의 세계성을 말하고 있다고 주장한다. 이런 면에서 그는 바르트 신학의 역동성을 강조한다.

대한 의식'임을 알게 되었다. 그의 종교에 대한 논지는 "종교는 우주에 대한 직관과 감정이며 형이상학과 도덕에 병행하는 본질적이고 필연적인 제3의 인간정신"이라는 것이다. 이 말을 통해 그는 종교의 본질은 사유나 행위가 아니라 직관과 감정임을 보여 주고 싶어했다. 살아 움직이는 모든 것의 생성과 변화 속에서 무한한 존재를 발견하는 것, 그리고 그런 존재로서 사는 것이 종교라는 것이다. 그는 모든 개별자와 유한자, 그리고 인간 속에서도 무한자를 보며 각인된 흔적과 연출을 볼 수 있다[139]고 함으로써 범신론자라는 평가를 받는다. 이는 스피노자의 영향이다. "모든 실재는 실질에 있어서 하나다. 원인에 있어서 하나이며, 근원에 있어서 하나다. 그리고 신과 이 실재는 하나다. 그러므로 철학의 과제는 다양한 것에서 통일을, 물질 중에 정신을, 정신 중에 물질을 인정하는 것이며, 신의 사랑의 지적 영상인 우주적 통일의 최고인식에 도달하는 것이다."[140]

슐라이어마허의 초기 사상과 후기 사상의 관계에 대해서는 일반적으로 강조점의 점진적 변화로 본다. "하나님은 세계의 활동에 의해 알려지며 세계는 하나님의 계시의 장소"라는 벤트란트(J. Wendland)의 입장과 "일자와 전체(the one and All), 전체 속의 일자"(the one in the All)로 이해하던 하나님 개념이 신앙론에서는 존재의 근원으로 바뀌는

---

139) 슐라이어마허, 「종교론」, 최신한 역(서울 : 한들, 1997), 55쪽 이하.
140) 윌 듀란트, 「영원한 사상의 발자취」, 최혁순 역(서울 : 휘문출판사, 1970), 145쪽, 제4장 스피노자 참조 : 스피노자는 이러한 사상을 가진 유대인이었기 때문에 1656년 이단 혐의를 받아 교회당의 장로들에게 불려가 심문을 받고 파문당한다. 당시의 종교적 파문은 공동체에서 제외당하는 것만이 아니라 영적인 저주와 사형을 의미했다. 심문 내용과 파문은 다음과 같다.

변화를 그레비(J. K. Graby)가 제시하였다. 이렇게 볼 때 「종교론」(1799년)에서 「신앙론」(1830-31년)에 이르기까지 범신론적인 경향에서 본질적인 변화가 없었다고 본다.[141] 종교론의 신개념을 범신론으로, 신앙론의 신개념을 하나님의 초월성과 내재성을 강조하는 유신론으로 보는 입장도 있다.[142]

그가 칸트에게 매력을 느낀 것은 이성을 이성이 속한 영역으로 복귀시켰기 때문이다. 칸트를 연구하면서 그는 종교보다 윤리를 우위에 두었으며, 기독교 신앙을 칸트의 윤리학적 관점에서 평가하였다. 자신의 스승 에버하르트의 가르침에 의해 칸트와 다른 입장을 취하게 된 것은 종교의 자리는 감정이지 실천이성인 도덕이 아니라는 점 때

심문 : "신은 물질의 세계를 가질지도 모른다. 천사는 환상일 것이다. 영혼은 단지 생명일지 알 수 없다. 구약성서에는 영생에 관하여 아무 말도 하지 않았다고 한 것이 정말이냐?"

파문 : "그는 낮에도 저주를 받고 밤에도 저주를 받고 일어날 때도, 나갈 때도, 들어올 때도 저주를 받을지어다. 주께서는 그를 결코 용서치 않을 것이다. 아는 체도 않을 것이다. 그를 이스라엘 족속으로부터 제거하시고 율법서에 기록된 천하의 모든 저주가 그를 괴롭힐 것이다. 입으로 그와 말하지 말며 글로 그와 교통하지 말고 그를 돌보지 말며 그와 함께 한 지붕 밑에 살지 말고 4에르렌 이내로 접근하지 말며 그의 손으로 쓴 문서나 남에게 쓰게 한 문서도 읽지 말라."

141) 목창균, 「슐라이에르마허의 신학사상」(천안 : 한국신학연구소, 1991), 37쪽 이하.
142) 이러한 입장을 가진 학자들은 리피시우스(R. A. Lipsius), 샌드바하 마샬(Sandbach Marshall), 브랜드(Brandt) 등이다. 하나님은 더 이상 세계 전체(Welt-totalität)가 아니라 지고의 통일체이며 제1원인이고 세계의 창조자와 보호자라는 것이다. 특히 마샬은 종교론의 신개념을 범신론으로, 신앙론의 신개념을 유신론으로 보았다. 참조. 목창균, 전게서, 39쪽 이하.

문이었다. 이렇게 말함으로써 칸트가 주장하던 이론이성과 실천이성의 분리를 극복한 것이다. 그는 종교는 아는 것(knowing)과 실천하는 것(doing)의 통일체라는 입장을 취하였다.

2) 바르트

바르트의 초기 신학작업을 살펴보면 그가 경건주의자들과 신학적인 논쟁을 하고 있는 것을 볼 수 있다. 이러한 신학적인 논쟁은 많은 연구들을 통해서 입증되었으며, 특별히 에바하트 부시의 작품인「칼 바르트와 경건주의자들」[143]이라는 책에서 더 구체적으로 나타나고 있다.

바르트의 초기 신학이 어떻게 형성되었는가에 대한 지금까지의 연구로는 불름하르트의 신앙적 영향이라고 말하고 있으나, 신학연구의 동반자 투르나이젠과의 학문적인 서신교환과 신학의 전개[144] 그리고 요한 토비아스 베크의 「로마서」 연구가 결정적임을 주의해서 살펴볼 필요가 있다.[145]

우리가 베크를 경건주의 신학자이자 마지막 성서주의 신학자라고 한다면, 그의 영향이 어떻게 바르트의 신학에 미치게 되었는가를 연

---

143) E. Busch, *Karl Barth und die Pietisten, Die Pietismuskritik des jungen Karl Barth und ihre Erwiderung, Beiträge zur evangelischen Theologie*, Bd. 82, München, 1978.
144) *Karl Barth und Eduard Thuneysen Briefwechsel*, Bd.1, 1913, Karl Barth Gesamtausgabe v. Briefe(Hg.), E. Thurneysen, Zürich, 1973, p.160.
145) 배경식,「경건과 신앙」(서울 : 장로교출판사, 1998).

구하는 것은 가치가 있다고 생각된다. 바르트와 베크를 연결시켜 주는 점은 바르트의 「19세기의 개신교 신학」이라는 책에서 나타난다. 그러나 여기서 서술되는 베크는 그를 제대로 알기에는 충분하지 못하다. 그 이유로서는 바르트가 베크의 초기작품들만을 소개했기 때문이다.

성서주의적인 영향에 힘입어서 바르트는 자신의 신학적인 작업이 역사비판적인 성서연구의 방법과 입장으로부터 나오는 것을 보게 된다. 이러한 신학적 입장은 지금까지 바르트의 신학연구를 형성해 왔는데, 이제는 그의 성서 해석학에 영향을 주는 영감론으로 방향을 바꾼다. "역사비평적인 성서연구의 방법은 옳은 점이 있다. 그것은 인간의 이해들을 준비하는 데 있어서 너무나 과장된 영향력을 주지 않도록 해준다. 그러나 역사적인 성서연구 방법과 영감론 가운데 하나를 선택하라고 한다면 나는 영감론을 선택하고 싶다. 그 이유는 그것은 좀더 폭이 넓고 깊고 중요한 옳은 점들을 가지고 있기 때문이다."[146] 이를 통해 우리는 바르트가 성서 연구방법에서 루터적인 입장을 중시함을 볼 수 있다.

바르트는 아버지의 죽음에 대해 하나의 감동적인 설교를 통해서 반응을 보였다. 그는 자신의 아버지를 이 시점에서부터 객관적으로 재평가하게 되었으며, 그가 신학공부 기간 동안에 많이 남겨 두었던 신앙적인 것들을 가지고 시작했다고 볼 수 있다. "역사이해는 계속되는 것이다. 그것은 어제의 지혜와 내일의 지혜 간에 끊임없이 계속되는 대화이며 하나의 동일한 것이다. 존경심을 가지고 여기 내 아버지 프

---

146) Karl Barth, *Der Römerbrief*, Bd. I,(Hg.), H. Schmidt, Zürich, 1985, p. 3.

리츠 바르트에게 감사를 드리는 것은 전 일생 동안 그가 하나의 통찰력을 가지고 머물렀다는 그 점이다."

그의 설교들은 하나님에 관한 물음들로 가득 차 있다. 동시에 기독교 공동체에서 사회주의는 매우 중요한 위치를 차지하게 된다. 무엇보다 하나님의 사건은 "항상 무조건적으로 우선권을 갖게 되며 '먼저 하나님의 사건, 그리고 인간인 우리의 사건들' 이다. 이때 인간은 하나님과 그의 전 생에 있어서 진지한 삶을 누릴 수 있으며 사회적인 어려움을 해결할 수 있다. 사회주의는 복음의 매우 중요한 그리고 필요한 하나의 적용이 된다."

바르트는 신앙과, 계시 그리고 하나님의 개념에 대해서 실질적으로 어떻게 이야기할 것인가를 얻기 위하여 노력하였다. 그는 이러한 생각들을 설교시간에 피력했으며, 자기 자신의 신앙적인 입장을 버렸을 때에만 올바른 신앙을 가질 수 있다고 이야기한다. 제1차 세계대전을 찬성하던 93명의 독일 지식인들의 놀라운 선언이 있자, 그는 자신의 전 신학과정을 통해서 만났던 신학자들, 예를 들면 A. 폰 하르낙, R. 세베르크, A. 쉴라터, W. 헤르만, M. 라데, R. 오이겐 등의 신학으로부터 떠나 방향을 달리하게 되었다.

칼 바르트가 '어디까지 기독교인이 사회주의자가 될 수 있을까?' 에 대해 생각하고 있을 동안에, 그는 스스로 "얼마만큼이나 하나님 나라의 사상을 그의 신학에 연결시킬 수 있을 것인가?"라고 물었다. "자유-신학적인 그리고 종교-사회적인 문제들의 범위를 벗어나서, 성서적으로 실제-초월적인 의미를 갖는 용어인 하나님 나라의 사상이 나에게 도전이 되기 시작했다. 그런데 이런 생각들을 가지고 내가 지금까지 의도적으로 오랫동안 설교해 왔던 성서의 내용들이 문제가 되기

시작한 것이다."¹⁴⁷⁾

　이런 여러 가지 문제들을 해결하기 위해서 그는 먼저 신학적인 방향전환을 시도했다. 그러나 이 일은 그 혼자서로는 너무나 벅찬 것이어서, 그는 자신의 신학형성을 위한 대화의 상대자인 투루나이젠에게 조언을 청했다. 투루나이젠은 그에게 용기를 주었다. "설교나 강연 그리고 목회를 위하여 필요했던 것들은 전혀 다른 신학적인 기초석이었을 것이다." 이 말은 바르트로 하여금 슐라이어마허, 칸트, 헤겔 등 독일 지성인들의 학문체계를 벗어나 성경에 관심을 돌리며 독자적인 신학의 길을 가게 하는 결정적인 조언이 되었다.

4. 신학적 주제와 사상의 발전

1) 슐라이어마허

　슐라이어마허의 신학적 물음은 "종교가 무엇인가?" 그리고 "기독교가 무엇인가?"였다. 전자는 1799년에 발표된 그의 「강연집」과 1800년에 발표된 그의 윤리론인 「종교론」에서, 후자는 1822년에 출간된 「신앙론」에서 취급되었다.

　일반적으로 사실 그 자체(Sache selbst)를 해석할 때는 두 가지 방법이 있다. 하나는 사실을 개별적, 주관적인 관점에서 추상화하고 객관화함으로써 보편화시키는 것과, 다른 하나는 사실 그 자체와 직접적이며 구체적으로 만나 실존적인 체험의 현장에서 자기화시키는 것이다. 슐라이어마허는 후자의 관점을 가지고 논리를 전개한다.

---

147) 배경식, 전게서, 311쪽 이하.

그의 대표적인 책 「강연집」은 다섯 개의 강연부분으로 나누어진다.

첫째 강연은 계몽주의적인 종교비판으로부터 종교를 옹호한다. 종교는 교양인들의 체계적인 개념의 틀 안에 갇혀 있을 수 없으며, 이것을 체험하는 사람의 내면 가운데서 생동적으로 작용한다. 그는 종교가 체계적인 형이상학과 도덕과 근본적으로 구별되는 것임을 지적하였다.

둘째 강연은 종교의 본질이다. 종교의 고유한 영역은 인간의 심정이 무한자의 적극적인 활동에 전적으로 사로잡히게 됨으로써 형성된다. 이러한 감동과 사로잡힘은 이성이나 의지라기보다는 직관과 감정의 일이다.

셋째 강연은 종교의 교화나 교육은 교의적인 가르침에 의해 이루어지지 않으며, 오직 무한자에 대한 감각능력의 개방에 근거한다는 것이다. 무한자에 대한 생동적인 체험과 관계가 없는 가르침은 죽은 문자에 불과하다.

넷째 강연은 종교의 외적인 사회적 현상과 성직에 관한 것이다. 진정한 교회와 교의직인 교회, 국가와 교회의 구별, 성직자와 평신도의 관계는 경건, 즉 무한자를 향한 심정, 다시 말해 진정한 감동에 의해서 이루어진다는 것이다.

다섯째 강연은 개별종교의 분석과 진정한 종교의 이상을 제시한 것이다. 그는 종교의 내용을 개념적으로 추상화하고 체계화하는 자연종교 내지는 자연신학을 비판하며 역사적인 실증종교를 옹호한다. 종교의 생명력은 보편적인 개념에 있는 것이 아니라 개별적이고 특수한 형태를 갖기 때문이다.

이것을 더 잘 이해하기 위해서는 그의 「독백론」(Monologues)과 「변증론」(Dialectic)을 보아야 한다.

그는 「독백론」에서 칸트의 지상명령이라는 개념을 반대하면서 도덕은 그 질에 있어서 법적이 아니며 자연법적이고 유기체적임을 말한다. 자유인은 도덕법에 복종하라는 명령 아래 있는 것이 아니라, 그 자신 안에 있는 영혼의 권위보다 더 높은 어떠한 권위에 의해서 구속받거나 통제를 받지 않고 사는 데 있다고 한다. 마치 나무가 자유스럽게 자라고 꽃이 피고 열매를 맺는 것과 같다. 나무가 자라는 자유스러운 모습 속에서 신앙 안에서의 참된 자유를 본 것이다.

사람이 자기충족의 자연스러운 성장으로 자신의 본성을 표현한다고 볼 때, 그의 가는 길은 아무도 막을 수 없을 것이다. 그것들이 세상이거나 운명이거나 하나님이거나 간에, 인간의 개별적인 성격을 충분히 다채롭게 표현해야 할 것이다. 이때 자유인은 모든 것의 주가 된다. 이는 루터의 그리스도 안에서의 자유가 "그리스도인은 모든 것에 대해 완전히 자유스러운 주인이요, 어떤 것에도 종속되지 않는다. 그리스도인은 모든 것에 대해 완전히 의무를 지닌 종이요, 모든 것에 종속된다."[148]로 표현되었는데, 이것과는 다른 차원의 자유이다.

자유라는 것은 하나의 자연현상으로서 자연적 원인과 결과로 이해되어 인간의지에서 출발하였다. "너 자신의 인격 안에서 인간성을 특수하게 구체화하라."는 것이 「독백론」의 요점이다. 인간은 인간의 개성을 충분하게 발달시켜야 한다. 혼자가 아니라 사회 안에서 이루어져야 한다. 그는 이 책에서 인간의 도덕적 실패나 죄에 관한 것은 언

---

148) 휴 T. 커어, 「루터신학 개요」, 김영한 편역(서울 : 한국장로교출판사, 1991), 168쪽.

급하지 않는다. 그가 목적하는 바는 성취한 것이 아니라 소망에 관한 것이며, 미래에 대한 것은 이상적인 형태를 가지는 것이다. 이것은 낙관주의적인 사고 속에서 본 인간이해에 대한 결과다.

「변증론」에서 나타나는 그의 사고의 이론은 인식론과 형이상학의 구조를 갖는다. 생각한다는 것은 지식에 어떤 결과를 가져오는 것을 의미한다. 지식은 두 종류의 대상이 전제된다. 생각과 실재, 그리고 생각과 다른 생각 사이의 응답이다. 전자는 상호관계가 성립된다는 전제하에서만 설명된다. 이념의 세계와 실제의 세계라는 두 개의 서로 반대되는 세계의 밑바닥에 어떤 근본적인 통일성이 있을 것이라는 것이 전제된다. 이렇게 함으로써 두 세계 사이에 서로 일치할 수 있는 조건을 제공한다. 이것이 지식이다. 우리가 무엇을 인식한다는 것은 이러한 공통된 기반을 가지고 있기 때문이다. 생각이란 가능성에 대한 정신적인 도전이 될 때 실재적인 것이 되는 것이다.

지식의 타당성을 확인한다는 것은 궁극적인 의미에서 모험이며 믿음이며 신념이기 때문에 불가능하다. 지식의 타당성 그 자체는 증거할 수 없는 진리다. 그러나 우리가 말할 수 있는 것은, 이것을 부정한다면 이성 자체를 부정하는 것이 되기 때문에 부정할 수 없다는 것이다. 이 궁극적이고 기본적이며 보편적인 관계성을 가진 기반을 우리는 한편으로는 하나님, 다른 한편으로는 세계라고 부른다. 그의 전 사상은 기독교적이라기보다는 헤겔의 변증법과 논리주의, 그리고 칸트의 윤리에 기초한 합리설이 근본정신이다. 그는 이것을 가지고 여러 가지로 성경을 해석하였다.

문예부흥 이래로 근대를 특징지어 주던 신 대신에 인간을 높이 평가하는 낭만주의가 그의 사고를 지배하였다. 헤겔은 인간의 이성을,

칸트는 인간의 도덕의지를 예찬했다고 한다면, 슐라이어마허는 인간의 감정이 종교의 기초가 된다고 하였다. 인간의 감정을 인간존재의 기초에 두고 시문학, 음악, 미학, 정치, 윤리, 종교 등을 해석하고 발전시키려 한 사람들이 낭만주의자들이다. 이에는 루소, 하이네, 횔더린, 바이런, 칼 라일, 유고, 괴테, 쉴레겔, 슐라이어마허 등이 있다.

2) 바르트

바르트의 신학사상은 다섯 단계를 거쳐 발전하였다.

(1) 초기 바르트의 신학은 슐라이어마허의 사고형에 빠져 19세기에 발전한 종교적 개인주의와 자유신학이었다. 그는 종교사학파의 교수들인 파울 베르네(1875-1936년), 헤르만 쿠터(1863-1931년)나 레온하르트 라가즈(1868-1945년) 등을 통해 많은 영향을 받으며 자유스러운 이성적 신학을 연구하였다. 그는 올바른 기독교를 올바른 사회주의에서 찾으려 하였다.[149]

(2) 바르트는 튀빙엔에서 공부할 때인 1915년 바드 볼(Bad Boll)에 있는 불름하르트를 방문하였다. 그와의 만남과 대화를 통해 바르트는 새로운 하나님 이해를 하게 되었다. 점진적으로 세계를 새롭게 하시며 변혁시키시는 하나님 안에서 그는 기독교와 희망이라는 새로운 주제를 발견하였다.

(3) 바르트는 새로운 신학으로 출발하게 되었다. 즉, 1차 세계대전을 찬성하던 93명의 독일 지식인들의 선언이 있던 날, 자신의 전 신학과정에서 만났던 신학자들, 예를 들면 하르낙, 제베르크, 쉴라터, 헤

---

149) 배경식, 전게서, 309쪽.

르만, 라데 등으로부터 떠나 다른 신학의 방향을 가게 된 것이다. 이때 중요한 신학의 대화 상대자는 에드워드 투르나이젠이었다. 이것은 「로마서 주해」 제1판을 낼 때까지 계속된다.

(4) 「로마서 주해」 제2판을 낸 후부터 바르트는 인간과 신을 혼동하고 인간을 하나님의 자리에 놓은 개신교 신학의 주관주의를 비판하면서, 하나님은 사람과 비교할 때 전혀 다른 분이심을 공식적으로 표현한다. "하나님은 절대타자시다."(Gott ist ganz anders)라는 말이 이를 대변한다.

이러한 신학적 사고는 그로 하여금 변증법적 신학의 주제를 갖게 한다. 즉, 그것들은 거룩하신 하나님과 죄악된 인간, 창조주와 피조물, 영원과 시간, 하나님의 긍정과 부정 등이다. 그는 영원자 되신 하나님이 말씀하시고 역사에 참여하시고 동시에 그 곳에 존재하신다고 할 때, 하나님과 사람의 관계는 위기라고 보았다. 이러한 사고는 자신에 대한 철저한 비판과 성경연구의 결과에서 온 것이다. 그는 결국 사람이 하나님께 대해 생각하는 것이 아니라, 하나님이 사람에 대해 어떻게 생각하시고 행하셨는가를 신학적인 주제로 물었다. "하나님이 말씀하셨다."(Deus dixit)라는 그의 명제는 바르트의 신학이 '말씀의 신학'(ths Theology of the Word)임을 보여 준다.

(5) 「교회 교의학」(Church Dogmatics) 제1권을 쓸 때인 1932년부터 그는 하나님의 말씀을 가장 구체적인 용어로 표현하기 시작하였다. 이 때부터 그는 위기나 변증법적인 용어를 사용하지 않고 예수 그리스도의 품성, 말씀이 육신이 되심 등 참 하나님과 참 인간에 대해 신학적인 작업을 하게 되었다.

5. 절대의존의 감정과 그리스도 중심

1) 절대의존의 감정

슐라이어마허의 「종교론」은 종교를 멸시하며 종교와 유리되어 있는 교양인을 상대로 쓴 것이다. 그는 교양인들과 종교에 대한 논쟁을 하려 한 것이 아니라, 인간의 어떤 소질에서 종교가 발생하는가를 보여 주려고 하였다. 그는 칸트와 같이 도덕으로 종교를 환원하거나 헤겔과 같이 형이상학에 종속시키는 것을 부정하고, 종교는 직관과 감정임을 보여 주기 위해 계몽주의 종교관을 비판하기 시작하였다. 그가 얻은 결론은 "종교는 도덕이나 형이상학, 교의가 아니라는 것"이다. [150]

그가 즐겨 쓰는 종교는 인식이나 의지의 문제가 아니라 지식과 의지의 중간인 인간 정신의 본연적이고 필연적인 제3의 영역인 심정의 문제다. 그는 지식과 의지가 절대자를 가정하거나 요구할 수는 있어도 신을 파악할 수는 없다고 보았다. 그리고 감정 속에서만 절대자의 현존이 계시되며, 거기에서만 우리는 신을 직접 파악할 수 있다고 했다. 모든 마음의 중심을 이루는 이 경건의 감정이 종교라는 것이다.

그에 의하면 이런 면에서 종교는 지적인 작용이나 과정의 결과도 아니다. 그렇다면 이것은 하나의 학설에 불과할 것이다. 종교는 행위로 성립되는 것도 아니다. 도덕이 아니기 때문이다. 종교에서 행위를 요청하는 것은 종교가 도덕을 포함하고 행위를 있게 하는 동기가 종교 안에 있기 때문이다. 도덕적 행위는 종교의 일부가 되는 것이지 전

---

150) 목창균, 전게서, 60쪽 이하.

부는 아니다. 헤겔은 종교를 지적 작용으로 보았다. 칸트는 종교를 도덕적 행위에 기초하여 성립된다고 했는데, 이것은 잘못이다.

그에게 종교는 또한 지식(知), 감정(情), 행동(意)의 합성물도 아니다. 신을 절대로 의존하는 '절대의존의 감정'(Schlechthinnige Abhängigkeitsgefühl)에서 시작된다. 여기서 인간은 회개와 희열을 맛보고 모든 지식이나 도덕적 행위도 출발하는 것을 알 수 있다. 종교는 이런 의미에서 객관적인 사상의 체계가 아니다. 인간이 느끼고 사무치는 감정에 뛰노는 생명이 있는 주관적 경험의 내용이다. 이렇게 생명력 있는 신앙의 회복이라는 경건주의 운동은 자유주의 신학에서 자리매김을 하게 된다.

그는 지적 작용은 사색을 통해 철학을 있게 하고, 선한 행위는 윤리의 기초가 될 것이나, 종교의 기본적 요건은 감정이라고 보았다. 이런 면에서 신학은 철학도 아니요 윤리학도 아니며, 종교적 감정을 경험하고 기술한 그의 소산물이다. 종교적 감정을 표현하는 것이 있는데, 그것은 육체적 증거와 언어 그리고 시와 설교다. 그 중에서 시와 설교는 매우 중요하다. 교리는 인간을 진리로 인도하는 것이 아니라 시와 같이 종교적 감정을 일으키는 자극에 불과하며, 이적 역시 종교적 감정과는 관계가 없으므로 그리 중요하지 않다.

슐라이어마허의 신관은 스피노자와 같이 "세계에서 떠난 신은 공허하다."고 말하는 것을 볼 때 내재신론적(內在神論的)이다. 신은 세계가 보여 주는 복합적 상관의 통일이라는 점에서 범신론적이기도 하다. 그에게 신은 세계와 질적으로 동일하다. 신은 절대 불분리의 전체로서의 통일이며 세계는 분리된 부분이다. 신은 세계요, 세계는 자연이며, 그러므로 신은 자연이라는 결론이 나온다.

산출하는 자연(能産的自然, natura naturans), 즉 신으로서의 자연은 세계로서 자연을 있게 하는 자연이다. 피조된 자연(所産的自然, natura naturata), 즉 세계로서의 자연은 신으로서의 자연이 있기 때문에 있는 것이다. 전자는 자연을 있게 하는 자연으로서의 능동적인 자연을 말하며, 후자는 있도록 피조된 자연으로서 수동적인 자연을 말한다.

세상에 만물이 있는 것은 전 우주를 통합하는 전체로서의 큰 자연에서 이 세상에 있는 모든 만물의 자연이 작은 자연으로서 자연적으로 발생하여 존재한다는 것이다. 만물은 자연이라는 원인에서 자연스런 방법으로 자연이 있게 된다. 그래서 만물은 서로 상관되는 힘의 통일로 유지되며 존재한다. 그러므로 전 우주에서 자연만이 전능하며 이 자연의 창조와 섭리로 세계가 있게 되는데, 이것이 신의 창조요 힘이라고 본다. 그에게 신의 전능은 자연적인 힘이다. 이 자연의 힘이 전 시간을 꿰뚫을 때 무한이 되고, 전 공간에 미칠 때 편재가 되고, 전 도덕에 미칠 때 성(聖)이 되며, 지식에 나타날 때 전지가 된다. 이 모든 것들은 자연의 힘이 미치는 곳에서 나타나며 자연과의 관계에서만 이해할 수 있다.

그의 신관은 인격적인 존재로서의 신이 아니다. 기독교적인 신은 자연이 있기 이전에 계셔서 세계와 자연을 창조하셨고, 지금은 섭리하고 계시는 신이다. 하나님은 세계 밖에서 이 세상을 창조하셨고 그가 창조하신 세계 안에서 섭리하고 계신다. 기독교의 신은 초월적이면서 내재적이다. 슐라이어마허의 신관은 초월적인 신을 부정한 내재신이요, 자연이 신이라고 한 것은 비인격적인 범신론이다. 그는 인간의 오관으로 경험되면서 영감을 불러일으키고 거룩으로 인도하는 모든 것을 계시라고 본다. 또한 그는 초월적인 인격신에 대한 믿음을 제거해 버렸다. 하나님과 개인적인 만남인 '나와 당신'(I-Thou)의 관계가 없다. 그는 구주로서의 예수를 사랑했으나 대표적인 인간으로서의 예수였지 성육신하신 하나님으로서의 구주는 아니었다. 구원의 교리에서 가현설이 보이며, 죄는 하나님께 대한 반역이라기보다는 육과 영 사이의 갈등으로 보았다. 이것은 사실상 신이 아니라 자연이다.

그의 신관은 스피노자(Benedictus de Spinoza, 1632-1677년)의 신관에다 기독교의 신관을 붙여 본 것에 불과하다. 스피노자는 "신은 신체-물질의 세계-를 가지고 있을 것이다. 영혼은 단지 생명이며 구약성경에서는 영생에 대해 아무런 말도 하지 않는다."라고 말한다. 그의 신관은 범신론적이다. 그는 "자연은 신이다."라고 한다.

2) 바르트

바르트 신학의 가장 중요한 핵심은 예수 그리스도에 대한 교리다. 한 인성 안에서 '참 하나님, 참 인간'(vere Deus vere homo)이신 예수 그리스도 안에서 신앙적 신비를 직면하게 된다. 그가 즐겨 쓰는 말은 "예수는 승리자"(Jesus ist Sieger)이다.

그의 신학을 순종의 신학이라고 평하는 사람들이 있다. 그는 인간이 하나님의 말씀에 대한 무익한 종이기 때문에 하나님에 대해 말할 때 성부, 성자, 성령을 올바로 나타낼 수 있는 길은 오직 인간이 그리스도에게 순종할 때만 가능하다고 보았다.

그리스도의 인성과 사역을 신학의 주제로 가져온 바르트의 신학작업은 구미 신학계에 100여 년 간 예수 그리스도에 관한 진리의 말씀을 연구하도록 공헌하였다.

6. 창조론

창조는 신앙인가, 아니면 신화의 영향을 받은 다른 것인가? 이 물음은 오늘도 남아 있은 문제다.

1) 슐라이어마허

슐라이어마허는 하나님이 세상을 창조하셨다는 기사의 사실여부를 중요시하지 않는다. 그는 다음의 사실을 아는 것으로 족하다고 한다. (1) 세계는 하나님에 의해 기원되었다. (2) 세계의 기원은 하나님의 활동에 의한 것이다. (3) 신의 활동력은 일시적으로 제한되지 않으며 변화의 조건이 된다. 신약성경을 보면 다음 구절들은 하나님이 세상을 창조했다는 창조기사의 자료가 되지 못한다(행 17 : 24, 롬 1 : 19-20). 종교개혁자들은 창조기사를 사실 기록으로 보기는 했지만, 루터는 비유적인 설명을 반대했고 칼빈은 이것을 이론적으로 말하는 것을 회피하였다.

슐라이어마허에 의하면, 창조의 기사가 창세기 1장과 2장에 있는 것은 그것이 사실이 아님을 보여 준다. 그것이 사실이더라도 우리의 절대의존의 감정과는 아무런 관련이 없다. 그러므로 우리의 교리가 될 수도 없다. 교리는 성경에 있으므로 교리가 되는 것이 아니라, 우리의 감정으로 경험할 수 있을 때 생명 있는 교리가 되는 것이다. 그의 견해는 결국 세계는 신의 창조가 아니라 자연의 발생과정에서 생겼다는 것이다. 이는 자연을 있게 하는 '능동적인 자연으로서의 자연'(natura naturans)을 말한다. 이것은 실체 및 자연을 신과 동일시하는 스콜라 철학에서 온 이론으로 스피노자에게서 나타난다.

2) 바르트

창세기 1-11장까지는 상징적 혹은 신화적이며, 창세기 12-50장까지는 역사적이라고 하는 해석도 있다. 이에 대한 대표적인 학자로 칼 바르트와 게하르트 폰 라드를 들 수 있다. 이들은 창조를 역사적인 이야기로 본다.

바르트는 창세기 1-2장을 신화적으로 연관지어 해석하였다. 그는 바벨론의 창조신화인 에누마 엘리쉬(Enuma Elisch)라는 서사시는 신년축제와 연관이 있는 것으로 보았다. 신의 어머니 티아맛을 무찌른 마르둑 신은 티아맛을 양분하여 하늘과 땅으로 만들고 신들 중의 하나를 제물로 바쳐 그 피로써 인간을 창조했다고 한다. 그리고 마르둑의 역할을 그 당시의 왕이 극적으로 대행했다고 한다. 그러나 창조설화는 신화가 아니라 현실적인 창조의 역사다.

바르트는 사제문서(P문서)에 사용된 '창조하다' 를 의미하는 히브리어 동사 '바라'(ברא)는 신적인 창조에만 사용하는 것으로서 무에서의 창조라는 사상을 내포하고 있다고 말한다. 이는 헬라어 크티제인(κτίζειν)과 같은 뜻이다. 성경은 하나님께서 이미 있는 재료를 사용하여 새로운 무엇을 만드는 제2차적인 창조를 하실 때도 이 말을 사용하였다(창 1 : 21, 27, 5 : 1, 사 45 : 7, 12, 54 : 16, 암 4 : 13, 고전 11 : 9, 계 10 : 6). 하나님은 창조주로서 세계와 인간과 전적으로 다른 분이심을 주장한다. 우리가 세계를 하나님의 창조라고 말할 수 있는 것은 세계 자체를 보면서가 아니라 이스라엘의 역사에서 일어난 하나님의 계시행동에 대한 신앙에 의해서다.

창조이해의 출발점은 그의 백성을 출애굽시킨 하나님의 해방하는 능력에 있다. 하나님의 역사적인 구원과 능력을 경험하면서, 이스라엘은 창조적인 능력으로서의 하나님을 확인하였다.

성경에서 '만들다'를 의미하는 단어들은 아사(עָשָׂה, machen, herstellen, arbeiten, erzielen), 포이에인(ποίειν), 야차르(יָצַר, bilden, formen, gestallten), 프랏소(πλάσσω) 등이다. 이 단어들은 이미 있는 재료들을 사용하여 만드는 제2차적인 창조와 섭리를 의미한다.[151]

그러면 바르트에게 창조가 갖는 신앙적인 의미는 무엇인가?

(1) 창조는 하나님의 자유로운 행위(a free act of God)와 선한 의지의 결단이다. 하나님은 이 세계에 대해 자유스러운 존재이시다. 그분은 자신의 내적인 자유를 통해 세계를 창조하셨다. 이 자유는 피조물에 대한 사랑과 구원으로 나타났다.

(2) 창조는 삼위일체 하나님의 행위다(창 1:1, 사 40:12, 44:24, 45:12). 만물은 성부로부터 성자로 말미암아 성령에 의해 창조되었다(out of the father, through the son, by the Holy Spirit). 존재(being)는 성부로부터, 상상이나 이념(thought or idea)은 성자로부터, 생명(life)은 성령으로부터 온다.

(3) 창조는 하나님의 시간적인 행동(temporal act of God)이다. 창세기 1:1의 "태초에 하나님이 천지를 창조하시니라."(In the beginning God created the heavens and the earth)는 말은 시간과 공간의 제한을 받는 사물의 시작을 말한다. 창조 전에는 시간도 물질도 없었다. 하나님은 시간을 초월하여 계시는 분이나, 창조는 하나님의 시간적 사역이다. 어거스틴은 세계가 '시간과 함께'(cum tempore) 창조되었

---

151) 참조. 라보도, 김달생(공저), 「바른 신학」(서울 : 대한예수교장로회신학교, 1980), 118쪽 이하.

다고 한다. 창세기 1:1은 세계가 시작을 갖게 되었음을 말한다(참조. 마 19:4, 8, 막 10:6, 요 1:1-2, 히 1:10, 시 90:2, 102:25).

(4) 창조는 무로부터의 창조다. 무로부터의 창조는 기독교의 독특한 교리로서 하나님의 초월성과 능력을 말해 준다. 이것에 대한 확실한 표현은 외경 마카비2서 7:28에 언급되어 있다. 세계는 하나님 자신이나 하나님의 일부가 아니다. 범신론자들처럼 우주는 절대적인 필연도 아니다(엡 1:11, 계 4:11). 이것은 하나님의 말씀 안에서 보여지는 그분의 절대주권을 믿는 신앙으로 받아들일 수 있는 교리다(시 33:6, 9, 148:5, 히 11:3, 롬 4:17, 행 17:28, 느 9:6, 골 1:16, 롬 11:36, 고전 8:6, 시 90:2).

무에서의 창조는 세계가 하나님께 의존적임을 나타낸다. 피조물과 하나님의 긴밀한 연관성을 보여 준다. 이는 피조물에게서 보여지는 하나님의 내재성을 의미하는 말이다. 하나님은 세계의 각 부분에 임재하고 영으로 역사하는 내재적인 신이시다. 이것을 기독교적인 용어로는 충만이라고 한다(시 139:7-10, 엡 2:2, 렘 23:24)

(5) 창조의 목적은 '하나님의 영광을 드러내는 것' 이다. 카톨릭에서는 '인간의 행복을 위한 것"이라고 하였다. 고대 희랍과 로마의 철학자들, 종교개혁 시대의 인문주의자들과 18세기의 합리주의자들도 마찬가지다. 창조는 구원과 연관되어 이해할 수 있다. 태초의 창조는 역사의 지평을 열어 주며 종말에 새로운 창조로 완성되어야 할 것이다. "보시기에 좋았다."는 것은 형성된 것(factum)이라기보다는 되어야 할 것(fieri)으로 이해된다. 창조는 그리스도 안에서 일어난 구원의 완성을 지양하는 시간의 과정이다. 창조의 최종목적은 하나님의 고유한 초월성의 현현(顯現) 속에 있다. 하나님의 현현 속에 피조물의 안녕과

평화가 있는 것이다. 이는 하나님의 영광을 나타내기 위함이다(사 43 : 7, 60 : 21, 겔 36 : 21-22, 눅 2 : 14, 엡 1 : 5-6, 계 4 : 11, 골 1 : 16, 고전 15 : 28, 롬 9 : 17).

슐라이어마허와 바르트는 개신교 신학에서 자유주의와 신정통주의의 거장으로 알려져 있다. 두 사람 모두 경건한 목회자의 가정에서 태어나 가정에서 신앙적 교육을 자연스럽게 몸에 익혔으며 계몽주의적 입장에 서서 그리스 철학과 칸트, 헤겔의 철학에 뿌리를 두고 신학적인 작업에 전념하였다.

슐라이어마허는 바르비와 할레 대학에서 철학에 근거를 둔 신학을 연구하였다. 대학을 졸업한 후에는 자선병원과 궁중에서, 그리고 베를린 성삼위일체 교회의 목사로서 설교를 했으며, 할레와 베를린 대학의 교수로서 철학과 신학, 그 외에 설교집 등 30여 권의 많은 저술을 남겼다. 특히 1822년에 출간된 그의 「신앙론」은 철학과 기독교를 조화시켜 합리적으로 소개하려고 한 사변적인 작품이다.

바르트는 원래 스위스와 독일에서 자유주의 신학적인 교육을 받았으나 독일 지식인들과 결별을 선언한 후에는 하나님의 말씀에 기초한 종교개혁적 신학을 하기를 원했다. 바르트는 베른, 베를린의 하르낙, 튜빙엔의 슐라터, 마부르크의 헤르만에게서 공부한 후 스위스의 자펜빌에서 10년 간(1911-1921년) 목회를 하였다. 1921년부터 1935년까지는 괴팅엔과 뮌스터 대학에서 강의를 했으며, 나치스에 의해 해직당한 후 1968년까지는 바젤 대학의 교수로 활동하였다.

이러한 신앙적 배경을 갖는 이들의 신학적인 입장은 처음에는 같았으나 다르게 나타나는 것을 살펴볼 수 있다. 우리가 앞에서 전제한 것처럼 신학의 주제는 처음에는 '하나님에 관한 이야기'(God-talk)였으나 교회의 회의를 통해 제기된 삼위일체 하나님에 관한 논쟁으로 발전된다.

토마스 아퀴나스에 의해 신학은 교의학의 전 분야가 되었으며, 13세기 이후부터 신학은 더 이상 '학문의 여왕'(regina sicentiae)이 아니라 철학, 법학, 의학 등 학문의 한 분야가 된다. 그 이후 루터와 정통주의 신학자들에 의해 제기된 신학은 '하나님의 영과 그리스도'라는 두 개의 축을 가지고 성경을 해석하고 오늘의 정통주의 신학이 되었다. 신학을 신-인-세계학이라고 할 때, 정통주의에서는 분명 신에 대한 물음을 통해 인간과 세계의 문제를 신학적으로 답하려는 의지가 보인다. 이의 대표적인 사람이 위로부터의 신학을 시도한 바르트다.

슐라이어마허는 신에 대한 물음보다는 먼저 인간의 문제를 중시한다. 그는 플라톤이 말한 "종교란 무한자에 대한 인간의 의식"이라고 규정하면서도 자신이 영향을 받으며 자라왔던 모라비안의 경건성을 신학의 한 방법론으로 제시한다. "종교의 본질은 사유나 행위가 아니라 직관과 감정"이라는 것이다. 그가 즐겨 쓰는 신학적인 용어는 '절대의존의 감정'(schlechthinnige Abhänigkeitsgefühl)이다.

슐라이어마허와 바르트가 근본적으로 다른 신학적 명제를 내게 된 것은 하나님에 대한 전혀 다른 이해에서 출발한다. 전자는 그리스 철학의 좌파적인 전통을 이어받은 스피노자의 영향을 그대로 답습하여 실존의 체험을 자기와 동일시하는 범신론적 사고를 가졌으며, 이것을 헤겔의 변증법과 논리주의, 칸트의 윤리에까지 연결시켜 만들어 낸 합리주의적인 신학작업을 하였다. 후자는 처음에는 신학적인 작업을 슐라이어마허와 별 다를 바가 없이 시작했으나 세계 제1차, 2차 대전이 주는 실존의 문제와 인간의 죄성과 악함을 경험하면서 인간과 전혀 다른 하나님의 모습을 신학적인 주제로 삼아 변증법적인 과정을 통해 논리전개를 하였다.

바르트는 칼빈의 후예이며 철학적으로 키에르케고르와 하이덱거에 의한 실존주의 철학의 추종자이다. 그가 하나님과 인간 사이의 질적 차이를 강조하고 하나님에 관한 진리를 변증법적으로 표현한 것은 키에르케고르의 영향이다. 그의 신학은 신정통주의 신학, 하나님의 말씀의 신학, 변증법적 신학, 위기의 신학, 스위스 학파라고 불린다. 그의 신학은 철저히 그리스도 중심적이다.

바르트가 30년에 걸쳐 쓴 노작 「교회 교의학」(Church Dogmatics, 1932-67년)은 예수 그리스도 안에 나타난 하나님의 계시에 신학의 토대를 둔다. 그 중심과 초점은 예수 그리스도 자신이다. 거기서 예수는 '진짜 하나님이시며 진짜 사람'(vere Deus vere homo)이다.

바르트는 로마서 주해를 출판한 이후 변증법적 신학운동을 전개하였다. 여기에는 불트만, 고가르텐, 틸리히 등이 참여하였다. 학술잡지 「시간들 사이에서」(Zwischen den Zeiten)를 창간하여 신학전개를 하였다. 이것은 시대의 사이라고 번역되기도 한다. 변증법적 신학은 19세기의 자유주의 신학비판을 출발점으로 삼는다.

슐라이어마허의 신관은 내재신론적이다. 그의 신은 세계와 질적으로 동일하다. 인격적인 존재로서의 신이 아니라 '능산적 자연'(natura naturans)으로서의 신이다. 이것은 초월적인 신을 부정하는 범신론을 말한다. 그러므로 그에게 계시는 인간의 오관으로 경험하면서 거룩으로 인도하는 모든 것을 말한다. 또한 죄는 하나님께 대한 반역이라기보다는 영과 육의 갈등으로 본다. 인간 안에 주어진 내적인 능산적 자연과 외적인 만들어진 자연의 부조화라고 할 수 있다. 종교는 이런 면에서 절대의존의 감정에서 시작된다.

하나님을 인간으로 대치하고 신학을 인간학으로 변형시킨 자유주의 신학은 하나님의 실재성과 계시의 필요성, 그리고 성경의 권위, 인간의 유한성과 죄성, 신앙의 본질을 진지하게 취급하지 않았다. 이것은 하나님의 말씀에 대한 근본적인 오해다. 그런데 바르트는 이것을 뒤집어 놓았다. 그는 아래에서 위로 올라가는 밑으로부터의 신학이 아니라 위로부터 내려오는 위로부터의 신학을 주장하였다. 바르트의 하나님만이 '하나님 그분'(Gott, der ist)이시다. 이 말은 인간과의 차원에서 "하나님은 전혀 다른 분"(Gott ist ganz Andere)이라는 말이다. 바르트에게 하나님의 말씀 이외에 다른 것을 근거로 하여 신학을 정립하는 것은 불가능하다.

창조에 대해서 슐라이어마허는 하나님의 세상창조를 중요시하지 않는다. 단지 세계가 하나님의 기원을 갖는 하나님의 활동이라는 것과 지속적인 변화를 인정한다. 그리고 성경해석에 있어서 창조의 기사인 창세기 1장과 2장의 창조사실을 인정하려 하지 않는다. 그는 감정으로서의 경험을 강조한 나머지 세계의 창조는 자연발생적임을 말한다.

바르트는 하나님의 구원의 역사를 볼 때 창조의 사건이 이스라엘의 역사에 나타난 하나님의 계시행동에 대한 신앙에 의해서 고백된 것이라고 말한다. 창조는 하나님의 자유스러운 행위이며, 시간적인 행위이며, 하나님의 영광을 드러내는 것이다.

이러한 것을 종합해 볼 때 슐라이어마허는 만물에 나타난 신성을 보면서(롬 1 : 20) 아래로부터의 신학을 제기했으며, 바르트는 삼위일체 하나님의 행위로서(창 1 : 1, 사 40 : 12) 무로부터의 행위를 주장했다.

신학은 하나님에 관한 학문이다. 이 하나님은 인간과 세계의 관계 속에 있다. 성경은 인간과 세계와 관계없는 하나님에 대해서는 관심이 없다. 세계의 역사와 문화, 종교, 정치적 상황은 모두 다르다. 인간과 세계의 다양성과 문화에서 보여지는 이 세대를 향한 하나님의 뜻이 무엇인가를 연구하기 위해 폭 넓은 신학의 연구가 필요하다.

특히 신에 대한 이해를 존재론적이 아니라 과정과 변화로 이해하려는 상대성적인 시도에 대해 슐라이어마허의 자연과학적인 '능산과 소산'(Naturans et Naturata)의 신이해는 과학 속에서 종교를 찾으려는, 오늘을 사는 우리 모두에게 신학적 사고와 이해의 폭을 넓혀 줄 것이다. 그것은 역사적으로 볼 때 정통주의와의 완전한 결별을 선언한 자유주의적인 것이다.

동시에 바르트의 신학은 말씀과 계시의 신학으로서 하나님의 말씀인 성서를 신학의 기본으로 삼는다는 것이 정통주의 신학이라는 평가를 받는다. 신학은 시대적인 신앙의 체계를 논리적으로 서술한 것인데, 성경을 문자적으로 보기보다는 의미를 추구하는 면에서 바르트는 신정통주의라는 신학을 가능케 하였다.

신학에서 자유주의와 신정통주의의 만남은 성경해석의 방법에서 '성경을 문자적으로 받아들이지 않는 것'에서 가능하다. 동시에 근본적인 차이점은 헤겔의 변증법과 칸트의 윤리에 기초한 합리성을 받아들여 성경을 해석한 것과 전적인 타자이신 하나님의 계시의 말씀이라고 보는 입장이다. 인간에게 주어진 절대의존의 감정을 신적으로 보는 것과 그리스도를 통한 계시의 사건에 의해 기독교를 이해하는 것은 정반대적인 입장을 갖는 것이다.

신학을 신에 관한 이야기로부터 시작한다고 전제하면 바르트의 입장에 서야 함이 당연하나, 인간과 세계를 우리가 믿는 기독교적 신앙을 가지고 체계화시키려면 슐라이어마허의 아래로부터의 신학적 입장을 가지고 해결해야 할 문제들이 시간이 갈수록 산적해 있다. 이를 미루어 볼 때 바르트의 신학은 슐라이어마허에게서 보여지지 않는 계시의 부분을 보충해 주었으며, 슐라이어마허는 정통주의가 갖는 성경 중심적인 신학적 틀을 깨서라도 인간과 세계와 문화의 문제에게까지 갈 수 있도록 동기부여를 해준 셈이다. 특히 슐라이어마허의 신학적 틀은 자연신학과 하나님의 선교라는 문제를 개신교 신학의 장에서 해결하는 데 공헌하는 바가 있다.

20장 인간복제와 게놈지도 연구

1. 염색체와 DNA

  사람의 몸은 세포라는 작은 단위가 모여 형성되어 있다. 세포의 중앙에는 반드시 둥근 모양의 핵이 하나씩 들어 있는데, 이 핵 속에는 세포가 살아가는 데 가장 중요한 명령의 총 본산이 들어 있다. 즉, 세포활동을 지배하는 통제소가 이 핵 속에 들어 있고, 그 명령들을 내리는 물질이 바로 디옥시리보 핵산(DNA, deoxyribonucleic acid)이다. "단백질을 만들어라", "미토콘드리아가 적으니 이것을 보충해라", 또 "리보솜이 부족하니 이것을 더 보충해야겠다." 등의 필요성을 핵에서 알아차리고 명령을 내린다.
  이 핵 속에는 막대기 모양의 염색체들이 들어 있는데, 세포가 핵분열을 할 때 핵 내의 유전자가 포함되는 염색질이 모여서 이루어진 작은 막대 모양의 소체가 염색체다. 이것은 정지상태에서는 볼 수 없으며 DNA로 이루어져 있다.
  일반적으로 체세포가 가지고 있는 염색체의 수는 2n으로 표시된다. 염색체 수가 가장 적은 것은 말의 회충으로 2n=4이며, 북방 참집게는 2n=254개나 된다. 염색체는 그 수가 생물체에 따라 각기 다른데, 예를 들어 백합은 24개, 나팔꽃은 30개, 무는 18개, 수박은 22개, 완두와 보리는 14개 등이지만, 사람의 염색체는 난자와 정자로부터 23개씩을 받아 총 46개로 이루어져 있다.

사람의 염색체 수가 46개라는 것은 하나의 세포마다 모두 46개씩의 염색체가 들어 있다는 뜻이다. 염색체는 대체로 두 개의 작은 막대기 II와 같은 모양으로 되어 있는데, 이것은 I과 같은 모양의 것이 똑같은 것을 하나 더 만들었기 때문에 이루어진 모양이다. 염색체에는 키가 크다든지, 쌍꺼풀이라든지, 왼손 사용자이라든지, 고수머리라든지, 형질을 나타내는 유전자가 들어 있다.

하나의 염색체에는 많은 유전자가 존재한다. 위에서 예를 든 바와 같이 키가 큰 것, 쌍꺼풀, 왼손잡이, 고수머리 같은 것은 모두 유전자로 나타내진다. 다시 말하면, 유전자들이 염색체 위에 한 줄로 늘어서 있다고 보면 된다. 이러한 유전자들은 같은 염색체 위에 존재할 수도 있지만, 다른 염색체 위에 존재할 수도 있다. 키가 크다는 유전자가 염색체 위에 있고, 또 다른 곳에는 고수머리를 나타내는 유전자가 있을 수 있다는 것이다.

유전자는 염색체 위에 일정한 순서로 배열되어 있기 때문에, 교잡 실험을 통해 감수분열을 할 때 보여 주는 염색체 사이의 교차빈도를 알아 각 염색체상의 특정 유전자의 위치를 정할 수 있다. 이것을 염색체 지도라고 한다.

유전자가 하나의 염색체 위에 몇 개가 있는지는 알 수 없으나, 무수히 많이 있는 것은 확실하다. 우리 몸의 여러 가지 형질은 모두 이

유전자에 의해서 나타나며, 따라서 우리의 모든 형질은 46개의 염색체 위에 존재한다. 사람이 46개의 염색체를 갖는 것은 여성과 남성이 만들어 내는 난자와 정자로부터 1개의 성염색체를 비롯하여 22종류의 상동 염색체를 받기 때문이다.

1950년대까지는 이들 염색체를 분산시키지 못해 그 수를 명확히 알 수 없었으며, 다만 48개라고 알려져 있었다. 그러다가 1956년에 염색체를 분산시키는 기술이 개발되어 그 수를 명확히 관찰할 수 있게 되었다.

세포는 그 내부에 여러 염들이 포함된 액체를 가지고 있다. 이것은 일종의 소금물로, 이 소금물보다 낮은 농도의 소금물에 세포를 넣으면 삼투압에 의한 확산현상으로 세포가 부풀어서 염색체들이 분산된다. 실험실에서는 이렇게 분산된 염색체를 현미경으로 관찰하고 사진을 찍어, 이 사진에서 각각의 염색체를 하나씩 잘라 염색체의 짝을 짓고 크기 순으로 배열하여 일련번호를 붙인다. 이것이 세포의 염색체 내용을 보여 주는 핵형이다. 여자는 마지막 23번째 염색체 쌍이 X염색체 두 개(XX)이고, 남자는 X염색체와 Y염색체(XY)이다.

처음에 난자와 정자가 서로 결합하여 나팔관 안에서 수정이 이루어진 후 자궁으로 내려오면, 이 수정란은 자궁내막에 착상되어 세포분열을 계속한다. 이 과정에서 태아는 양쪽 부모로부터 유전자의 절반씩을 받아서, 태어난 아기는 엄마와 아빠의 모습을 부분적으로 닮게 된다. 착상된 수정란에서 세포분열이 더욱 진행되면 이들 세포는 심장이나 내장기관 등의 기관을 생성하면서 우리 몸의 모든 부분을 형성하게 된다.

모든 세포의 내부에는 핵이 존재하는데, 이 안에는 우리 몸을 이루는 데 필요한 모든 유전정보가 들어 있는 DNA가 존재한다. 그런데 이 DNA는 평상시엔 염색질이라는 형태로 있다가 세포분열 중기에는 염색체라는 형태를 갖게 된다. 다시 말하면 DNA의 이중나선이 스프링처럼 여러 번 꼬여 세포분열 중기에 염색체를 형성해야만 비로소 현미경으로 관찰할 수 있다. 그러므로 염색체는 우리 몸에 필요한 모든 유전정보가 담겨 있는 창고와 같다.

2. 게놈이란?

생물이 생활기능을 영위하는데 있어서 필요한 1쌍의 염색로서 종(種)에 따라 일정한 기본수를 갖는다. Genome(게놈)은 Gene(유전자)와 Chromosome(염색체)의 합성어이다. 이것은 1916년 독일의 식물학자 빙클러가 처음 사용한 말로, 독일식 발음은 게놈이고 미국식 발음은 지놈이다. 외래어 표기 심의위원회에서는 '게놈'으로 쓰기로 통일하였다.

인간의 몸은 약 60조 개의 세포로 되어 있는데, 이들 세포의 각각의 핵 속에는 염색체가 46개씩 들어 있다. 바로 이 염색체 한 쌍을 게놈이라고 부른다. 앞에서 말했듯이, 23쌍의 염색체 중 1번부터 22번 쌍까지는 상염색체라 불리고, 마지막 한 쌍 X와 Y염색체는 성염색체라 불린다. 이 23쌍의 염색체는 DNA로 이루어져 있고, 모든 생명활동의 정보가 들어 있다. 남성은 이 23번 쌍의 자리에 XY가 들어가고, 여성은 XX가 들어간다. 이렇게 해서 인간 게놈의 종류는 22번까지의 게놈과 마지막 한 쌍 XX와 XY를 포함해서 여성은 23

종류, 남성은 X와 Y를 다른 것으로 계산하면 24종류가 된다. 다른 생물의 경우에도 그 생물을 형성하기 위해 필요한 유전정보 한 쌍을 게놈이라고 하는데, 개라면 개 게놈, 쥐라면 쥐 게놈이 되는 것이다.

3. RNA

리보핵산(ribonucleic acid)이라고도 불리는 RNA 역시 DNA와 마찬가지로 핵산이다. RNA는 핵산의 단위물질인 뉴클레오티드가 DNA와는 다르게 염기, 리보오스, 인산으로 결합되어 있다. RNA를 구성하는 뉴클레오티드의 네 가지 염기는 아데닌(A), 구아닌(G), 시토신(C), 우라실(U)로서 DNA가 가진 티민(T) 대신 우라실(U)을 가지고 있다고 생각하면 된다. 따라서 RNA의 뉴클레오티드에도 A, G, C 또는 U를 가진 네 가지의 뉴클레오티드가 있게 된다.

DNA는 단백질을 만드는 정보를 암호로 가지고 있고, RNA는 그런 DNA를 돕는 일을 하고 있다. 따라서 RNA는 DNA의 심부름꾼이라 할 수 있다. 암호를 가지고 그 암호로 단백질 제조명령을 내리는 건 DNA지만, 그 명령을 받아 단백질을 만들어 내는 건 RNA이다.

단백질을 만드는 일에 관여하는 RNA는 분자구조와 생물학적 기능에 따라 세 가지 종류로 구분할 수 있다. 첫째는 전령 RNA라 불리는 mRNA이다. 전쟁터에서 지령을 전달하는 군인인 전령과 같은 역할을 해서 이런 이름이 붙여졌는데, mRNA는 단백질을 만드는 명령서를 단백질 합성장소인 리보솜에 전달하는 일을 한다.

또 다른 것은 단백질을 쌓아 올릴 벽돌이라 할 수 있는 아미노산을 운반해 오는 역할을 맡고 있는데, 이렇게 mRNA가 가져온 유전정보에 따라 아미노산을 운반해 오는 RNA를 운반RNA(tRNA)라고 부른다. 이 RNA는 그 종류가 20종이 있음이 알려져 있다. 또 그 분자의 한쪽에 아미노산을 달고 있는데, 한 종류의 tRNA는 한 종류의 아미노산만을 달 수 있다. tRNA의 종류가 20종인 이유는 바로 아미노산의 종류가 20종이기 때문이다. DNA는 마음대로 핵 밖으로 움직여 다니며 단백질을 만들 수 없기 때문에, RNA에 단백질을 어떻게 합성할 것인가에 대한 설계도를 주고, RNA는 이 설계도대로 단백질을 합성한다.

마지막으로 리보솜RNA(rRNA)는 말 그대로 리보솜을 구성하는 RNA로서 세포에 있는 전 RNA의 약 80%를 차지한다. rRAN는 핵 속의 인에서 전사되는데, 인은 rRNA와 단백질을 합쳐서 리보솜을 합성하는 장소다. 거의 모든 생물의 유전자는 DNA이지만, 식물에 기생하는 바이러스와 약간의 동물성 바이러스, 그리고 세균성 바이러스는 RNA가 유전자 구실을 한다. RNA는 세포 내에서는 주로 리보솜에 들어 있고, 일부는 핵 속에 그리고 인에도 들어 있다. DNA와 RNA의 차이점을 정리하면 아래와 같다.

(1) DNA와 RNA를 구성하고 있는 5탄당이 다르다. RNA의 경우 리보오스라는 5탄당이, DNA의 경우에는 디옥시리보오스라는 5탄당이 염기에 연결되어 있다. 리보오스의 결합은 화학적으로 매우 불안정하며 물 속에서 가수분해를 잘 일으킨다. 그러므로 RNA는 DNA에 비하여 안정성이 많이 결여되어 있다

(2) RNA에는 티민(T) 대신 우라실(U)이 염기로 이용되고 있다.

(3) DNA의 경우에는 핵산이 쌍가닥으로 존재하여 이중나선 구조를 이루고 있으나, RNA는 핵산이 외가닥으로 존재하고 있다.

(4) DNA에는 intron 부분이 있으나 RNA에는 intron이 없다.

4. 크리듀샤 증후군

이 증후군은 염색체 5번 일부에 결손이 있을 때 생기며, 작은 크기의 머리, 둥그런 얼굴 모습, 두 눈 사이가 먼 것 그리고 작은 턱이 특징적이다. 가장 눈에 띄는 증상은 병명에서도 나타나듯이 고양이 울음소리를 내는 것으로, 기관지의 울림에 이상이 생겨 이러한 현상이 나타난다. 보통 남자와 여자의 비율이 5 : 7 정도로 여자 쪽에서 약간 많으며, 태어날 때 체중이 약 2.6kg으로 보통 아기들보다 작게 태어난다. 기타 다른 기형은 빈번한 것은 아니지만 뇌 이상, 눈 이상, 심장 이상, 콩팥 이상 등이 같이 있을 수 있다.

전체적으로 아기가 활기 차지 못하고 처져 있으며, 혼자 앉는 데만 약 2년 정도가 걸리고 혼자 걸어다니는 것은 약 4년 정도가 걸린다. 지능지수는 안타깝게도 약 20미만이어 정상적으로 학습하는 것은 거의 기대하기가 어렵다. 이 염색체 이상은 거의 대부분 부모로부터 유전되는 것이 아니라 그 아기한테만 돌연변이로 발생하기 때문에 다음 번 아기를 크게 걱정할 필요는 없다. 그러나 때로는 부모 중에 어느 한 사람이 전좌현상이 있어서 그런 일이 생길 수 있으므로, 부모의 염색체 검사를 통해 유전되는 것이 아니라는 것을 미리 확인하는 것이 바람직하다.

5. 게놈의 역사

- 1694 : R. J. 카메라리우스. 수분실험을 통해 식물에도 성이 있음을 밝힘
- 1809 : J. 라마르크. 「동물철학」을 저술하여 획득형질 유전설 제창
- 1822 : T. A. 나이트, E. 고스 등. 식물의 교잡실험
- 1841 : J. G. 쾰로이터. 식물이 태어나려면 성 물질이 필요하다는 것을 밝힘
- 1865 : G. J. 멘델. "식물 잡종에 관한 연구"라는 논문에서 멘델의 법칙 발표
- 1892 : A. 바이스만. 생식세포 독립설 제창
- 1900 : H. 드브리스, K. E. 코렌스, S. E. 체르마크 등이 각각 독립적으로 멘델의 법칙을 재발견
- 1901 : H. 드브리스. 돌연변이설 제창
- 1902 : C. E. 매클렁. 성염색체를 학술지에 기재, W. 베이트슨, 스위트피(sweetpea)를 재료로 삼아 교잡실험을 하여 양성 잡종인 F2에서의 각종 분리비를 밝힘.
- 1903 : W. S. 서턴. 유전의 염색체설을 진전시킴. W. 요한센. 순계설 제창
- 1906 : W. 베이트슨, R. C. 퍼넷. 유전자의 연쇄현상 밝힘
- 1908 : G. H. 하디, W. 바인베르크. 각각 독립적으로 멘델 집단의 개체들이 자유로이 교배되었을 때, 집단의 유전자 빈도와 그 유전자형을 가진 개체의 출현 빈도 사이에 일정한 평형관계가

성립된다는 사실을 발견함. H. 닐손엘레. 동의 유전자설 제창
- □ 1909 : 긴 분자사슬 구조로 된 인산과 당분의 DNA 화학적 구성이 밝혀짐
- □ 1909 : G. H. 셜. 옥수수 생산에 잡종강세의 이용이 유리하다는 것을 지적함
- □ 1910 : T. H. 모건. 초파리의 흰눈을 통해 반성유전 현상을 발견
- ■ 1913 : A. H. 스터트번트, C. B. 브리지스. 초파리의 유전학적 연구를 발전시킴(-1920년)
- ■ 1926 : H. J. 멀러. 초파리를 사용하여 X선에 의한 돌연변이 유발실험에 성공
- □ 1928 : L. J. 스태들러 · 식물에서의 방사선 돌연변이 연구
- □ 1930 : R. A. 피셔. 자연선택의 유전이론 연구
- □ 1931 : S. 라이트. 「멘델 집단에서의 진화」 저술
- □ 1933 : T. H. 모건. 유전자설의 발전으로 노벨 생리의학상 수상, T. S. 페이터. 초파리의 침샘 염색체 연구
- □ 1935 : G. W. 비들, B. 에프뤼시. 초파리의 눈 색소의 유전학적 연구
- ■ 1936 : 우장춘. 채소종자의 육종 합성에 성공, 씨 없는 수박 개발 : 일본으로 망명한 우범선의 아들
- □ 1937 : A. F. 블레이크슬리, O. T. 에어버리. 콜히친에 의한 염색체 배가(倍加) 연구, T. 도브잔스키. 「유전학과 종의 기원」 저술
- □ 1939 : J. 카맨든, P. 데폰프르네. 아메바를 사용한 핵이식 성공
- □ 1944 : O. T. 에이버리, C. M. 매클라우드, M. 매카티. 폐렴쌍

구균에서 형질전환 현상 발견
- 1945 : 아우어바흐. 화학물질에 의한 돌연변이 유발실험에 성공
- 1946 : J. H. 멀러. X선에 의한 돌연변이의 유발연구로 노벨 생리의학상 수상, J. 레더
- 1944 : 버그, E. L. 테이텀. 박테리아에서 유전자 재조합 증거 얻음
- 1949 : K. 매서. 수량 유전자설 제창
- 1950 : E. 샤가프. 핵산 구조에 관한 기초적 연구
- 1952 : A. D. 허시, M. 체이스. 바이러스의 형질 유전현상을 지배하는 요소가 DNA임을 증명
- **1953 : 제임스 왓슨과 프랜시스 크릭 DNA의 이중나선형 구조 발견**
- 1954 : 비키니섬 원자, 수소폭탄 실험. 방사능이 사람에게 미치는 유전적 영향에 국제적인 관심 집중
- 1955 : S. 벤저. T4파지 유전자의 미세구조를 밝힘. N. 진더, J. 레더버그. 살모넬라균에서 유전자 도입현상 발견
- 1961 : F. H. C. 크릭. 유전정보의 암호는 3개의 염기로 구성되어 있다는 생각을 제창
- 1962 : F. H. C. 크릭, J. D. 왓슨, M. H. F. 윌킨스. 「핵산의 분자구조와 생물에서의 정보전달에 대한 그 의의」로 노벨 생리의학상 수상
- 1964 : 이그노프스키 등. 대장균의 트립토판 합성 유전자좌와 거기서 생산되는 단백질 구조의 배열순서가 일치함을 밝힘
- 1965 : F. 쟈코브, J. 모노, A. M. 르워프. 「오페론설」(효소와

바이러스 합성의 유전적 제어)로 노벨 생리의학상 수상
- ☐ 1966 : M. 니런버그. 단백질 합성실험으로 아미노산 코돈 판명
- ☐ 1967 : 굴리언, A. 콘버그, 신샤이머 등. 생물활성을 가진 DNA의 in vitro 합성에 성공
- ■ 1968 : R. 홀리, H. G. 코라나, M. 니런버그. 「유전정보의 해독과 단백질 합성의 역할」로 노벨 생리의학상 수상
- ■ 1969 : 유전자 분리 최초 성공
- ■ 1969 : M. 델브뤼크, A. D. 허시, S. E. 루리아. 「박테리오파지의 유전학」으로 노벨 생리의학상 수상. 분, 라들·센다이 바이러스를 사용하여 사람과 쥐의 세포를 융합시키는 실험에 성공. 이것을 사람의 유전자지도 작성에 기여함
- ☐ 1970 : N. E. 볼로그. 생산력이 획기적으로 높은 밀 품종의 육성으로 노벨 평화상 수상, H. G. 코라나. 효모 알라닌 전이 RNA 유전자 최초로 합성
- ☐ 1970 : 인공 유전자 합성 최초로 성공
- ☐ 1972 : S. 코엔, P. 버그 등. 유전자 클로닝 실험을 시작. 버그, SV40 유전자를 대장균 플라스미드와 연결하여 이것에 의해 DNA분자 재조합 실험의 잠재적 위험성을 의식함
- ☐ 1974 : 버그 등. 재조합 DNA 연구에 대해 안정성을 예측할 때까지 연구를 일시 중단할 것을 제안. 헤지스, F. 쟈코브. 대장균에서 움직이는 유전자를 발견하여 이를 transposon이라고 명명
- ☐ 1975 : 미국 시티오브호프연구소. 뇌 호르몬의 일종인 소마토스티탄의 합성을 지령하는 유전자 인공합성

- 1976 : 미국 국립위생연구소. 재조합 DNA 실험에 관한 안전 취급 지침안을 공포. 그 후 이 지침안을 기본으로 하는 취급방법에 의해 각 나라에서도 재조합 DNA 연구를 개시함
- 1977 : 그레스나흐 등. 달걀의 흰자 알부민 유전자에서 분적구조 발견. 바제트. 유전자의 개재(介在)배열 발견
- 1978 : W. 아르버. 제한효소의 예언으로 노벨 생리의학상 수상, H. O. 스미스. 제한효소의 발견으로 노벨 생리의학상 수상, D. 네이선스. 제한효소의 응용으로 노벨 생리의학상 수상
- 1979 : 미국 캘리포니아 대학. 유전자 치료의 제1호로서 유전성 형우병 연구
- 1980 : B. 베나세라프, J. 도세, G. D. 스넬. 인체면역과 유전관계 연구
- 1983 : B. 매클린톡. 「움직이는 유전자좌의 발견」으로 노벨 생리의학상 수상
- 1985. 5 : 인간 유전체(게놈) 해석을 주제로 최초의 회의 개최
- 1985. 10 : 미 에너지부(DOE), 인간 게놈 연구계획 구상
- 1986. 7 : 하워드 휴스 의학연구소 주관으로 미 국립보건원(NIH)에서 인간 게놈 연구를 위한 최초의 국제회의 개최
- 1987 : 도네가와 스스무(利根川進). 「다양한 항체를 생성하는 유전적 원리의 해명」으로 노벨 생리의학상 수상
- 1988. 2 : 인간 게놈 연구계획 입안. 미 국립보건원(NIH) 내 인간 게놈 연구국 신설
- 1988. 4 : 인간 유전체 기구(HUGO)가 미 하버 연구소 내에 발족
- 1989. 10 : 인간 게놈 연구국이 인간 게놈 연구센터(NHGRI)로 승격

- 1990. 8 : 인간 게놈 연구계획(HGP) 발표(NIH 5천950만 달러, DOE 2천70만 달러)
- 1994. 9 : 인간 유전자 지도(Genetic map) 작성 완료
- 1995. 5 : Haemophilus influenzae의 염기서열 해독 완료
- 1995. 5 : Mycoplasma genitalium의 염기서열 해독 완료
- 1996 : 효모의 유전자 지도 완성
- 1996. 5 : 효모(Saccharomyces cerevisiae)의 염기서열 해독 완료
- 1996. 8 : Methanococcus jannaschii의 염기서열 해독 완료
- 1997. 2 : 대장균(Escherichia coli)의 염기서열 해독 완료
- 1998 : 미국의 민간 생명공학회사인 셀레라 사 게놈 프로젝트 착수 선언, HGP의 경쟁상대로 부상. 미국과 영국 공동연구 팀 인간의 유전체와 유사한 선충(C.elegans)의 유전체 완전 해독.
- 1998. 9 : 인간 게놈의 염기서열 결정에 집중할 3차 5개년 계획(1998-2003년) 발표
- 1998. 6 : 결핵균(Mycobacterium tuberculosis)의 염기서열 해독완료
- 1998.12 : 선충(Caenorhabditis elegans)의 염기서열 해독 완료
- 1999.12 : 인간 22번 염색체의 염기서열 해독 완료
- 2000. 3 : 빌 클린턴 미 대통령과 토니 블레어 영국총리가 인간 게놈지도 전세계가 연구목적으로 자유롭게 이용할 수 있어야 한다고 호소, 미 민간업체 셀레라 제노믹스. 인간의 유전자와 가장 유사한 동물인 초파리 유전자 지도 완성
- 2000. 3 : 초파리(일명 과일파리, Drosophila melanogaster) 염기서열 해독 완료

- 2000. 4 : 인간 5, 16, 19번 염색체의 염기서열 초안 완성
- 2000. 5 : 인간 21번 염색체의 염기서열 해독 완료
- 2000. 6 : 셀레라. 쥐의 전체 유전자 중 3분의 1 해독. HGP와 셀레라 인간 게놈 프로젝트 초안 공동 발표
- 2000. 6. 26 : 인간 유전자 염기서열 초안 완성 발표
- 2000. 6. 27 : HGP와 셀레라 제노믹스 사가 공동으로 인간의 30억 DNA 염기쌍 중 총 6.8% 완료
- **2001. 2. 11 : 인간 게놈 지도 완성!**
  - 완전 해독 : 21.1%(752,050,000 bases)
  - 초안 완성 : 65.7%(3,182,861,000 bases)

멘델의 법칙

완두콩을 이용하여 7가지 형질에 대한 잡종실험을 한 결과 유전과 관련된 법칙을 발견했으나 당시에는 인정을 받지 못했다. 즉, 1865년 유전실험의 결과를 「식물잡종에 관한 실험」이라고 발표했으나 36년이 지난 1900년에야 독일, 오스트리아, 네델란드의 학자들에 의해 인정을 받았다.

(1) 우열의 법칙 : 제1대 잡종(F1)의 형질 가운데 우성의 형질만 겉으로 나타난다.

(2) 분리의 법칙 : 제2대(F2)에서는 완전 우성에서는 3 : 1, 불완전 우성에서는 1 : 2 : 1로 나타난다.

(3) 독립의 법칙 : 다성 잡종에서는 대립 형질이 독립해서 우열의 법칙과 분리의 법칙을 따른다.

6. 인간복제 연구

20세기 과학의 발견 중 기념비적인 것은 1953년 제임스 왓슨과 프랜시스 크릭의 "DNA 구조가 이중 나선형"이라는 것이다. 그 이후 유전자의 발현과 복제의 연구가 본격적으로 시작되었다. 복제의 기술은 생식세포를 통한 방법과 체세포 핵치환 방법이 있는데, 전자는 유전자 연구 초기에 사용했고 지금은 체세포 핵치환 방법을 사용한다. 이것은 피부에서 체세포 핵을 추출하고 난자에 이식하여 인공수정란을 만들고 이것을 대리모의 자궁에 넣으면 배아가 되고 태아로 발전한다는 것이다. 지금은 산모의 자궁과 같은 조건을 만들어 마치 계란을 부화시키듯이 인간의 생명을 인공부화시킬 수 있다는 것이 문제다.

1) 인간복제를 주장하는 이유들

(1) 자연과학자들은 인간지식의 탐구의 자유를 이유로 든다. 기독교는 그 동안 다윈의 진화론과 빅뱅 이론 그리고 갈릴레오의 지동설을 성경과 기독교 교리에 위배된다고 거부해 왔으며, 심지어 갈릴레오는 화형에 처해 버렸다. 이는 인류의 올바른 발전을 위해 사용되기를 바란다는 낙관적인 입장이다.

(2) 아이를 가질 수 없는 불임부부를 위해 사용할 수 있다는 것이다. 선천적 불임이나 불의의 교통사고로 자녀를 잃었을 때 등 자녀를 갖고 싶은 사람에게 필요하다.

(3) 간이나 심장, 피부, 신장 등 부족한 장기의 문제를 위해 인간

복제가 필요하다는 것이다. 이것은 고통을 당하는 인간에게 희망을 줄 수 있는 대안이라고 한다.

(4) 질병의 치료에 도움이 된다는 것이다. 인간복제는 암, 당뇨병, 치매 등 세포성 질병의 해결에 도움을 준다고 한다.

(5) 인간복제는 원본과 같지 않으므로 허용되어야 한다는 것이다.

2) 반대 입장

(1) 카톨릭 대학의 이동호 교수는 "창조의 개념은 하나님만 가지는 것으로서 백치 등 열성인자를 가진 사람들도 자기 수준에 맞는 완성의 의미를 갖는다."는 엄격론을 주장한다. 그리고 강원돈과 김균진 교수는 "인간복제로 벌어질 복잡한 문제를 감안하지 않으며 의학적으로 가능하다는 것"을 반대하는 신중론을 취한다. 창조과학회는 인간복제는 물론 생물복제도 반대한다. 왜냐하면 그것은 생태계와 인간의 존엄성과 유일성을 파괴하기 때문이라고 한다.

절충론을 말하는 사람은 박원기 교수와 장경철 교수(서울여대)로서 합의와 논의를 통해 책임사회 윤리지침을 만들어 하나님이 원하시는 건전한 생명복제 문화를 정착시키자고 한다. 예를 들면, 슈퍼송아지나 식품개발 등에 윤리규범과 지침을 만들어 사용한다는 것이다.

(2) 기독교의 입장

① 창조주 하나님의 주권에 대한 침해와 파괴다. 살아 있는 세포를 조작(manipulate)하는 것이다.

② 창조질서에 어긋난다. 복제인간은 한 쌍의 인간이 아닌 여러 부모 밑에서 태어나기 때문에 가정제도가 파괴되며 하나님의 창조

질서를 깨뜨리는 것이 된다.
 ③ 인간은 하나님을 창조주로 고백하며 다른 인간과 자연만물에 대한 사랑 안에서 책임적 존재로 살아야 하는데, 인간의 생명이 상품화되고 경시되는 풍조가 만연해진다.
 (3) 인간복제의 사회적 문제
 ① 사회계층의 우열화가 생긴다. 인간복제를 통해 더 우수한 인간이 태어나서 이들이 세계를 지배한다.
 ② 개인의 정보가 침해를 받게 되며 불이익을 당할 수 있다.
 ③ 범죄행동의 고등화. 산업 스파이나 국제 테러단 조직, 사기 등에 이용할 사람들을 다량으로 복제할 수도 있으며, 로봇과 같은 인간을 만들어 소규모 독재체제를 이끌 수도 있을 것이다.
 인간의 생명은 존중되어야 한다. 그 누구의 생명도 다른 생명의 도구와 수단이 될 수는 없다. 과학의 기술은 인간의 존엄성에 근거해야 하며, 인간은 하나님의 창조에서 하나님을 아버지로 고백하는 피조물임을 재확인하는 신앙적 입장을 가지고 인간의 복제와 게놈 연구에 근접해야 할 것이다.

7. 줄기세포의 실현

 마리아바이오텍(주) 부설 생명공학연구소 박세필 박사와 연구팀들은 도축장에서 구한 신선한 소의 난소들에서 주사기로 복제에 사용할 0.1㎜ 크기의 난자를 뽑아낸 후, 이 난자들을 섭씨 39도에서 24시간 성숙시켜 정자를 받아들일 준비를 시킨다. 또한 미세조작 현미경을 이용하여 주스를 빨듯이 핵을 제거한 소의 난자를 사람의 몸에서 떼어낸 체세포와 전기융합을 시킨다. 이는 마치 소의 설계도를 사람의 설계도로 바꿔치기하여 복제 수정란을 만드는 것과 같다.

이 수정란을 잘 성장시키면 융합된 세포는 난자의 영양물질을 먹고 체세포를 제공한 사람과 똑같은 유전자를 지닌 복제배아로 발달하게 된다. 이 같은 이종(異種) 간의 핵이식 방법으로 줄기세포를 얻으려는 것이다.

줄기세포는 인간의 조직과 장기를 구성하는 210종류의 세포로 분화될 수 있어서 만능세포로 불린다. 이를 세포나 조직이 손상된 부위에 이식하면 뇌질환, 당뇨병, 심장질환 등 난치병을 치료할 수 있어 21세기 의학혁명의 주역으로 등장하고 있다.

복제 수정란은 7일 뒤 약 150여 개의 세포로 구성된 0.12mm 크기를 갖는 배반포 단계의 배아로 성장한다. 이때 배아는 개체로 성장할 내부의 세포 덩어리와 이를 에워싸는 영양배엽세포로 분화된다. 이 영양배엽세포는 나중에 태반이 되는데, 박세필 박사는 자신이 개발한 항체로 배아의 영양세포를 죽인다. 그러면 세포 덩어리만 고스란히 남는다. 이를 특수한 배양조건에서 키우면 줄기세포가 된다.

우리 나라에서는 인공유산을 통해 손가락 크기만한 태아를 수십만 명씩 죽이는 상황에서 눈에 보이지 않을 만큼 작은 복제배아를 난치병 치료에 쓰는 것에 대해 새로운 평가를 할 필요가 있다. 박세필 박사는 2년 전 잉여냉동 배아에서 줄기세포를 추출하여 살아 있는 심장근육세포와 신경세포를 분화시킨 경험이 있다. 그러나 이것은 다른 사람의 것이기 때문에 이식거부 반응을 피할 길이 없다고 한다. 현재 과기부는 줄기세포 연구법을 제정하여 치료 목적의 인간배아 복제 허용을 적극 검토 중이지만 시민환경단체는 격렬하게 반대하고 있다. 치명적인 병에 걸렸을 때 자신의 세포를 떼어내어 손상된 조직과 장기를 복제하여 이식하는 재생인간 시대가 열릴 것인지 주목해 보아야 할 것이다.

박세필 박사는 92년부터 미국 위스콘신 대학 소복제의 권위자인 닐 퍼스트 교수의 연구원으로 일하다가 귀국하여 줄기세포 연구에 전념하고 있으며, "종교의 생명관도 발전하는 과학기술에 따라 변화를 겪을 것"이라고 보고 있다. 복제양 돌리의 탄생시기에는 복제성공률이 0.3%정도였으나 지금은 10-20%까지 올라 있는 상황에서 4-5년 후면 줄기세포를 이용한 치료가 본격화될 전망이다.1) 이는 서울대 황우석 교수와 경쟁상태에 있다.

미국의 존스 홉스킨스 대학의 후쿠야마 교수는 『포린 폴리시』 (Foreign Policy, 2002년 3-4월 호)에서 "Bio Tecnique 혁명을 통해 인류가 인간 이후(Post human) 단계의 역사로 옮아가고 있다"고 진단하고 있다. 주요 국가별 복제기술 정책방향은 다음과 같다.

국 가	추진방향(1990-2002)
영 국	1. 치료연구배아 복제 허용(01.1) 2. 인간 개체 복지 금지(01.12)
미 국	1. 인간복제 금지법안 하원통과(01.7) 2. 배아줄기세포 연방비 지원(01.8)
일 본	1. 배아 복제 허용 문부과학성 위임(00.11) 2. 동물 난자복제허용(01.12)
독 일	1. 배아취급 복제 금지(90) 2. 배아 줄기 세포 수입 부분적 허용(02.1)
프랑스	1. 배아취급 복제 금지(90) 2. 인간개체, 배아 복제금지 정부안 확정(01.6)

---

1) 참조: 동아일보, 2002년 3월 20일, 제25088호, A21, 사이언스.

21장 계시에 관하여

기독교의 증언은 하나님 인식(앎)을 전제로 한다. 이 앎은 하나님이 자신을 나타내 보여 주셨기 때문에 가능하다. 그러면 계시하셨고, 계시하시고, 계시하실 하나님은 어떤 분이신가?

'계시'는 신약성서에서 '지금까지 숨겨진 것을 보여 주다'와 거의 같은 뜻을 가진다. '계시하다'(ἀποκαλύπτειν, 마 11:25, 롬 1:17-18)는 '가면 혹은 껍질을 벗어버리고 드러낸다'는 말이며(Enthüllung) Φανεροῦν은 '보이게 한다'(sehen lassen) 그리고 γνωρίζειν은 '인간의 힘으로 도달할 수 없는 것이 인간에게 전달된다'(zu erkennen geben)는 뜻이다. 우리의 세계와는 무언가 다른 것, 시간과 공간 속에서 경험하는 것과는 다른 것을 우리에게 알려 준다는 것이다. 이 새로운 것, 초월적인 것은 하나님 자신을 의미한다.

계시의 주체는 하나님이시며, 계시의 내용은 예수 그리스도 안에서 보여지는 하나님의 은총이다(롬 1:17, 3:20, 눅 3:32, 엡 3:4, 딤전 3:16). 이 하나님을 성서는 μυστήριον(비밀)이라 한다. 이 비밀은 어떤 신비한 비밀이 아니라 예수 그리스도 안에 나타나는 하나님을 말한다. 이 비밀은 역사의 종말에 완전히 드러날 하나님 나라의 비밀(막 4 : 11), 하나님의 뜻의 비밀(엡 1 : 9), 예수 그리스도의 복음의 비밀(엡 6 : 19)이다.

여기에는 이방인들과 유대인에게 보여진 하나님의 진노도 해당된다(롬 1 : 18 이하). 바울에 의하면 계시가 이방인들의 자연적 신인식에도 사용되었기 때문에(롬 1 : 18-19) 그의 계시개념은 말씀뿐 아니라 창조의 계시인 그 만드신 만물(롬 1 : 20)도 포함한다.

말씀의 계시도 하나님의 활동 속에 나타난 계시다(출애굽, 십자가와 부활……). 하나님이 예수 그리스도 안에서 보여 주신 것은 지금까지 가려져 있던 하나님의 사랑이다. 그 사랑 속에는 하나님의 본질이 있다(요한). 그 하나님은 역사적인 하나님이시다. 인간과 더불어 가고 그들을 앞서 가시는 하나님이다.

초대교회에서는 세 가지의 계시적 권위가 있었다. 즉, 그것은 계시의 책(말씀), 계시신앙, 계시의 영적 직무다. 계시신학적 입장에서 철학을 적대시했던 터툴리안(Tertulian)은[152] '아테네와 예루살렘 사이', '아카데미아와 교회 사이', '이교도와 기독교 간에' 아무런 공통점이 없었다고 한 반면에, 저스틴(Justin)은 이성적으로 살았던 모든 사람

---

152) J. L. 니이브, 「기독교 교리사」, 서남동 역(서울 : 대한기독교서회), 1965, 155쪽 이하 : 터툴리안의 "나는 불합리하기 때문에 믿는다."(Credo quia absurdum est)라는 말은 유명하다. 북아프리카 학파에게는 철학이 잘못된 길로 이끄는 인도자로 간주되었으며 '신앙의 표준'(regula fidei)에 근거한 교회의 가르침의 사도적 권위와 성결한 생활이 강조되었다. 교회의 권위를 이만큼 강조한 다른 교부는 없었다. 그는 철학자들을 이교의 족장들이라 했으며 플라톤을 그들의 두목으로 보았다.

들은 헤라클레이토스나 소크라테스 모두 그리스도인들이었다고 했다.[153] 그는 로고스 개념의 도움으로 말씀과 이성이 통합적으로 사고되었다고 보았다. 즉, 그에 의하면 구속사와 세속사가 하나로 보였다. 역사 속에서 로고스는 씨앗과 배아의 형태로(이방세계) 기독교에서는 충만한 형태로 계시된다(변증 II 13). 하나님은 그의 피조물 속에 진리의 씨앗을 뿌려 놓으셨다. 그는 "그리스도교는 하나의 계시철학이다."라고 말했다.

알렉산드리아의[154] 클레멘트(Clement)는 "율법이 히브리인을 그리스도에게 이르도록 교육하듯이, 철학은 헬라세계를 그리스도에게 이르도록 교육한다."고 하였다. 그에 의하면 철학은 로고스가 인간에게 나누어 준 바 이성의 빛이다. 영혼은 희랍의 철학을 통해서 신앙에 이르는 준비를 갖추며, 그러한 신앙의 터전 위에 진리는 지식의 체계를 세운다. 철학은 사고하는 인간이 진정한 기독교의 본질을 파악하는 방편이 된다.[155]

이러한 클레멘트의 사상은 그의 제자인 오리겐(Origen)의 체계에서도 찾아 볼 수 있다. 오리겐은 기독교를 보다 높은 철학이라고 생각하였다. 그는 우주를 하나님의 첫 계시로 본다. 우주는 영적, 정신적, 물질적인 세 가지의 요소로 되어 있는데, 하나님의 두 번째 계시

---

153) 한철하, 「고대 기독교사상」(대한기독교서회, 1970), 38쪽 : 그리스도는 로고스로서 모든 인류가 이 로고스에 참여하고, 그리스도인은 이 로고스에 따라 사는 사람들이라고 그리스도를 변증하고 있다.
154) 알렉산드리아는 지리적으로 볼 때 희랍 철학과 고대 이집트, 동방의 종교와 유대교 등이 서로 엇갈리는 교차점을 이루었다.
155) 니이브, 전게서, 143쪽.

인 성서도 세 가지 의미를 가진다고 하였다. 성서는 첫째로 물질적인 문자적 의미를 가지며, 평범한 대중은 여기에 의존한다. 둘째로 정신적 혹은 도덕적 의미를 가진다. 이는 현실에서 개개인의 영혼과 그들 상호간의 윤리적 관계 및 하나님께 대한 관계다. 셋째로 영적 혹은 사변적 의미를 갖는다. 이것은 성서의 진정한 영적 내용, 즉 장성한 신자 이외의 모든 사람들에게 숨겨져 있는 보다 의미 깊은 것이다. 성서에는 문자적 의미를 전적으로 무시해야 하는 경우도 있다(창 19 : 20 이하, 25 : 1 이하, 29 : 27 이하, 30 : 3,9). 진주를 돼지 앞에 던지지 않기 위해 영적 의미를 숨겨 두었으며 장성한 신자는 문자적 의미를 뛰어넘어 하나님의 말씀의 신비적 의미를 발견하는 데까지 나아갈 수 있다.[156]

이레네우스(Ireneus)는 구원을 원초적인 창조의 회복으로 보았다. 그는 영지주의에 대항하여 구약과 신약에 계시된 오직 한 분의 하나님을 강조하였다. 그리고 "하나님은 종들에게 율법을 주시고 아들에게는 유산을 주시는 아버지이시다."라고 했다. 그 역시 철학적 사변을 반대하였다. 즉, 그에 의하면 하나님은 사색을 통해서가 아니라 계시를 통해서 우리에게 알려진다.[157] 이레네우스는 "하나님이 왜 인간이

---

156) 상게서, 145쪽 이하. 오리겐의 성서해석 방법은 은유적(allegorical)이다. 이 방법은 그 당시와 이후의 교부들에게 공통적인 현상이었다. 이 해석방법을 발전시킨 사람은 오리겐이다.
157) 상게서, 137쪽 이하 : 그의 신학적 관심은 인간 구원의 중보자이신 '신 −인간'(God-Man) 그리스도에게 집중되었다. 그의 신학이 건전한 이유는 (1) 성서적 (2) 사도적 전승에 깊은 경의를 표했으며 (3) 그리스도 중심적이기 때문이다.

되셨는가?"(Cur Deus homo)라는 질문을 제기했고, 그 대답은 "우리들로 하여금 하나님의 형상을 이루기 위함이다."라고 한다.

이러한 논의는 중세신학에까지 이르며, 여기서 배타적, 포괄적, 구속사적, 사색적 계시이해가 등장하였다. 루터는 계시를 율법과 복음이라는 이중형태에서 일어난다는 실존적인 계시이해(非사색적)를 주장한다. 율법은 네 빚을 갚으라(마 9 : 2), 복음은 네 죄가 사해졌다(마 9 : 2)이다. 협정신조에서는 하나님이 존재한다는 것과 작고 희미한 인식의 불꽃이 있다고 보았다.

정통신학에서 계시는 (1) 일반계시 혹은 자연계시(revelatio generalis, naturalis)와 (2) 특별계시 혹은 초자연적 계시(revelatio specialis et supernaturalis)로 나누어진다. 특별계시는 다시 직접계시(영감, revelatio immediate)와 간접계시(성서, revelatio mediate)로 나누어진다. 초자연적 계시는 하나님이 말씀을 통하여 인류가 구원에 이르도록 가르치기 위한 하나님의 행위로 정의된다. 하나님이 자신(sese)을 계시하시며 가르침을 위한 개념(ad informatioem)에 계시하신다는 것이다. 관념철학에서 계시는 자기계시로만 이해된다.

특별계시 혹은 초자연적 계시는 성서에 기록되어 있는 예수 그리스도의 계시를 말하며, 자연계시 혹은 일반계시는 하나님께서 창조하신 자연을 통한 하나님의 계시를 말한다. 전자의 성서적 근거는 요한복음 1 : 10-14, 사도행전 4 : 11-12, 로마서 3 : 21-26, 5 : 12-21, 고린도전서 1-2장, 갈라디아서 2 : 15-21, 에베소서 2 : 1-10, 빌립보서 2 : 6-11, 요엘 1 : 15-20, 히브리서 9 : 11-22, 요한일서 2 : 2이며, 후자의 성서적 근거는 창세기 1 : 26, 욥기 12 : 7-15, 시편 8,18, 19편, 요한복음 1 : 2-4, 사도행전 17 : 22-28, 로마서 1 : 19-20,

32, 2 : 14-16 등이다.[158]

  정통주의에서는 하나님의 자기계시 수단인 계시의 말씀을 율법과 복음으로 보았다. 계몽주의에서는 특별계시를 자연계시로 대치했으며(Lessing의 이웃사랑의 개념과 계시), 관념주의는 간접계시를 종교적인 체험으로 보고 직접계시로 변형시켰다(칸트의 역사적 신앙이 순수한 도덕적 종교에 의해 지배받는다). 슐라이어마허는 이러한 계몽주의와 합리주의, 도덕주의에 맞서 종교는 순수한 이성이나 도덕이 아니라 순수감정이라고 하였다(절대의존의 감정). 계시란 우주가 인간에게 새롭게 전달되는 것이기에 전통적인 계시의 의미가 약화된다. 트뢸취(Troeltsch) 역시 인간에게는 종교적 a priori가 주어졌기 때문에 계시를 직접적인 것으로 보아, 그리스도교를 최상의 계시의 하나인 신적 계시로 여겼다.

1. 점진적 계시와 종결된 계시

  그리스도 안에서 모든 종교를 포함하는 점진적 계시(트뢸치)는 (1) 근본적이고 중심적인 계시(성서), (2) 발전계시(교회사적 전통과 종교적 세계), (3) 현재적 계시(종교체험)로 보며, 예수 그리스도 안에 나타난 계시는 원초적 계시이며 역사가 끝날 때까지 계속된다고 한다. 프릿체(Fritzsche)는 계시의 사건을 대략 30년 간의 성육신에, 쿨만(Cullman)은 그리스도의 출생으로부터 마지막 사도들까지의 대략 7-80년까지로 보았다. 특별계시는 성육신으로 종결되었다. 종결되지

---

158) 김균진, 「가독교 조직신학 L」(서울 : 연세대학교 출판부, 1991), 130쪽.

않고 점진적 계시로 이해되는 것은 간접계시이며, 바르트의 말씀의 삼중적 행위인 계시-성서-선포에서 나타난다. 계시는 우리에게 추상적으로 오지 않는다(K. Barth). 우리는 계시를 성서로부터 선포 속에서 간접적으로 인식한다.

2. 이원론적, 일원론적 계시

율법과 복음 간의 문제는 루터 교회에서 알트하우스(P. Althaus), 쉴링크(E. Schlink), 엘러트(W. Elert)에 의해 분명해진다. 하나님에게는 진노와 은총이, 인간에게는 죄와 신앙으로 나타난다는 것이다. 이렇게 말함으로써 엘러트는 계시의 사중적인 것을 말하였다. 그러나 바르트는 루터 교회에 반대하여 계시의 일원론을 말함으로써 율법과 복음의 대립을 배격하였다. 그는 율법은 복음의 형식이며 일부이고 한 부분이라고 한다. 왜냐하면 하나님의 말씀은 항상 은총이기 때문이다. 그에 의하면 하나님이 율법이나 복음을 통하여 우리에게 말씀하신다는 사실은 그 자체가 은총이다. 율법은 도덕적인 기능을 가졌으며, 복음은 교육적인 기능을 가졌다. 율법이라는 어두운 배경에서 은총이 빛난다. 모든 것이 은총이라면 그 어떤 것도 은총이 아니다.

루터 교회의 율법과 복음의 대립은 이신칭의라는 복음을 율법의 차원에서 대립시킨 바울의 입장에서 생겼다(롬 3 : 20, 28, 10 : 4, 갈 2 : 16, 3 : 11). 이는 요한과 히브리서에서도 나타난다(요 1 : 17). 율법은 원래 구원을 가져다 주는 것이었는데 명령과 절대적 실체로 전도되었다(Von Rad, M. Noth).

알트하우스는 요한이 계명과 율법을 구분한 것에 의해 계명, 율법,

복음이라는 삼중적 계시를 말한다. 태초의 "너는 해도 된다."는 계명이 타락으로 인하여 율법과 금령이 되었다는 것이다. 그는 율법과 복음을 강한 분리와 대립으로 보았다.

바르트는 계시를 자신의 전체 신학을 대별하는 삼위일체의 사고에서 이해한다. 그에게 계시는 인간에게 밝혀질 수 없는 자기현시다. 하나님은 자신의 계시 안에서 형태를 취하신다. 그분이 제2의 자아인 그리스도다. 그리스도 안에서 우리를 위하여 일어난 하나님의 계시가 우리 안에서 일어난 하나님의 계시가 되기 위하여, 하나님은 자신의 성령을 부어 주셨다. 그리스도의 계시는 계시의 객관적 현실이고, 성령은 주관적 현실이다. 성령 속에서 계시는 각 사람에게 전달되며 사건화된다. 그는 계시의 삼위일체적 운동을 다음과 같은 삼중구조로 본다. 성부-성자-성령은 계시자-계시-계시됨이며 은폐-드러냄-전달, 자유-형태-역사성을 갖는다. 루터적 이중행위와 바르트의 삼중행위 이것들은 모두 율법 속에서 진노하신 그 하나님이 성부, 성자, 성령을 통하여 인간을 복음 안에서 사랑하시기 때문에 루터적 관점에서 합치될 수 있다.

3. 배타적, 포괄적 계시

바르트의 계시이해는 배타적이며 수직적이다. 그는 어떠한 자연적 신인식과 일반계시도 부정한다. 그는 다른 종교는 하나님에게 반대하는 불신앙에 이른다고 본다(K.D. I 2, 328ff). 그의 바르멘 선언에 의하면 "예수 그리스도는 하나님의 유일한 말씀이며 유일한 계시다." 본회퍼도 종교비판적인 입장을 표명하였다.

일반계시를 포함하는 포괄적 계시는 알트하우스, 틸리히, 칼 라너, 한스 큉 등에 의해서 주장되었다. 알트하우스에 의하면 말씀계시 이외에도 창조계시, 모든 인간에게 주어지는 하나님의 원래적인 자기증거, 원계시가 있다(롬 1:18, 2:15, 행 14:15, 17:17, 23). 그는 쉴라터(A. Schlatter)의 모든 것을 포함하는 계시의 개념을 받았다. 알트하우스의 원계시는 인간의 구원을 위한 계시의 불가결한 전제로 인간들로 하여금 죄책감을 갖게 하여 사죄의 복음이 인간에게 있게끔 기회를 제공한다는 것이다(Die christliche Wahrheit, 41). 일반계시는 특별계시를 준비한다. 복음은 종교들의 진리와 접촉한다. 종교들의 진리는 진정한 하나님을 인식하는 것, 순종하는 것, 인간의 잘못을 아는 것인데 스스로 구원하려는 기만 속에 있다는 것이다.

틸리히(P. Tillich)는 계시의 매체로 (1) 자연, (2) 역사집단과 개개인, (3) 언어를 열거한다. 그에 의하면 그리스도 예수 안에서 나타난 계시는 최종적, 결정적, 규범적인 계시다. 보편적인 준비단계의 계시는 그리스도교 이외에도 존재한다(Systematic Theology I, 165, 171). 틸리히의 계시의 역사는 다음과 같은 도식으로 나타난다.

```
                    결정계시
보편계시―(준비시기)_____ 최종계시―(수용시기)_____ 완전계시―(새하늘과 새땅)
                    규범계시
```

칼 라너(K. Rahner)는 기독교 이전의 종교들에도 구원의 길이 있다

---

159) *Die Religionen als Thema der Theologie*, 85, Ev. Theol. 33. Jg. 1973, H. 3, p. 293ff.

고 보았다. 그 속에서 초자연적인 실존이 활동하고 있기 때문이라고 한다. 이러한 경우 기독교의 복음이 인간의 양심 속에서 하나님의 구원의 길로 이끌 때다. 이 종교들은 그리스도교 이후에도 구원의 길이 될 수 있다. 다른 종교들은 구원의 잠정적인 방편들이다. 이 모든 구원의 길들은 교회의 그리스도 안에서 교점과 종점에 도달하기 때문이다. 어떤 것은 역사 안에서 종점에 이르지만, 다른 것은 역사의 피안에서 종점에 이른다(Schriften zur Theologie VIII, 370ff). 그의 제자 쉴레터(H. R. Schletter)는 "종교는 통상적인 구원의 길이며, 교회는 특별한 구원의 길이다."라고까지 말한다.[159] 한스 큉(H. Kung)도 다른 종교들 속에 구원의 길이 있다고 본다. 그는 포괄적인 기독교 보편주의를 주장하는데, 기독교의 배타성이 아닌 독자성을 말한다.

우리가 견지해야 할 두 가지 명제는 (1) 그리스도의 계시는 유일한 계시는 아니나 (2) 유일한 구원의 계시라는 것이다. 원계시는 구원의 계시가 아니라 하나님의 진노의 계시다(롬 1:18 이하). 이들은 로마서 1:18-20과 2:14-15의 일반계시는 진노와 율법의 계시이지 은총의 계시가 아니라는 점을 간과하였다.

히르쉬(Emmanuel Hirsch)의 계시이해는 바르트를 비판하면서 특유한 독일적 계시를 만들었다. 계시개념과 은총개념에서 단순한 그리스도론적 협소화로부터 해방되어야 한다는 것이다. 그는 역사적인 변혁 속에서 활동하시는 하나님은 과거지향적인 교회에 맞서 미래를 제시한다고 한다. 히르쉬는 독일 기독교인의 민족주의적 신학을 주창하면서 반 유대적 행동들을 긍정할 뿐만 아니라 피에 대한 경외와 충성과 국가의 막중한 활동에 협조해야 함을 말한다(오늘의 정신적 상황, 12). 이러한 모델이 신학적, 정치적 소산의 적용신학에서 유행되고 있음은 흥미로운 일이기도 하다.

4. 역사로서의 계시

계시가 역사라는 사실은 오늘의 신학에서 거의 일치된 확신이다. 쿨만(O. Cullman), 베버(Otto Weber), 판넨베르크(W. Pannenberg), 안데르센(Andersen) 등이 이를 주장한다.

쿨만은 점진적 축소와 확대의 과정을 밟는 구원사적 계시를 말하는데 창조→ 인류→ 이스라엘→ 남은 자→ 그리스도→ 사도들→ 교회→ 구원받은 인류→ 새 창조로 본다(참조. 이레네우스). 그리고 일차적으로는 하나님의 사건에 연관된 계시지만 이차적으로는 나의 실존에 관한 계시다. 베버에 의하면 계시가 역사화되는 것은 하나님이 역사의 주체이시기도 하지만 자신을 역사의 객체로 만드시기 때문이다. 성육신을 통한 자기계시 속에서 자신을 인간의 대상으로 삼음으로써 우리도 그에 대해서 말한다. 계시를 하나님의 자기 유한화로 파악한 베버의 계시는 중요하다(Gr. d. Dogmatik, 194).

판넨베르크의 '역사로서의 계시'도 비슷한 신학적 관심에서이다(저스틴과 비교). 그가 배격하는 것은 계시가 하나님의 직접적인 자기계시라는 사실이다. 하나님의 자기계시는 간접적으로 역사적인 행위들을 통하여 일어났다. 그러므로 계시는 시초가 아니라 역사의 종국에 일어난다. 그는 예수의 운명 가운데 모든 역사의 종국이 미리 일어났다고 한다. 또한 그는 초자연적 계시와 자연적 계시의 구별을 부정하고 하나의 유일한 계시를 인정한다. 그러나 이 계시는 일반, 자연계시와 유사하다. 직접적인 계시는 없고(출 3:14-15) 실존적인 보통 역사에서 보여지는 간접적인 계시가 언어를 통해 일어난다는 그의 명제는 문제점이 있으나 일방적인 말씀주의에 대항하여 케리그마에 대한 역사의 우선권을 명료화하였다.

앤더슨의 역사적 계시는 하나님을 인간에게 말씀하시는 분, 행동하는 분(시 33 : 9, 창 1 : 1) 그리고 오시는 분으로 계시한다. 오늘날 말씀의 신학과 구원사의 신학 간의 대립과 오시는 하나님을 계시의 본질로 간주하는 시도가 이루어지고 있음은 다른 측면을 절대화하기가 어렵다. 서로에 대해 자신을 주장하는데, 우리는 설교와 세례, 성만찬 속에서 예수 그리스도와 관계를 맺으며 하나님은 그분을 통해 말씀하시고 우리에게 오신다.

일반적인 자연계시와 특별한 율법과 계시 속에서 진노를 알리시는 하나님은 복음계시 속에서 자신의 은총과 자기 자신을 열어 보이신다. 종교들 속에서 이스라엘과 만드는 계시의 역사는 그리스도 안에서 그 목표에 도달하며 규범적 중심은 그리스도다. 특별계시는 성육신의 직접 자기계시 속에서 종결된다. 간접계시로서의 특별계시는 교회 안에서 계속된다. 말씀이 육신이 되어서, 계시는 항상 말씀과 동시에 사실로서 일어난다.